本书受到国家自然基金地区基金项目：生育意愿到生育行为的微观传导机理和宏观政策响应研究（71864024）；内蒙古社会科学基金项目重点项目：呼包鄂乌城市群人口规模、结构和质量研究（202110）；内蒙古自治区自然基金面上项目：二胎生育群体瞄准及生育激励策略研究（2020MS07017）；国家社科基金铸牢中华民族共同体意识研究专项重大课题：习近平总书记关于铸牢中华民族共同体意识的重要论述及内蒙古的实践路径研究（21VMZ003）等项目的资助；受到内蒙古自治区人口战略研究智库联盟和内蒙古自治区高校青年科技人才发展计划的支持（NJYT22096）。

内蒙古人口发展研究

经济发展、城市群与老龄化

薛继亮　等著

The Research on Population in Inner Mongolia

Economic Development,
Urbanization and Population Ageing

中国社会科学出版社

图书在版编目（CIP）数据

内蒙古人口发展研究：经济发展、城市群与老龄化/
薛继亮等著.—北京：中国社会科学出版社，2022.9
ISBN 978 - 7 - 5227 - 0606 - 1

Ⅰ.①内…　Ⅱ.①薛…　Ⅲ.①人口—研究—内蒙古
Ⅳ.①C924.24

中国版本图书馆 CIP 数据核字（2022）第 137160 号

出 版 人　赵剑英
责任编辑　王　衡
责任校对　王　森
责任印制　王　超

出　　版　中国社会科学出版社
社　　址　北京鼓楼西大街甲 158 号
邮　　编　100720
网　　址　http://www.csspw.cn
发 行 部　010 - 84083685
门 市 部　010 - 84029450
经　　销　新华书店及其他书店

印　　刷　北京明恒达印务有限公司
装　　订　廊坊市广阳区广增装订厂
版　　次　2022 年 9 月第 1 版
印　　次　2022 年 9 月第 1 次印刷

开　　本　710×1000　1/16
印　　张　19.5
插　　页　2
字　　数　263 千字
定　　价　108.00 元

前　言

　　人口问题与人口变化是影响经济社会发展的重要因素。人是经济活动最重要的参与者，是经济发展的前提和归宿。人口结构、人口老龄化等因素影响着经济社会发展的速度，越来越多的国内外学者开始关注人口与经济增长之间的关系，人口与经济发展之间的关系成为社会科学研究领域的重要课题。从 2000 年起，内蒙古地区的人口结构开始步入老龄化，人口结构的不断老龄化对经济发展的影响逐渐显现。

　　本书重点对内蒙古人口进行研究，具体按照三个方向进行，这三个方向将本书分成三篇。第一篇为内蒙古人口与经济。在搜集内蒙古普查数据、各盟市统计年鉴及历史资料的基础上，对内蒙古自治区的人口结构与人口质量等指标进行分析，研究了人口因素对内蒙古经济发展的影响，在基于对国外人口政策研究的基础上，得出对内蒙古人口政策的启示，最终提出相关建议。第二篇为呼包鄂乌城市群人口研究。以呼和浩特市、包头市、鄂尔多斯市及乌兰察布市四个城市为代表，选取 1990—2020 年《中国统计年鉴》、《内蒙古统计年鉴》、呼包鄂乌各盟市统计年鉴以及公报等有关数据，运用动态面板模型、EOP - MM 模型、地理加权平均回归模型等方法，系统分析了呼包鄂乌城市群人口规模、人口结构和人口质量现状，最终得出结论和建议。第三篇为内蒙古人口老龄化。通过使用人口普查、《内蒙古统计年鉴》等数据，采用时间序列模型、面板数据模型、线性回归等计量模型，研究内蒙古老龄化问题及人口结构的老化对内蒙古经济发展等方面产生的影响。

分析结果如下。第一，人口研究表明。内蒙古生育率下降导致0—14岁年龄人口占比较低，人口结构趋于老龄化；人口规模在不同盟市和相同盟市的不同城区之间存在差异，地区人口分布不均，经济发展良好的地区人口基数大，经济发展较弱的地区存在人口流失，陷入负循环；人口密度处于均值水平，呼包鄂地区人口聚集度高，其他地区人口密集度居于合理区间；呼包鄂乌城市群经济适度人口规模低于实际人口规模；内蒙古在科研教育上的投资与其他省份相比较低，且不同盟市的科研教育支出差异过大，导致盟市之间教育环境的差异，影响各盟市人口质量的提升。第二，人口结构对经济发展与产业化产生的影响。内蒙古第二、第三产业以传统行业为主，带动经济发展的能力与解决劳动力就业问题的能力有限，虽然人口质量得到一定程度的提升，但缺乏尖端高科技人才，导致内蒙古新兴科技产业发展较弱，老年人口的不断增加使得社会养老负担加重，挤占了政府财政支出中对年轻后代教育的投资，老年人口占比每增加1%，居民的平均受教育年限减少13.9个百分点。第三，呼包鄂乌人口集聚的影响因素。经济发展水平与人口聚集度相关，其中居住环境适宜度、周边居住人口质量、地区就业水平、医疗卫生状况均对人口居住选择具有促进作用。

针对内蒙古地区人口结构存在的问题提出相应的对策与建议如下。第一，推动并实施现代化流动人口治理模式，流动人口在进行自我管理、服务的同时，可以有效地配置资源，以实现自身利益诉求，在维护自身合法权益的同时提升治理的有效性，有利于促进社会和谐稳定；第二，采取行之有效的生育激励政策，加大医保支持，提高人口出生率，减缓人口年龄结构的老化；第三，加强对教育科研的投资，促进内蒙古人口质量的提升，加强人才引进力度，让各地人才共筑内蒙古经济发展；第四，优化城市人口分布，合理管控城区人口分布不均；第五，采取渐进式延迟退休政策，调节劳动力供给水平；第六，促进内蒙古各城市均衡发展，避免内蒙古盟市发展两极化；第七，加大社会保障力度，改善人民生活水平，维持经济稳定健康发展。

Preface

Population problem and population change are the important factors that affect the development of economy and society. People are the most important participants in economic activities, is the premise and end, result of economic development. Population structure and population ageing influence the speed of economic and social development. More and more scholars at home and abroad begin to pay attention to the relationship between population and economic growth, the relationship between population and economic development has become an important issue in the field of social science research. Since 2000, the population structure of Inner Mongolia has been aging, and the influence of the aging of population structure on the economic development has gradually appeared.

This book focuses on the population of Inner Mongolia, specifically in accordance with the three directions, the three directions will be divided into three chapters. The first one is about the population and economy of Inner Mongolia. On the basis of collecting the census data of Inner Mongolia, the statistical almanac of the league and cities and historical data, it analyzes the demographic structure and population quality of the Inner Mongolia, this paper studies the influence of population factors on the economic development of Inner Mongolia in detail, on the basis of the research on the population policy of foreign countries, obtains the enlightenment on the population policy of Inner Mongolia, and finally puts forward some relevant suggestions. The second part is a study on the population of urban agglomeration. Hohhot, Baotou, Ordos and Ulanqab are taken as the representatives to carry out detailed population analysis and research, from 1990 to 2020, *the Statistical Yearbook of China*, *the Statistical Yearbook of Inner Mongolia*, the statistical yearbook and the bulletin of Hohhot, Baotou, Ordos and Ulanqab League and other relevant data are selected, by using dynamic panel model, EOP – MM model and geographical weighted average regression model, this book systematically analyzes the present situation of population size, population structure and population quality in Hohhot, Baotou, Ordos and Ulanqab urban agglomeration, and finally draws conclusions and suggestions. The third is the population ageing, which uses time series models, panel data models, linear regression models and other econometric models by using data from the census, the Inner Mongolia Statistical Yearbook, etc. , this book studies the aging problem of Inner Mongolia and the influence of the aging of population structure on the economic development of Inner Mongolia.

The results are as follows. Firstly, the population research shows that: the decrease of the fertility rate in Inner Mongolia results in the low proportion of the population aged 0—14 years, the aging of the population structure; and the difference of the population scale between different urban areas in different cities and cities in the same city, the population distribution in the regions is uneven, the population base of the regions with good economic development is large, and the regions with weak economic development suffer from population loss and a negative cycle; the population density is at the average level, and the population concentration in the Hohhot, Baotou, Ordos and Ulanqab region is high, the population density of other regions is in a reasonable range; the economic moderate population scale of Hohhot, Baotou, Ordos and Ulanqab urban agglomeration is lower than the actual population scale; and the investment in scientific research and education in Inner Mongolia is lower than that of other provinces, the difference of scientific research and education expenditure in different cities leads to the difference of educational environment and affects the improvement of population quality. Second, the impact of population structure on economic development and Industrialization: The second and third industries in Inner Mongolia are dominated by traditional industries, with limited capacity to promote economic development and solve the employment problem of the labor force, although the quality of the population has been improved to a certain extent, the lack of high – tech talents has led to the weak development of the emerging science and technology industry in Inner Mongolia, and the continuous increase in the elderly population has increased the burden of social endowment for the aged, the figures show that for every 1% increase in the share of the elderly population, the average number of years of schooling dropped by 13.9 percentage points. Third, the influencing factors of Hohhot, Baotou, Ordos and Ulanqab population agglomeration: The level of economic development is related to the degree of population agglomeration, the suitability of living environment, the quality of the surrounding population, the level of regional employment and the state of medical and health care all promote the population's choice of living.

In the light of the problems existing in the population structure of Inner Mongolia, this book puts forward corresponding countermeasures and suggestions as follows. First, we will promote and implement a modern governance model for the floating population. While managing and serving themselves, the floating population can effectively allocate resources to realize their own interests and aspirations, and at the same time enhance the effectiveness of governance while safeguarding their legitimate rights and interests, conducive to promoting social harmony and stability. Second, take effective fertility incentives, increase health care support, raise the birth rate, and slow the aging of the population's age structure. Third, to strengthen the investment in education and scientific research, promote the quality of Inner Mongolia's population, strengthen the introduction of talent, so that all parts of the economic development of Inner Mongolia. Fourth, optimize the urban population distribution, control the uneven distribution of urban population. Fifth, we should adopt the policy of gradually postponing retirement and adjust the labor supply level. Sixth, to promote the balanced development of cities in Inner Mongolia, to avoid the polarization of the development of Inner Mongolia. Seventh, we will increase social security, improve people's living standards and maintain steady and sound economic growth.

目 录

CONTENTS

第一篇　内蒙古人口与经济

第三篇 内蒙古人口老龄化

第一篇　内蒙古人口与经济

第一章 内蒙古人口结构、人口质量与
经济发展的基本特征

一 人口结构

（一）年龄结构现状

2020 年公布了第七次全国人口普查结果，"七普"数据是最新且最全面和准确的人口数据。数据显示内蒙古青年人口数超过 300 万人，占比约为 15%，成年人口数约为 1600 万人，占比超过 65%，老年人口占比接近 20%。内蒙古老龄化程度进一步加快，与十年前相比，内蒙古青少年与成年人口占比下降，成年人口比重下降速度快于青少年，详细数据见表 1-1。

表 1-1 全区常住人口年龄构成

年龄	人口数量（人）	比重（%）
总计	24049155	100
0—14 岁	3377673	14.04
15—59 岁	15914249	66.17
60 岁及以上	4757233	19.78
其中：65 岁及以上	3138918	13.05

数据来源：内蒙古统计局官网数据。

内蒙古不同年龄人口分布及占比情况，如图1-1所示，内蒙古人口年龄分布与全国情况相同，总体呈现出中间高两边低的"金字塔"形，青少年以14%的占比处于底端，老年人数虽高于青年人口数，但仍然较低。青年劳动力人数最多，成为内蒙古人口年龄层主力。

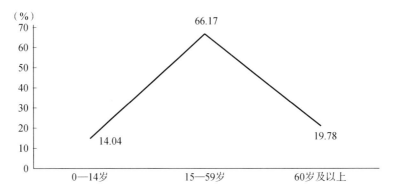

图1-1　内蒙古自治区各年龄段人口占总人口比重

数据来源：笔者绘制。

联合国依据不同年龄层次，青少年人数比、成年老年人数比和老年与青少年人数比四个指标对人口进行分类，见表1-2。学者普遍认为，如果老年人口数与青少年人数之比超过三成，或少年人口数占比不足三成以及老年人数超过一成，则认为该地区人口区域老龄化，进入老年社会。

表1-2　　　　　　　　人口年龄段划分人口结构

类型	年轻型	成年型	老年型
65岁及以上老年人口比重	4%以下	4%—7%	7%及以上
0—14岁少儿儿童比重	40%及以下	30%—40%	30%及以下
老少比	15%及以下	15%—30%	30%及以上
年龄中位数	20岁及以下	20—30岁	30岁及以上

数据来源：《内蒙古统计年鉴》。

根据表1−3，内蒙古不足14岁的青少年人口系数为14%，65岁及以上人口系数为13%，老龄化人口与青少年人口之比高于90%，所有人口年龄中位数约为39岁。以上数据均在老年型人口结构的指标体系中，尤其老年人和青少年人口比指数为92.93%，超出标线30%。通过以上分析及表格数据可以发现，内蒙古人口老龄化日趋严重，缓解老龄化问题已迫在眉睫。此外，根据农村人口年龄结构指标体系，可进一步计算出内蒙古自治区人口总抚养比。人口抚养比是指总人口中非劳动年龄人数与劳动年龄人数之比。国际按照标准划分出人口类型，一般将不足15岁、超过15岁且小于65岁两个年龄段划分为青少年人口及劳动年龄人口，超过65岁的人口划分为老年人口，虽然国内有男女退休年龄不同的现象出现，但国际上一致认为超过65岁的是老年人口，没有男女差别。根据权威的普查结果可以计算出内蒙古的抚养比超过三成，已逼近四成，体现出内蒙古老龄化水平逐年加重且劳动年龄人口的抚养负担逐年加重。

表1−3　　　　　　　内蒙古自治区人口年龄的基本指标

分类	少儿人口系数	老年人口系数	老龄化人口与青少年人口之比	年龄中位数
内容	14.04%	13.05%	92.93%	38.91

数据来源：《内蒙古统计年鉴》。

根据内蒙古的发展历程，发现导致内蒙古老龄化严重的原因有很多。一是20世纪末采取的计划生育，限制了生育数量导致人口比出现偏差；二是青年群体思维观念的改变，由于人均受教育年限的提高，青年群体受到封建传统思维的影响较小，对于自由和快乐的追求等因素导致生育意愿的下降，进而导致最终实际生育水平的下降。

年龄中位数反映了人口分布状况和集中程度，是衡量人口老龄化变动趋势的重要指标。通过考察年龄中位数的变化，可以预测人口老龄化的未来发展趋势。1950—2050年世界主要国家和地区与中国的人口年龄中位数情况，见表1-4。观察全世界的人口年龄中位数，发现在20世纪的后50年里，年龄中位数上升缓慢，从23.6岁增加到26.5岁，仅增加了不到3岁，说明从世界角度来看，人口老龄化问题并不严重。欠发达地区的老龄化幅度为2.9岁，最不发达地区的老龄化幅度为-1.3岁，体现出经济发展程度和老龄化程度成正比。然而在之后的50年里，全世界年龄中位数急剧上升，增长幅度是20世纪前50年的3倍多，中国的年龄中位数达到43.8岁，增长幅度为历年之最，表明人口老龄化在未来将加剧。

表1-4　　　　1950—2025年世界与中国人口年龄中位数　　（单位：岁）

地　区	1950 年	1975 年	2000 年	2025 年	2050 年
全世界	23.6	22.0	26.5	32.0	36.2
较发达地区	28.6	30.9	37.4	44.1	46.4
欠发达地区	21.4	19.4	24.3	30.0	35.0
最不发达地区	19.5	17.6	18.2	20.8	26.5
中国	23.9	20.6	30.0	39.0	43.8

数据来源：联合国数据库。

21世纪前50年世界人口按照不同年龄段的划分，见表1-5。2000—2050年，人口老龄化程度排在第一位的是日本，日本人口年龄中位数从41.3岁增加到53.2岁，增加了11.9岁，凸显出日本人口老龄化问题的严重性。预计2050年中国人口年龄中位数低于日本，但中国人口年龄中位数的增幅高于日本，由此可见，中国的老龄化程度较严重。此外，斯洛文尼亚、拉脱维亚等国的人口年龄中位数也将超过50岁。人口年龄中位数较小的国家与人口年龄中位数较高的国家相比，人口年龄中位数较小的国家年龄增速较慢。

表 1 - 5 　　　　 2000 年和 2050 年世界人口最老和最年轻的
国家或地区 　　　　　 （单位：岁）

人口最老的前 10 位国家或地区				人口最年轻的前 10 位国家或地区			
2000 年		2050 年		2000 年		2050 年	
国家或地区	年龄中位数	国家或地区	年龄中位数	国家或地区	年龄中位数	国家或地区	年龄中位数
1. 日本	41.3	1. 日本	53.2	1. 乌干达	15.1	1. 尼日尔	20.0
2. 意大利	40.2	2. 斯洛文尼亚	53.1	2. 尼日尔	15.1	2. 安哥拉	22.0
3. 瑞士	40.2	3. 拉脱维亚	53.0	3. 马里	15.4	3. 索马里	22.1
4. 德国	39.9	4. 意大利	52.4	4. 也门	15.4	4. 也门	22.3
5. 瑞典	39.6	5. 爱沙尼亚	52.3	5. 布基纳法索	15.5	5. 乌干达	22.5
6. 芬兰	39.4	6. 新加坡	52.0	6. 布隆迪	15.8	6. 马里	22.6
7. 保加利亚	39.1	7. 西班牙	51.9	7. 索马里	16.0	7. 布基纳法索	22.7
8. 比利时	39.1	8. 捷克	51.7	8. 安哥拉	16.3	8. 几内亚比绍	23.1

数据来源：联合国数据库。

（二）人口增长率现状

1978—2019 年内蒙古出生率总体呈下降趋势，如图 1 - 2 所示，死亡率变化不明显，自然增长率变化趋势与出生率大致相同。1978—1994 年出生率波动频繁，但总体呈较高水平。1994—2003 年内蒙古出生率大幅下降，2003 年以后出生率虽有下降但下降幅度逐年降低。值得注意的是，2015 年以后内蒙古出生率出现了小高峰，2017 年达到峰值，说明 2015 年"全面二孩"政策的实施短期内激励了人们的生育意愿，促进了内蒙古地区人口的增长。但 2019 年出生率又下降到 8.2%，说明"全面二孩"政策虽然有效但后劲不足；2021 年"三孩"政策的出台势必要提供更全面的医疗、托幼、教育等一系列保障，才能提高人们的生育意愿，提高人口增长率。

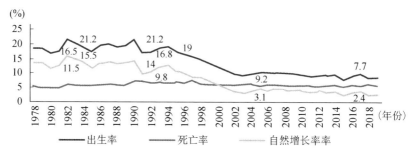

图1-2　内蒙古人口增长率现状

数据来源：笔者绘制。

（三）性别结构现状

人口性别比为男性人口除以女性人口乘以100%，根据最新最权威的人口数据可知内蒙古经常居住的人口中，男性人口占总人口数的51.04%，女性人口占总人口数的48.96%。人口性别比接近105%，与十年前相比，内蒙古的人口性别比下降，体现了内蒙古男女人数逐年平衡。

历次人口普查常住人口性别构成变化，如图1-3所示，从"一普"到"六普"，内蒙古地区男性、女性人口均呈现上升趋势，"七普"时略有下降，其常住人口性别比总体呈逐渐下降趋势，但性别比例逐渐均衡。联合国统计数据显示，世界上大部分国家的总人口性别比例维持在90%—105%。2020年人口普查结果显示，中国男性人口数超过7.2亿，占比超过五成，而女性人数约为6.7亿，占比不足四成，性别比约为105∶100，中国人口仍然是男多女少，与十年前相比，人口性别比大致相同，无过大差别。内蒙古人口性别比虽然低于全国水平，但仍超过国际标准线，说明内蒙古地区人口性别偏离的现象仍然存在，这表明内蒙古居民也受到了"重男轻女"传统思维的影响。

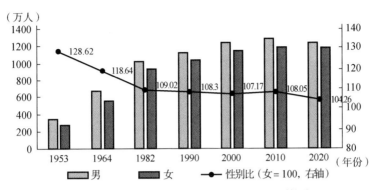

图 1 – 3 内蒙古历次人口普查常住人口性别构成

数据来源：笔者绘制。

如图 1 – 4 所示，内蒙古的所有盟市中，性别比低于全国的有 8 个，超过全国水平的有 4 个。各盟市男性与女性占常住人口比重总体均衡，男性在 51% 左右，女性在 49% 左右，男性占比总体较女性略高；鄂尔多斯市男性占比最高，为 53.63%，女性占比最少，为 46.37%；通辽市女性占比最高，为 49.56%。在性别比上，鄂尔多斯市为 115.65%，通辽市最低，为 101.77%，在 12 个盟市中最接近 100。这说明，相较于其他盟市，通辽市男女比例最均衡，鄂尔多斯市性别均衡情况最差。

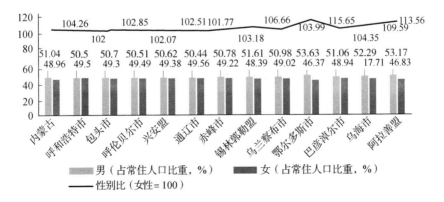

图 1 – 4 各盟市常住人口性别构成

数据来源：笔者绘制。

二 城乡结构

（一）城乡人口结构

20世纪80年代以来，中国城市化水平发展迅速，大量农村人口涌入城市，中国城镇人口仍持续上升，中国城市化的步伐依然没有停止。截至2017年年末，中国城市个数已接近700个。城市居住人口数超过9亿，与全国总人数占比超过六成，居住在农村的人口仅为四成，与十年前比较发现城镇人口上升约15个百分点。依据权威数据统计，内蒙古共计有24个城市，城镇常住人口超过1600万，占比约七成，农村人口占比不足30%，与十年前的情况相比，城镇人口比重上升11个百分点。如图1-5所示，从20世纪60年代至今，内蒙古乡村人口数呈先上升后下降的倒"U"形曲线，1982年达到峰值，而后逐年下降，2020年距离峰值下降近一半，1964—2020年城镇人口增长了5倍。

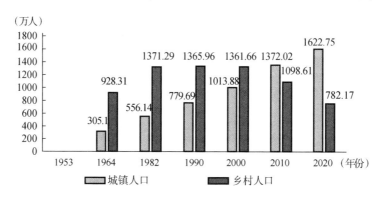

图 1-5 内蒙古历次人口普查城乡人口

数据来源：笔者绘制。

如图1-6所示，1980—2019年内蒙古自治区城镇人口比重总体呈现先升后降再升的趋势，有三个增长比值得注意。一是1980—1984年，增长斜率较大表明城市化进程较快；二是1985—1989年，增长斜率相对平缓；三是 1990—2019 年，城市化又呈现出不断上升的状态。1981—1996 年，中国城市化水平提升 10 个百分点花了 15 年时间，而内蒙古只用了 8 年的时间，遥遥领先于全国平均水平，可见 20 世纪末 21 世纪初内蒙古城市化水平发展的成果和经济增速呈良好的势头。

如图 1 - 6 所示，1996 年伊始中国城市化呈现出加速度的增长态势，而内蒙古人口城市化水平高于全国，表明内蒙古农村地区释放了大量人口红利。但内蒙古的经济发展较全国相比还有差异，农村发展环境较差，城市和农村的差异较大，因而城市和农村人口化差异逐年增加。

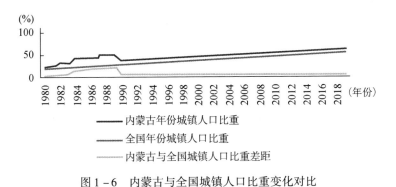

图 1 - 6 内蒙古与全国城镇人口比重变化对比

数据来源：笔者绘制。

（二） 城乡收入结构

中国城镇与非城镇的差距在 21 世纪最初的 20 年逐年增加，依据权威数据显示，改革开放当年中国城乡收入差距接近 3 倍，到 2005 年达到了 4 倍。近年来，由于国家扶贫政策和乡村振兴政策的推进实施，非城镇居民的收入逐年增加，城镇与非城镇的收入水平差距越来越小，详细情况如图 1 - 7 所示。

如图 1 - 8 所示，1980—2019 年内蒙古城乡居民收入差距不断变动，绝对收入差距从 1980 年的 226 元扩大到 2019 年的 25499 元，收入

（元）

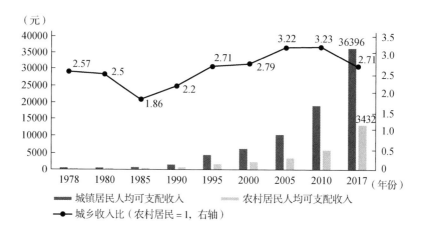

图 1 - 7 中国城乡居民人均可支配收入比较

数据来源：笔者绘制。

的比值从 1980 年的 2.25 扩大到 2019 年的 2.67。与全国相比，20 世纪
80 年代以来内蒙古与全国城乡居民收入比均呈现出先降后升又降的趋
势。20 世纪 80 年代后内蒙古城乡居民收入比在 2009 年达到最高位
（3.14）后开始下降。

（元）

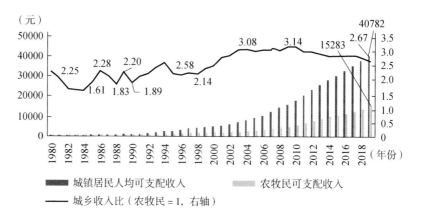

图 1 - 8 内蒙古城镇居民、农牧民人均可支配收入变化

数据来源：笔者绘制。

内蒙古城乡居民收入差距缩小速度慢的主要原因在于以下几个方面。第一，各地发展严重不平衡。全面建成小康社会收官之年全国居民的人均可支配收入约为3.2万元，而内蒙古地区的居民平均收入水平一年接近3万元，城乡差距超过2000多元。内蒙古城乡居民收入差距较大，城市和乡村经济发展不平衡，政府投入存在差异。

第二，城镇化水平质量不高。从1996年开始，内蒙古的城镇化率（常住人口城镇化率）一直高于同期国内的城镇化率，根据"七普"资料显示，内蒙古常住人口城镇化率达67.48%，高于全国平均水平3.6个百分点，但内蒙古户籍人口城镇化率却滞后于全国水平。城镇化速度慢、质量低，致使内蒙古城镇吸纳农村剩余劳动力的速度低于全国水平，内蒙古务工人员的劳动收入低于全国平均水平。

第三，存在隐性失业，且比率较高。内蒙古失业率高于全国平均水平，但是内蒙古城镇登记失业率与实际失业率存在出入。有两方面原因。一方面，内蒙古第三产业和中小企业的发展滞后于全国平均水平，第二产业发展以传统产业为主，而且大型国企和中央企业较多；另一方面，内蒙古第一产业存在大量的隐性失业。这些无疑是导致内蒙古人均收入城乡差距大的原因。

第四，政策落实见效慢。为缩小城乡居民收入差距，内蒙古出台了一系列强农、惠农、富农政策，但政策落实不到位现象始终不能避免。通过内蒙古产业税收弹性系数的计算会发现，内蒙古近年来第三产业的税收弹性系数均呈明显波动之势。这表明，内蒙古的产业发展不够稳定以及内蒙古税收征管的质量和效率不够稳健。这在一定程度上说明了内蒙古在确保各项政策落地见效时存在问题。

（三）消费结构的城乡对比

如图1-9所示，内蒙古城乡居民消费总体呈上升趋势，2005年以后上升幅度加大，城乡消费支出对比呈先升后降趋势。从全国来看，中国农村居民消费占总消费的比重从1978年的62.10%降到了2017年的21.44%。中国城乡居民消费水平持续稳步上升，说明国内的乡村振兴战略以及大力度的扶贫举措显现成效。

图1-9　内蒙古城乡消费支出对比

数据来源：笔者绘制。

内蒙古城乡居民消费存在差距的原因是多方面的。第一，城乡二元结构因素。改革开放后，随着户籍制度改革的深入和城镇化的加快发展，城乡居民的不公平待遇得到一定的缓解，但城乡分割的局面没有得到根本性的改变。农畜产品结构性矛盾仍然突出，城乡居民收入仍存在差距，农牧民仍然面临就业难、子女上学难等问题。农牧区、农牧业、农牧民问题仍然是相当长时期内需要解决的重要问题。第二，存在较大收入差距。收入是消费的基础和保障，内蒙古农牧民收入总体水平和增长速度低于城镇居民。较低的收入水平使农牧民具有较高的边际消费倾向。农牧民收入增长到一定程度后，才有能力提高消费水平，从而改善消费结构。第三，消费观念及消费环境因素。不同于大多数城镇居民"提前消费"的观念，农牧民消费观念较保守，有较强的储蓄习惯，另外，城乡居民的消费环境也不相同。城镇交通便利、公共设施和市场体系较健全，因而城镇居民拥有更便捷的消费条件。而大多数农牧区交通不便、公共基础设施薄弱、信息环境均欠发达、市场不健全，阻碍了农牧区居民的消费，这种差异导致了城乡居民消费水平的差异。

三　人口就业结构与人口质量

（一）就业结构动态变迁

如图1-10所示，1990—2019年内蒙古从事农业和工业的人数逐年下降，二者相比，从事农业的人数下降幅度最大。内蒙古从事第三产业的人员逐年上升，2013年内蒙古第三产业的发展超过第一产业，从业人员占比迅速增长，同时第一产业人员占比下降，但2017—2019年第一、第三产业从业人数差距逐渐缩小。

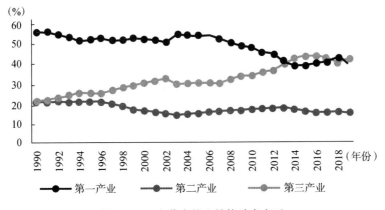

图1-10　内蒙古就业结构动态变迁

数据来源：笔者绘制。

（二）就业人员行业分布

1980—2016 年内蒙古就业人员行业分布情况，如图 1 - 11 所示，1980—2001 年，内蒙古乡村劳动者比重最高，总体变化幅度不大。

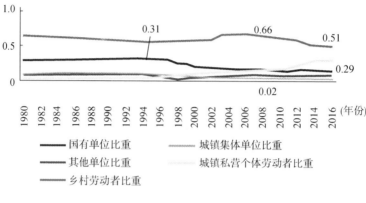

图 1 - 11　内蒙古就业人员所在行业分布

数据来源：笔者绘制。

（三）受教育程度人数

经济学界探讨关于人口质量与经济的关系，主要集中在研究人口质量对宏观经济增长路径的影响以及对经济增长的贡献率上。人口质量的分析体现在多个方面，有人口的身体素质、居民的学历高低情况、居民思想道德素质等各个方面。另外，人口质量代表着人口的知识、智力与科学技术水平等，在分析人口质量的情况下，比较重要的变量是人力资本这个变量。本节从受教育程度和健康状况两个方面，系统分析内蒙古人口质量并与全国比较。

依据内蒙古权威调查数据，内蒙古经常居住的人口中，按照学历进行分类。发现 2020 年接近 500 万人拥有大学的学历，350 万人拥有高中文化水平，超过 800 万人拥有初中文化水平，接近 600 万人拥有小学学历，详细情况见表 1 - 6。

表 1-6 2020 年各盟市每 10 万人口中拥有的各类受教育程度人数

地区	大学(大专及以上)	高中含中专	初中	小学
内蒙古	18688	14814	33861	23627
呼和浩特市	30415	15675	27198	17690
包头市	23318	17553	32485	18729
呼伦贝尔市	16604	14839	41899	20275
兴安盟	12688	12832	36198	30147
通辽市	12983	13832	40319	25291
赤峰市	13827	13844	34208	29133
锡林郭勒盟	18415	15157	32104	24901
乌兰察布市	14247	12925	32374	29368
鄂尔多斯市	21267	13905	28048	24530
巴彦淖尔市	15372	15754	36263	21412
乌海市	21862	17993	34056	17623
阿拉善盟	25893	17458	28484	18277

数据来源:《内蒙古统计年鉴》。

(四) 平均受教育年限

如果以人口平均受教育年限这一指标来考察内蒙古人口质量的现状,可以发现内蒙古整体人口平均受教育水平较高,但内部分布不平衡。如图 1-12 所示,2020 年平均受教育年限最高的是呼和浩特市,最低的是乌兰察布市。整体而言,内蒙古西部地区和中部地区的平均受教育水平均在全区平均值 10.08 年以上(巴彦淖尔市除外)。在一国经济增长的众多影响因素中,人力资本是最重要的一个,人力资本的差异越来越能反映国与国之间的经济差异,因而人口质量在发展过程中越来越重要，加大人力资本的投资和积累才是人口控制真正的理论基础。鉴于内蒙古东、中、西部在平均受教育年限上存在较大的差距，未来提升内蒙古人口质量与增加人力资本的积累始终具有重要的意义。

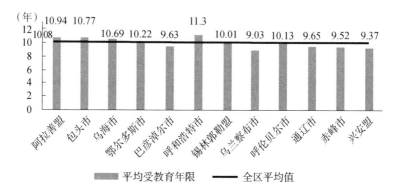

图 1-12 2020 年内蒙古各盟市 15 岁以上人口平均受教育年限

数据来源：笔者绘制。

第二章　人口对经济发展的影响

中国经济发展进入稳步增长时期，在这个时期内，人口因素影响着经济发展进程；经济的发展也时刻影响着不同地区间人口流动速度、流动规模等人口问题。人作为社会的主体，人口的变化深刻影响着经济发展的趋势，内蒙古在规划人口问题时指出，人口问题是内蒙古地区面临的长期性及战略性问题，应积极有效地应对内蒙古人口变化带来的负面影响，努力实现人口的长期均衡。

21世纪以来，内蒙古在经济方面实现了跨越式发展，但在发展中积累的资源粗放式开发与使用模式、经济结构不合理、生态环境压力增大等问题日益凸显，老年人口数量持续增加、劳动力人口逐渐减少等问题不断加重，面对经济人口压力，立足长远角度，如何促进二者协调与发展是当下不可忽视的重点之一。

2021年国家为进一步优化生育政策，实施一对夫妻可以生育三个子女的政策和措施。同年8月，全国人大常委会通过了关于修改《中华人民共和国人口与计划生育法》的决定。2021年2月7日内蒙古自治区人民政府印发的《自治区国民经济和社会发展第十四个五年规划和2035年远景目标纲要的通知》指出，内蒙古自治区要顺应人口发展规律，优化人口空间布局。此外，还提出提高内蒙古地区老年护理床位数，扩大老年产品市场，充分保障老龄化人口的合法权益，等等。① 以上关于人口发展的详细规划使我们对人口未来发展有更清晰的目标与认知。

一　内蒙古人口结构

人口性别结构和人口年龄结构共同构成了人口结构的基础，进而影响社会经济的发展。人口比例失衡会引发一系列的经济社会问题，造成社会不稳定。通过调查数据可以发现内蒙古总人口不断增加，但增长率不高，2021 年内蒙古常住人口接近 2500 万人，人口年平均增长率为 -0.27%。内蒙古自治区人口从整体上来看处于稳定增长趋势，但人口结构变化略有不同。从性别上来看，无论男性还是女性，人口数量都呈现稳定增长状态，男性人数多于女性，但城乡结构方面出现较大差距。第七次全国人口普查显示，内蒙古常住人口中，城镇常住人口占比是农村常住人口的两倍。与 2010 年相比，城镇人口增加了2507321 人，农村人口减少了 3164437 人，这体现了内蒙古人口的城市化水平。根据年龄段不同，人口年龄结构大致可分为三个类型，青年、成年和老年，青年人口数量过多会导致少儿抚养比增加，老年人口数量过多会增加老年抚养比。二者都会增加成年人的生活负担，增加成年劳动力的生活压力，对经济增长带来负面影响。截至 2021 年，内蒙古 0—14 岁人口数占比不足 50%，15—59 岁人口占比超过六成，60 岁及以上占 19.78%，其中 65 岁及以上占比约为 30%。老年人口数量的增加，加剧了政府对社会保障等服务的支出，社会保障和就业支出两年内增加了 10%；2020 年内蒙古参加城镇职工基本养老保险人数超过700 万人，其中，参加基本养老保险的离退休人员超过 300 万人，增长

---

① 转引自孙玉坤《中国经济发展转型与高层次应用型人才培养》，《高等工程教育研究》2012 年第 4 期。

了4.2%。社会保障等支出的增加，抑制了内蒙古对其他行业的投资，对内蒙古地区经济发展产生了不利影响。内蒙古在青年人口上加大了教育、科技等投资，提升了人口质量，培养了高素质人才，促进了经济的进步与发展，内蒙古的教育投资2018年以来，以每年超10亿的增速在提升。

内蒙古自治区的人口变化趋势，见表2-1，分别用出生率、死亡率与自然增长率来衡量。其中人口自然增长率一定时期人口自然增加数（出生人数减去死亡人数）与同期平均总人口数之比。近几年内蒙古的死亡率维持在5.3‰—6.0‰，趋于平稳，但生育率由9.31‰下降至8.23‰，数值上越来越接近死亡率，所以内蒙古人口增长率逐渐下降。人口自然增长率的变化说明了内蒙古地区人口结构的变化，整体而言，新生人口减少，老龄人口相对增加，若不加以应对，未来内蒙古地区劳动人口下降，不能释放人口红利，对内蒙古经济发展造成不利影响。

表2-1　　　　内蒙古自治区出生率、死亡率、自然增长率

年份	2013	2014	2015	2016	2017	2018	2019
出生率(‰)	8.98	9.31	7.72	9.03	9.47	8.35	8.23
死亡率(‰)	5.62	5.75	5.32	5.69	5.74	5.95	5.66
自然增长率(%)	3.36	3.56	2.40	3.34	3.73	2.40	2.57

数据来源：Wind 数据库。

内蒙古的经济由高速发展转向高质量发展，产业发展助推企业活力成为促进经济增长的重要源泉，但内蒙古三大产业对传统能源的依赖也是造成经济增速较慢的主要原因。按照宏观经济学理论来看，劳动力下降会造成在劳动力需求不变的情况下劳动力供给减少，劳动力工资水平上升，工资水平的上升使供给减少，企业劳动

力供给不足，对企业产品的产量和质量造成恶劣影响。在经济学上表现为供给曲线向左移动，供给曲线的上升使其与需求曲线的交点上移，提高了居民的物价水平，因此，容易发生成本推动型通货膨胀，会对经济的发展造成危害。从间接影响来看，一方面，内蒙古人口结构失衡，老年人口比例上升，内蒙古自治区人口投资和创业的冲动下降，投资是内蒙古经济增长的重要组成部分，是不可缺失的一环，投资意愿的下降对提升内蒙古经济造成了不利的影响；另一方面，不同产业劳动力供给人数下降，内蒙古保险体系承受着巨大的压力。人口结构变化引致的劳动力人数下降，使现行缴纳养老金的人数下降，养老金缺口增大，弥补缺口影响了内蒙古地区投资建设的经济实力。因此研究三大产业的发展与其劳动力的分配对未来经济发展有着重要的指导性意义。内蒙古劳动力人数总体呈上升趋势，但在 2018 年以后有小幅下降的趋势。1989 年内蒙古第一产业劳动人数最低，其余年份第一产业劳动力人数一直维持在 500 万人左右，趋于水平；内蒙古工业和服务业劳动力人数逐年增加，但服务业低学历劳动者增加幅度相对更高。依据《内蒙古自治区经济普查公报》的公布结果，发现内蒙古工业企业主要以农副业、金属矿业等为主，传统的企业吸纳劳动力的能力较弱。而其他行业的企业法人单位数量较少，如化学纤维制造业只有 29 家，仪器设备制造业只有 70 家，等等。内蒙古产业核心种类较为单一，并且不易吸收劳动力，一批劳动者入职可工作多年，无须新劳动力加入。因而对于劳动力的吸纳能力较弱，新型科技产业可以吸收大量劳动力，解决就业问题；但发展较弱，不能吸引人才或劳动人口，导致大量劳动人口流失。所以第二产业劳动力的增速低于第三产业，一个地区经济发展的优劣主要依赖于第二产业，产业发展不均、第二产业企业较为单一、新兴企业发展较慢是导致内蒙古经济发展缓慢的因素。

二 内蒙古人口质量特征

自 1978 年以来中国人口数量经历几次大幅变化，目前正经历人口出生率、死亡率和增长率三重下降的阶段；青少年人口占比下降，老年人口增加已成为人口结构新特征。2008 年国际金融危机爆发后，原有促进经济增长的因素已不再能驱动经济高速增长，挖掘人口红利成为经济发展新常态时期的重要课题，因此，如何提升现有人口的劳动生产率成为人口学研究的重点。如今人力资本对经济增长的边际贡献日益增加，高水平的劳动者和就业者在企业生产和研发的过程中发挥着日益重要的作用，成为经济增长的新引擎和重要助推力。内蒙古平均人力资本的提升可以缓解人口老龄化对经济的影响，并且可以提升企业生产力，有助于新产业和新业态的出现。

内蒙古地区小学、初中、高中学历的人数逐年下降，大学学历人口数量逐年上升。一方面，体现了内蒙古地区人口质量的提升，全区人口平均教育水平的增加；另一方面，内蒙古生育率降低也是低学历人口数量下降的原因，人口数量的下降引致内蒙古人口质量的上升。从城乡就业人员的角度来看，内蒙古整体的劳动就业人数增加，在 2015 年后趋于下降。农村劳动力一直是内蒙古劳动就业人数的主力军，从 1989 年至今农村劳动力人数一直高于城镇就业人数，但 2015 年以后城镇就业人数下降导致整个内蒙古自治区劳动力就业人数下降。内蒙古地区经济发展、营商环境等低于中国中东部省份，大量的城镇劳动就业人员外流，成为抑制内蒙古经济发展的又一原因。城镇就业人员的平均学历高于农村就业人员，青年人接受较高的专业知识，使自身素质、工作能力得到提升，但内蒙古无法提供良好的就业平台，与发达城市相比有差距，造成人才流失。

人口质量对经济增长的影响主要有三个途径：技术进步、劳动生产率和产业升级。首先，以人力资本增量和存量水平为代表的人口质量结构转变通过自主创新能力、新技术适应能力影响技术进步而影响经济增长。一定量的人力资本水平是保持技术进步的关键因素，对于内蒙古而言，自主创新能力是实现经济发展的重要因素。如何利用中国北部边陲的地理位置、较为寒冷的气候促进当地经济发展，是高质量人才应该考虑的重要课题。随着内蒙古地区高学历人才的增加，各行业专业技术核心人员的增加，促进内蒙古新兴科技水平的提升。其次，以人力资本增量和存量水平为代表的人口质量结构转变，通过劳动的边际产出、新古典经济学增长理论中的技术进步因素来影响劳动生产率，进而影响经济增长。人力资本与物质资本一样都是生产环节中的生产要素，人力资本不仅可以提高劳动生产率，还会通过影响企业产出以促进经济增长。最后，人口质量结构转变通过生产要素集聚、人力资本投资影响产业升级来影响经济增长。保证经济持续发展的过程，实际上包含了产业结构由原始的、低级的产业结构向先进的、高级的产业结构转变，而人力资本作为科技知识和技术创新的重要载体，通过自主学习来提升技术熟练度和专业实操水平，核心技术的掌握促进新技术的产生，新的先进技术提高生产率、促进经济增长。因此，人力资本的提高是促进产业结构升级的基础和关键因素。

三　内蒙古经济发展特点

自改革开放以来，内蒙古 GDP 总量不断上升，内蒙古经济一直处于攀升状态，截至 2010 年，仅用六年的时间，内蒙古的 GDP 总量为2004 年的三倍。在中国进入全面建设小康社会的收官之年，内蒙古实现了生产总值大幅增加。如图 2-1 所示，第三产业即服务业的经济增速最快，工业、农业对经济增长的促进作用最弱。这凸显了内蒙古地区经济发展转型的脚步，从以第一产业发展为主到第三产业发展为主。2021 年全国 31 个省份中，内蒙古 GDP、第三产业增加值的排名都是第 16 位，而第三产业产值比重却是第 27 位。内蒙古第三产业虽处于增长状态，但增速放缓，比重下降。总体而言，内蒙古三大产业发展都呈增长状态，但推动经济增长的动力单一，以传统产业、传统行业为主，新兴产业、推动经济发展的重要行业发展缓慢，抑制了内蒙古经济的继续增长。

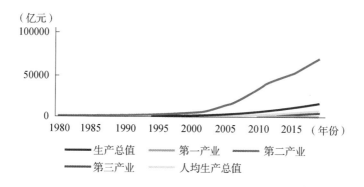

图 2 - 1　内蒙古分产业 GDP

数据来源：笔者绘制。

比较劳动生产率是衡量生产和劳动力工作效率的又一指标，反映了人口劳动生产率对经济增长的贡献。整体而言，内蒙古三大产业都符合要求，农业的劳动生产率小于工业的劳动生产率。相比而言，农业是经济社会发展的基础，农业产品的价格水平无法与工业产品相比，在这种情况下要加强对农业生产率的重视和正确认知。服务业的劳动生产率占比与其他省份相比低很多，体现出内蒙古第三产业劳动生产率的薄弱之处。如传统服务业占据第三产业的主体，维持在五到六成，而现代服务业占比下降，见表 2 - 2。传统服务业吸收劳动力水平有限，现代服务业发展薄弱成为内蒙古第三产业劳动生产率较低的主要原因。

表 2 - 2 　　　　　　2010 年以来内蒙古三产业比较劳动生产率

年份	第一产业	第二产业	第三产业
2010	0.278	2.396	1.306
2011	0.302	2.496	1.192
2012	0.311	2.403	1.146
2013	0.337	2.275	1.085
2014	0.344	2.302	1.049
2015	0.322	2.385	1.066
2016	0.299	2.553	1.079
2017	0.267	2.494	1.156
2018	0.254	2.330	1.235
2019	0.259	2.519	1.168

数据来源：《内蒙古统计年鉴》。

四　人口结构对经济的影响

物质资本指的是一国长期存在的物质形式，物质资本的生产主要依靠投资，投资是资本形成和积累的途径。在经济增长理论中，资本形成与积累对经济增长起至关重要的作用。投资主要取决于一国储蓄率水平的高低，储蓄是投资的源泉，消费是经济活动的最终目标。储蓄是通过总收入扣除消费部分后的余额，储蓄行为受到消费行为的影响。从宏观再生产角度来看，储蓄作为消费结余，消费结余通过储蓄转化为积累基金，为扩大再生产创造条件，储蓄作为连接消费和投资的中介，是消费结余最终转换为资本形成和积累。由此可见，消费和储蓄对经济增长的影响作用很大。

20 世纪提出的生命周期理论和抚养理论开创了消费和储蓄在人口学研究中的先河。老年人由于出生时间较早，受到早期社会经济发展的社会环境的影响，因而有较高的储蓄意愿，消费与投资的意愿较低，年龄结构的不同在消费和储蓄意愿上会有明显差异。当人口年龄结构不断转向老年时，居民边际消费倾向和边际储蓄倾向发生变化，消费水平和储蓄水平也将随之改变，进而对投资产生影响，最终影响资本的投入水平和经济增长。人口年龄结构的改变通过消费和储蓄影响资本投入，从而影响经济增长。

内蒙古的人均储蓄大于人均消费，居民储蓄意愿较重，较低的消费抑制内蒙古 GDP 的增长速度。内蒙古老龄化问题日益严重，伴随着青年知识分子的外流，内蒙古整体劳动力思想趋于保守，因而储蓄倾向大于消费倾向。消费水平较低，不能刺激经济的运转，进一步恶化了企业的营商环境，形成恶性循环，抑制了内蒙古经济的发展。根据 21 世纪 20 年代中国营商调查报告显示，内蒙古的营商环境评分较低，全国排名第 25 位，远低于当年人均 GDP 排名。商业环境是某一地区或国家经济软实力的重要体现，优质的营商环境能够促进各地区、各国家的投资者前来投资，大量的企业和资金的注入提升了当地的经济水平和居民生活环境。近年来，内蒙古将营商环境作为头等大事来抓，是因为营商环境已经成为各地企业来内蒙古投资的重要一环，营商环境也是内蒙古居民反响最热烈的指标之一。《中国省份营商环境研究报告 2020》对内蒙古营商环境的各项指标进行了公布，其中有 8 项劣势指标，分别是排在第 26 位的竞争公平指标和创新指标、排在第 27 位的融资指标和对外开放指标、排在第 28 位的司法公正指标、排在第 29 位的政企关系指标和社会信用指标等。企业的不当竞争影响消费者的消费意愿，进而抑制消费水平，不利于当地经济的增长。

五　人口质量对经济的影响

人口质量通过影响劳动者的身体健康状况、劳动者的技术熟练层次及掌握情况来对经济增长产生影响。在教育教学和文化水平方面，劳动者对自身的知识投资会带来高额的经济回报，在经济学中，知识投资具有干中学效应，知识无国界也无边界，对专业知识的汲取会提升劳动者的生产效率和工作质量。当今世界，科学技术作为第一生产力，科技水平的发展是决定某一国家或地区的经济能否在未来持续增长的核心，只有掌握最新的技术，洞察未来经济和技术发展的走势，掌握核心技术才不会被其他国家或企业所掣肘，不会阻碍经济的发展和居民生活水平的提高。

众多学者对人口素质进行研究，人口素质对企业生产和劳动者收入水平的研究证实了对自身素质的投资会提升劳动者的收入和生活水平。相比于发达国家，发展中国家对人口素质投资的提升效果更加明显，但也更困难。2019 年诺贝尔经济学奖得主出版了《贫穷的本质》一书，书中阐述了很明确的观点，处于贫穷的人更偏好于短期利益而不相信长期利益，对人口素质的培养与提升是一个长期的过程，人口素质提升后对经济的影响也存在滞后期，因此，人口质量对经济的影响也存在滞后性。滞后性的存在使政策制定者及劳动者不愿对其进行投资，不相信其中所蕴含的重要道理。衡策制定者要采取对应的政策和福利进行引导。接下来用数据进行回归，从计量经济学的角度去观察人口质量对经济的影响，若把 GDP 与性别人口数、行业人口数和城乡人口数做 OLS 回归，构建人口与经济增长模型，则可以得到模型，如公式（2 - 1）所示。

$$GDP = \alpha_0 + \alpha_1 \ln 男性人口数 + \alpha_2 \ln 女性人口数 + \beta_0$$
$$(\theta_1 \ln 第一产业人数 + \theta_2 \ln 第二产业人数 + \theta_3 \ln 第三产业人数)$$

$$+\beta_1（\gamma_1 \ln \text{城镇人口数} +\gamma_2 \text{农村人口数}）+\varepsilon \qquad （2-1）$$

通过 Stata16 软件分析得到人口结构与经济发展关系的 OLS 回归结果，见表 2-3。

表 2-3 　　　　　　　内蒙古人口与经济发展回归结果

	（1）	（2）	（3）
ln 男性人口数	-0.278 （-1.46）	-0.119 （-0.80）	-0.0508 （-0.38）
ln 女性人口数	18.95*** （24.75）	7.074*** （3.16）	11.88*** （4.78）
ln 第一产业人数	—	0.254 （1.04）	0.466** （2.06）
ln 第二产业人数	—	-1.438*** （-3.09）	-1.099** （-2.56）
ln 第三产业人数	—	2.561*** （5.56）	1.230** （2.11）
ln 城镇人口数	—	—	0.0131 （0.19）
ln 农村人口数	—	—	-1.823*** （-3.30）
_cons	-123.5*** （-23.68）	-50.03*** （-3.64）	-66.86*** （-4.97）
N	40	40	40

注：*、**、*** 分别表示在 10%、5%、1% 的显著水平。

从回归结果可以发现，由于内蒙古地区男性人口大于女性人口，因而无论在什么情况下，男性人口变动对经济的影响不显著。女性人口数量的变化显著影响内蒙古经济的变动，表 2-3 中（1）—（3）都表现出显著的正相关，说明女性人口数增加可以促进内蒙古经济的发展。通过《2020 年内蒙古自治区妇女发展纲要终期统计监测报告》可以发现，内蒙古妇女就业人员占总就业人员的比重一直维持在40%—42%，其中城镇妇女就业占据绝大部分，而农村女性就业人员比重极低。第一，女性的平均受教育程度虽然在持续升高但略低于男性，低技术岗位中女性劳动者的分布较多，虽然新兴行业女性就业人员数量得到一定改善，但占比不高，未能充分发挥女性就业者自身的能力，若充分挖掘并提升女性劳动市场就业率，经济可以得到一定程度的提升。第二，从三大产业的角度来看，第二产业劳动人数与经济发展成反比例关系；第一和第三产业劳动人数与经济发展成正比例关系。第三，城镇劳动人口数与经济增长无显著相关性，但农村劳动力人数与经济增长呈负相关。因此，农村劳动力人数过多也是影响内蒙古经济发展的原因之一，农村男性劳动力人数多，大多分布于传统产业，且学历较低，不能在新兴产业中就业，传统行业对经济增长的推动能力有限。

内蒙古人口学历与经济增长的关系，见表2-4，发现大学及以上学历人口数与经济增长呈正相关，大学以下学历人口与经济增长总体呈负相关关系，体现出学历对于经济增长的重要性，高学历人才可以促进新兴产业的发展，而低学历的劳动者只能在传统行业工作，因此人口质量的优劣是影响内蒙古自治区经济发展的因素之一。

表2-4　　　　　　内蒙古人口学历与经济增长的回归结果

Ln GDP	Coef.	St. Err	t – value	p – value	Sig.
ln 大学及以上	0.978	0.211	4.63	0.002	＊＊＊
ln 高中	0.245	0.418	0.580	0.574	—
ln 初中	− 1.215	0.332	− 3.66	0.006	＊＊＊
ln 小学	− 0.080	0.228	− 0.35	0.735	—
_cons	11.134	6.791	1.640	0.140	—

第三章　国外人口政策对经济的影响

一　日本人口政策对经济的影响与经验

日本在第二次世界大战结束后人口增速飞快，日本的人口增长是亚洲最有特点的，其人口变化和人口政策值得分析与研究，有关课题引起学术界尤其是人口学家的广泛关注。20 世纪中期及以后的二十年，加茂直樹对日本的人口问题进行研究，研究日本独特的人口红利的变化及人口红利所带的有关经济学等问题。[①]

虽然日本的经济发展速度较快，但是随着时间的推移，日本的人口趋于老龄化，日本的老龄化问题也成为日本社会各界必须面临的问题。在此期间日本政府重视老龄化问题，合理利用老龄化资源创造了第二次人口红利，促进了日本的经济发展，深刻挖掘了日本的后人口红利。[②] 通过研究日本的人口数量、人口性别等人口结构的变化和发展历程，发现日本合理地运用了两次人口红利，适合日本的要素禀赋促进了日本的经济增长，但消极作用逐渐显现，人口红利的作用逐渐下降。[③] 20 世纪末日本抓住了人口红利，实现了经济的发展；在 20 世纪

---

① 李松林：《内蒙古人口发展状况及其特征》，《内蒙古统计》2011 年第 4 期。

② 转引自孙百灵《有序推进内蒙古农牧业转移人口市民化的对策探析》，《北方经济》2019 年第 4 期。

③ 李仲生：《人口经济学》，清华大学出版社 2013 年版，第 274 页。

中期，日本经济实现了两位数的增长。20世纪80年代伴随着第一次人口红利的下降，日本学者开始寻找后人口阶段促进经济发展的方式，但如今日本经济增长率仅维持在5%左右，经济增速大不如从前，随着人口老龄化程度的加深，人口因素对促进日本经济发展的动能不足。[①]目前，日本老龄化问题日益加剧，老龄化问题所导致的经济问题也日趋严重，经济发展停滞与疫情和社会动荡的局势对日本经济的发展产生了不利影响。可能的原因如下。首先，子女生育数量的下降导致日本新生子女下降，子女数量的增加不能弥补老龄化人口的加剧；其次，日本的劳动模式较为独特，日本的工作依靠工龄，年轻的劳动者很难在工作中得到声望，因此，工作年薪并不高，导致年轻劳动者的收入水平得不到有效的提升，年轻的劳动者是生育子女的主力，因为收入等原因导致无力承担过多养育子女的抚养能力，因此生育子女的意愿下降，影响日本人口结构的改善。预计到21世纪30年代，劳动力人口数占比下降10个百分点，劳动力人数与老龄化人数占比相同，导致社会的养老保障体制承担较大的压力，加大的社会抚养规模对社会福利金提出了较大的挑战。

世界人口普遍面临老年人数增加而新生子女数量下降的问题，引起了全球的广泛关注，人口问题对经济的影响逐渐加深，社会各界对人口问题的关注程度日益加深。对于日本来说，20世纪90年代末期老龄化问题已经出现端倪，对经济的影响已经开始显现，劳动力供给不足影响社会的产出，对经济发展和人均收入水平的提升产生了负面影响。老年人数增多使得社会和政府需要花费更多的资金来补助老年人口，而每年缴纳社会养老保险等保障金额的人数减少，社会保障金额的缺口增加使得社会经济和资金压力逐年增加，

---

① Benhabib J. , "The Role of Human Capital in Economic Development Evidence from Aggregate Cross – Country Data", *Journal of Monetary Economics*, 34（2）, 1994: 143 – 173.

国家抚养负担日益沉重，国内的资金缺口只能依靠对外贸易来弥补，如果不采取有效措施抑制老龄化的负面效应，将使日本长期陷入经济低迷。

20世纪90年代以来，日本提出了许多政策以提升人口数量和居民生育水平。日本针对新生儿增多的情况专门设立了子女的抚养机构，命名为"儿童厅"，政府、教育局、内阁等机构全力保障和促进儿童厅的建立与运行。日本当局制定政策增加了劳动者的假期尤其是年龄较大或临近退休劳动者的假期，通过这样的方式促进了父母与新生儿的交流，缓解了劳动者抚养子女的压力。因此通过日本的经验可以学习到很多。一是要适当调整劳动者的假期，增加劳动者照料子女的时间，一方面可以缓解抚养子女的压力；另一方面可以减轻劳动者的工作压力。二是完善托幼机构并加强监管，加强对此类机构的监督和管理。三是适度延迟退休年龄，引导经验丰富的劳动者带动青年劳动者工作，增加劳动者的工作经验和技术熟练度。

二　韩国人口政策对经济的影响与经验

韩国面对"超低生育率"的人口增长现状，作出的反应明确而迅速。在2005年9月，韩国就制定了低生育高龄化社会基本法，随后在2005年11月，又设立防止低生育高龄化社会委员会。同时为了鼓励生育，韩国还强化了相关社会政策的支持，比如"出生奖励金"、改善培育设施、延长育儿休假并负担休假期工资等。这种意识上的高度重视、行动上的有效配合是值得中国借鉴和学习的。

社会保障问题是老龄化社会面临的主要问题。面对这一问题，除提出传统的公共福利和健康保障等形式外，韩国实行了多层次的国民年金制度。一方面，这一制度能把农民渔民、职工、自营业者及临时工整体整合到一个框架制度内，能尽最大的可能扩大养老保障的覆盖面；另一方面，这种制度能协调不同行业的年金财政负担，为中国提供了一个可行的公共年金模式。为应对老龄化对经济的影响，韩国采取了很多应对措施。第一，发展老龄化产业政策。老龄产业即"白银产业"的发展，对于进入老龄化社会的国家非常重要。因为老年人口需求的相似性与集中性，老龄化产业是以服务业为主的劳动集约型产业。面对日益发展的老龄化社会，韩国政府给予了高度重视，并于 2006 年提出了以照护、医疗、金融、住房等 8 个部门 19 个项目为主导的老龄产业发展政策并成立了"老龄亲和产业支援中心"这一专门机构以统筹老龄产业的发展。第二，提高劳动力素质，稳定经济发展。要解决老龄人口增长对劳动力造成的影响，从人自身角度出发可以从两个途径进行。一是延缓老年人退休时间或者鼓励老年人口再就业，从维持劳动力数量的角度出发；二是努力提高当前及未来劳动力的素质和劳动生产率，稳定经济发展。韩国在这两方面都作出了相关的努力，在老龄人口再就业方面，韩国政府实施了《禁止雇佣上存在年龄歧视及高龄者雇佣促进相关法律》以及各项社会配套措施来推进老龄人口的再就业，当前韩国社会正处于一种"教育热"的发展阶段，基于社会竞争压力和自我提升的需求，韩国社会兴起了一种"全民学习、终身学习"的热潮，这种重视教育的热情也使得韩国在短期内实现了公民受教育程度的大幅提升。劳动力素质的提升将带来劳动生产率的提高，对促进经济发展有很大的积极作用。

在养老保障方面，也可以借鉴韩国经验，一是积极投身老龄化相关产业的建设，通过相关设施的建设和管理促进老年人消费，提升消费群体的年龄中位数。二是加大对生育补贴的力度，通过生育补贴政策的实施来促进青年夫妇的生育水平，缓解劳动者的生育压力和工作压力。

三　德国人口政策对经济的影响与经验

　　德国也面临着严重的人口压力。2020 年德国拥有 8320 万人。多种原因综合作用，德国自 2011 年来首次出现人口"零增长"。统计数据显示，德国生育水平目前维持在每名妇女生育 1.54 个孩子。2020 年德国出生 75.5 万人，因为新冠肺炎疫情，2020 年德国死亡人数高达 98 万人。① 除此之外，疫情致德国移民数量减少。自 2015 年难民危机以来，德国净移民数量一直在不断减少，2020 年仅为 22 万人。

　　为了应对老龄化给社会经济带来的挑战，从 2012 年开始，德国将退休年龄推迟至 67 岁。政策规定，2012—2023 年，退休年龄每年延长一个月；2024—2029 年逐年推迟两个月。除了采取延迟退休政策，德国一直不间断地实施鼓励生育政策，从而提高生育率。当前，德国为生育人口提供较长时间的产假和育儿假，同时提供生育津贴，补贴额度随孩次增加而增加。同时，未成年子女、无收入且未满 23 岁的子女都可以享受免费医疗保险。为了更好地保障妇女就业环境，德国不断优化妇女生育后的雇佣政策。因此可适当借鉴德国的政策，采用适当延迟退休年龄、提供多种养老方式等政策以促进经济的发展。

---

　　① 快易数据库数据，德国历年生育统计，https：//www.kylc.com/stats/global/yearly_ per_ country/g_ population_ fertility_ perc/deu. html。

第四章　优化人口结构和人口
质量的对策与建议

人口状况是一个国家或地区发展最基本、最重要的因素，劳动力数量及劳动力结构与经济增长密切相关，合理的人口总量、性别比、地区分布是地区经济发展潜力是否充足的重要参考，人口不足将导致企业缺乏生产要素，对企业和地区的经济发展都会产生不利影响。更为重要的是，人口是一个国家经济发展的动力之一，过去30年取得的经济发展成果，很大程度上和人口红利的释放有关。

一　促进内蒙古各城市均衡发展

呼包鄂地区是内蒙古政治、经济、文化的中心，呼包鄂地区无论是地区生产总值还是就业人员数量都位居内蒙古前三位。而内蒙古东部地区经济发展速度低于西部地区，根据2020年《内蒙古统计年鉴》可知，呼和浩特市生产总值为2791.46亿元，而阿拉善盟生产总值为295.31亿元，二者差距甚远。经济发展良好、城市条件优越能够吸引大量劳动力，而经济发展较差的盟市因无法留住劳动人口而出现大量的人口流失。例如乌兰察布市出现大量人口流失，只有少数盟市如呼和浩特市、包头市有大量人口流入。因此，促进内蒙古各城市均衡发展尤为重要。政府要加大对各盟市的投资，尤其是呼包鄂以外的盟市，重点关注如阿拉善盟、兴安盟等盟市的经济发展情况及人口流失问题。加大对第三产业的扶持力度，以减轻劳动力人口流失问题。经济发展不良，导致劳动力人口流失，劳动力人口尤其是人才流失使当地经济很难发展，陷入了负循环。只有政府加大扶持力度，促进各盟市城市经济的发展，才可以防止人口流失，促进内蒙古经济发展。富裕的人口总量是内蒙古城镇化发展的核心要义，城镇居民人口数量的增加可以促进内蒙古城市化的发展，给内蒙古未来经济的发展提供广阔的营商环境和动力源泉。另外，城镇的教育水平高于农村，充足且高质量的教育水平可以提升下一代的受教育环境，进而提升人口素质。

二　采取生育激励政策

内蒙古生育率较低，逐步进入老龄化社会，因此，内蒙古应积极采取政策来响应国家"三胎"政策，提升内蒙古人口数量，改善内蒙古人口结构。第一，政府有关机构要开展教育宣传，让百姓了解最新的生育政策和生育福利，切实保障百姓的福利可以顺利执行。第二，政府要出台生育激励政策，以促进人口生育，如采取生育补贴，可对生育三孩家庭发放补助 5 万元奖励，有研究显示，一次性补贴的激励效果要高于长时间少量补助的激励效果。虽然内蒙古采取了一系列生育补贴措施，但金额较少，与生育孩子之后的生活、教育等费用加起来相比，杯水车薪，不足以促进内蒙古居民生育意愿的提升。

三　加强对教育科研的投资

2021 年 2 月内蒙古自治区统计局发布了 2019 年科技经费投入公报。内蒙古全年研究与试验发展经费超过 145 亿元，其中基础研究经费 4.51 亿元，环比增长 14.25%；应用研究经费接近 20 亿元。虽然内蒙古的科研经费较以往相比，略有增长，但在全国而言排名第 23 位，广东省为 3098.5 亿元，是内蒙古的 20.96 倍。体现出内蒙古与其他省市在科研投入上的差距，内蒙古要加强与其他省份科研、学术交流，加大对科研的投入，提升内蒙古地区的人口质量。只有加大对科研的投入，才能提升人口素质，进而提升企业创新能力，促进新兴产业的发展。对于内蒙古省内而言，呼和浩特市的科研经费为 43.65 亿元，位居榜首；呼伦贝尔的科研经费为 2.62 亿元、兴安盟的科研经费为 0.34 亿元等，暴露出内蒙古自治区内各盟市科研投入水平参差不一，科研投入差距过大，如呼和浩特市的科研经费投入是兴安盟的 128.38 倍。在教育、科研上投入的差距也是造成内蒙古不同盟市经济发展不平衡的重要原因，因此，内蒙古要加强对不同盟市的科研投入和教育投入，促进内蒙古经济的发展。

四　加强人才引进力度

一个地区经济的发展能否成功崛起，取决于一个国家的科技水平、人才数量等软实力的强度，内蒙古地区经济的发展亦要遵循相同的道理。内蒙古地区教育科研发展水平有限，新兴科技产业缺乏高科技人才，针对内蒙古地区高素质人才短缺的情况，要建立完善的人才引进政策和措施。具体而言，包括以下两点。第一，在进行人力资源相关工作时，要积极引进高素质人才，并制定相应的项目产业化扶持和完善的人才住房保障政策，以全面提高人才的生活质量，如采取博士就业半价购房政策，高薪引进高学历人才等，进而为城市发展作出更大贡献。第二，根据不同盟市经济发展及人口规模实际，提出有针对性的补贴政策，因地制宜，一地一策。各地政府积极探索可行的人才引进政策，吸引人才来到内蒙古，为内蒙古的经济发展贡献力量。

五　优化城市人口分布

"地广人稀"可以用来描述内蒙古人口分布情况，但也伴随着大城市和小城市、内蒙古东部和西部人口分布不均等现象出现。有些城市人口过少，而有些城市人口负担相对较重。以呼和浩特市为例，2019年赛罕区的户籍人口数为541777人，回民区户籍人口数为236401人，玉泉区户籍人口数为203709人，不同城区之间人口分布不均。这种现象不利于各城区均衡发展，因此，政府要关注城市人口分布问题，合理进行城市规划，让城区人口均匀分布。人口分布不均影响不同城区物价、房价的差异。政府要合理规制城市的流入人口分布，尽可能减少城市人口或局部城区人口流失问题。

六　完善养老保险等社会保障制度

内蒙古老年人口增多，劳动力人数下降，养老金保障系统出现缺口。由于劳动力数量的下降导致内蒙古养老保险的上交金额数下降，不足以支撑内蒙古地区养老金的发放，预计21世纪中期养老金缺口超过9万亿元。内蒙古社会保障支出逐年增加，但也出现了各盟市分布不均等现象。以2019年为例，呼和浩特市社会保障支出为396371万元、阿拉善盟为80554万元，不同盟市差异较大，各地区养老保障支出略有不同。因此，一方面，政府等有关机构要重视社会保障问题，均衡各盟市社会保障支出金额，采取政策，充分利用社会保障，维护老年人合法权益；另一方面，要积极探索多种模式的养老方式，建立完善的养老服务体系，政府各部门要加大财政投入力度，兴建养老院、敬老院等基础设施，让老年人有正常的生活场所。建立养老金增长机制，经济发展过程中会出现通货膨胀现象，且青年劳动者上交的养老金不足以弥补养老金支出金额，因此，为保证老年人生活水平不下降，使养老金随着社会经济发展水平做适当调整很有必要。另外，农村地区养老保险起点较低、保障水平较低，和城市养老保险相比，存在较大差距。因此，农村养老保险事业决定整个内蒙古地区养老事业的进步与发展。只有老年人口问题、照料问题得到解决，内蒙古经济发展才会提速。

第二篇　呼包鄂乌城市群人口研究

第五章　呼包鄂乌人口研究基本特征

一　对本领域研究现状的认识

一个国家和地区的全面发展，需要对人口结构、资源环境进行综合考虑和规划。人口规模、人口结构和人口质量关系到一个地区的人力资本存量和未来发展潜力。呼包鄂乌城市群作为黄河流域重要城市节点，是内蒙古重点开发区域和经济发展核心区。但2021年内蒙古地区的总人口出现下降，老年人口的增速远高于总人口，生育率持续走低以及老龄化程度持续加深，对呼包鄂乌地区的人口规模、人口结构和人口质量具有明显的现实意义和理论价值。当前，内蒙古人口老龄化趋势加快，人口老龄化呈指数化增长，内蒙古地区总和生育率的不断下降加重了内蒙古人口对内蒙古经济等各方面发展的影响。呼包鄂乌地区的人口密度高于内蒙古其他地区，但是低于京津冀、长三角等地，改善人口结构，调高人口规模和人口质量成为当今促进呼包鄂乌城市群发展的重要命题。

二　研究的主要内容、基本思路、研究方法

(一) 主要内容

第一，呼包鄂乌城市群人口规模、人口结构和人口质量的时空

特征和演化。从城市和旗县等两个层次分阶段论证呼包鄂乌城市群人口规模、人口结构和人口质量的时空特征，分析呼包鄂乌城市群人口规模、人口结构和人口质量的演化和发展变化趋势。在此基础上形成各个指标的面板数据，使用空间计量使得四个地区的指标分布可视化。

第二，对呼包鄂乌城市群经济适度人口进行测度。论证未来呼包鄂乌城市群经济发展潜力下的人口规模和人口质量需求，判断呼包鄂乌城市群经济—人口发展的可持续性。

第三，呼包鄂乌城市群人口规模、人口结构和人口质量的影响因素。拟选取 7 个社会经济因素和 4 个自然因素，利用计量回归模型分析呼包鄂乌城市群人口规模、人口结构和人口质量的影响因素，再将这些影响因素利用地理加权回归模型进行分析。

（二）基本思路

本课题通过规范分析、实地调查、统计分析相结合的分析方法，以呼包鄂乌城市群人口规模、人口结构和人口质量为研究对象，进行相关微观和宏观数据的收集和整理，在此基础上综合运用空间相关分析、多水平分析模型、GIS 方法进行可视化研究，并对呼包鄂乌城市群经济适度人口测度进行分析，最后论证呼包鄂乌城市群人口规模、人口结构和人口质量的影响因素，探讨相关政策建议并进行制度设计。具体如图 5-1 所示。

（三）研究方法

本节将采用宏观与微观分析等经济学分析法，具体研究方法如下。第一，空间分析法。本课题将采用空间自相关、全局莫兰指数、局部莫兰指数等对呼包鄂乌城市群人口规模、人口结构和人口质量进行分析。第二，地理加权回归和相关分析。本课题拟采用地理加

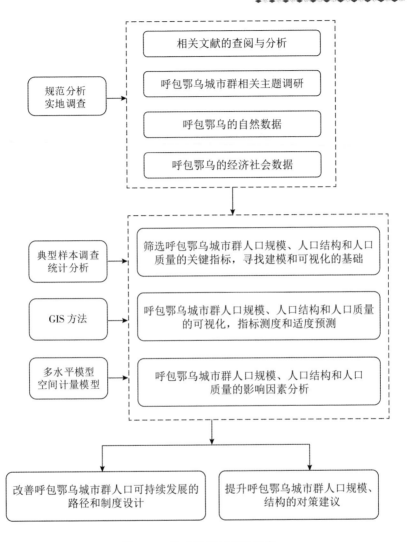

图 5 - 1　技术路线与方法示意

数据来源：笔者绘制。

权回归和相关分析对呼包鄂乌城市群人口规模、人口结构和人口质量进行论证。第三，地理信息系统（GIS）分析。探索运用 GIS 方法，测算呼包鄂乌城市群人口规模、人口结构和人口质量的地理变化和演化。

三　文献综述

自然因素和社会经济因素构成了人口的空间分布，学者们对人口的空间分布进行了细致的研究。自然因素中有海拔、地形起伏度等地貌环境变化，自然地理环境构成了自然因素。了解这种分布的影响因素对于理解人类与环境之间的关系至关重要。社会经济因素中交通可达性、公共服务设施等都是影响人口空间分布的因素。方瑜发现，中国的自然环境影响不同地区的人口分布和不同地区的居民性格特点，中国人口分布与年均温度、年均降水、净初级生产力呈极显著正相关。而人口空间分布变化中，社会经济因素也不可忽略。[①] 在地理加权回归模型应用中，孙倩以长沙市的中心城区为研究对象，采用地理加权回归模型分析了城市住房价格与其影响因素之间相关关系的空间分异性，结果表明，住房价格影响因素具有显著的空间分异性。[②]

（一）人口结构综述

人口结构是对一国或地区不同年龄人群分布的总体概述，人口结构可以分为人口的自然结构、空间结构和社会结构等。其中人口年龄结构的类型包括年轻型人口、成年型人口和老年型人口三种。就人口年龄结构的研究来看，主要集中在学龄人口、劳动人口、老年人口的变动上。

学龄人口变动的研究主要集中在其对教育的影响方面，如石人炳发现，生育水平的下降减少了学前儿童与初等教育的儿童数量，与各

[①] 方瑜：《中国人口分布的自然成因》，《应用生态学报》2012 年第 12 期。
[②] 孙倩：《基于空间扩展模型和地理加权回归模型的城市住房价格空间分异比较》，《地理研究》2015 年第 7 期。

地区教育资源扩张、教育数量增长形成鲜明对比，大量教育机构未能充分利用[①]；田宝宏发现，学龄人口的变化给各地区的教育带来不小的冲击，各地区教育资源分布不均，教育资源紧缺与教育资源空缺的现象共存，给中国教育的发展带来了不利影响[②]；曹伏明认为，学龄人口变动对初等教育既有积极影响又有消极影响，必须破除通过撤销或扩招来应对学龄人口变动的想法[③]；刘小强发现，城镇化和学校布局调整使学龄人口在区域间的横向变动很大，进而对城乡教育均衡和校际教育均衡产生影响[④]；孟兆敏通过第六次人口普查数据发现，上海市幼儿园教育资源短缺严重，市区优质资源多于郊区致使基础教育资源分布不均[⑤]；梁文艳发现，"单独二孩"政策实施以来育龄儿童数量仍持续下降，这有益于部分地区解决教师岗位空缺的难题，化解教师岗位结构性缺编[⑥]；黄振认为，人口政策、思想观念与人口迁移都会影响学龄人口变动[⑦]。

　　劳动力人口变动的研究主要集中在人口红利期的长短、人口红利与经济增长的关系上。蔡昉指出，中国的人口红利优势即将消失，劳动力低廉将不再是中国经济发展的最大优势，要正确面对中国"未富先老"的局面，找到能够超越人口红利的对策才是重中之重；崔俊富基于 RR 模型和 Leslie 模型对中国未来人口进行预测，发现中国老龄化

①　石人炳：《我国人口变动对教育发展的影响及对策》，《人口研究》2003 年第 1 期。

②　田宝宏：《学龄人口变动对基础教育的冲击与应对》，《中州学刊》2009 年第 5 期。

③　曹伏明：《学龄人口变动下初等教育的发展图式》，《科教导刊》（上旬刊）2010 年第 7 期。

④　刘小强：《学龄人口变动对教育均衡发展的影响》，《教育与经济》2011 年第 3 期。

⑤　孟兆敏：《学龄人口变动与基础教育资源配置的协调性及原因探析——以上海为例》，《南方人口》2013 年第 1 期。

⑥　梁文艳：《人口变动与义务教育发展规划——基于"单独二孩"政策实施后义务教育适龄人口规模的预测》，《教育研究》2015 年第 3 期。

⑦　黄振：《学龄人口变动的原因、影响及对策研究》，《科教文汇》（中旬刊）2018 年第 5 期。

问题会越来越严重将对未来中国经济增长产生巨大影响。[①] 韩秀兰构建了人口与经济增长有关指数，探究了人口与经济增长之间的关系，研究不同地区的一致性与异质性。相比于中南部地区，中国东北地区面临更严峻的人口问题，东部地区面临人口红利和劳动力生产率下降的双重抑制效应。[②] 王树运用计量经济学分析法对老龄化问题进行模拟分析，发现轻度的老龄化有助于人口红利期的形成，适度的低生育同样有利于人口素质的提升。[③] 张先忧运用面板数据分析人口数量和人力资本的经济增长效应，发现各类抚养比与 GDP 增长率关系显著为负。老年人口变动的研究主要集中于人口老龄化特征、影响和应对措施。[④] 张桂文在分析人口老龄化对制造业升级影响机理的基础之上，运用经济学方程进行实证检验，发现人均寿命的延长可以促进社会资本的积累。[⑤] 张卫从产业结构转型升级视角阐述了人口老龄化影响劳动力技能结构的作用机制，发现人口老龄化与低技能劳动力之间存在倒 "U" 形关系。[⑥] 苏飞运用相关分析法等经济学分析方法构建了辽宁省人口结构与经济发展评价模型。研究表明，辽宁省人口结构的变化深刻影响着当地的经济发展。[⑦] 包玉香运用 SEM 模型对山东省人口老龄化的区域经济效应进行定量评估，发现当地劳动力的资源供应与老龄化水平无关，不同地区的情况存在差异，对于城市化发展程度较快的地区，劳动力人口流入可以弥补由于老龄化带来的劳动力缺失，因此，研究

① 崔俊富：《人口对中国经济增长的影响研究——基于 R&D 模型、RR 模型和 Leslie 模型的讨论》，《工业技术经济》2020 年第 8 期。
② 韩秀兰：《经济新常态、人口红利衰减与经济增长》，《统计学报》2020 年第 3 期。
③ 王树：《"第二次人口红利"与经济增长：理论渊源、作用机制与数值模拟》，《人口研究》2021 年第 1 期。
④ 张先忧：《人口红利的经济增长效应研究》，《金融纵横》2021 年第 1 期。
⑤ 张桂文：《中国人口老龄化对制造业转型升级的影响》，《中国人口科学》2021 年第 4 期。
⑥ 张卫：《人口老龄化、产业结构与劳动力技能结构》，《西北人口》2021 年第 1 期。
⑦ 苏飞：《辽宁省人口结构与经济协调发展研究》，《农业系统科学与综合研究》2010 年第 1 期。

老龄化对经济的影响时要做到具体问题具体分析。[①] 高颖对比分析了北京人口迁移和流动人口的特点及变化趋势。[②] 刘霞基于柯布—道格拉斯生产函数模型研究吉林人口变化对经济发展的影响，并根据结果探讨了吉林的产业类型以及产业结构升级等经济增长中所面临的问题。[③] 谭瑶利用中国省级面板数据，分析 21 世纪最初五年中国人口流动和经济增长的区域差异，发现人口流动与当地经济发展的关系非必然，而跨省人口流动对经济增长的影响存在地域差异。[④]

人口性别结构是指特定地区人口的男女比例。人口性别结构可用性别比和人口出生比两种方法进行测量，国际上公认的正常值范围在103—107。国内学者对性别结构的研究主要集中在新出生的婴儿性别比问题上，这不仅与未来婚恋市场上男女择偶、家庭有直接关系，而且与经济发展、社会结构及稳定有密切联系。王磊以第七次人口普查为数据基础，发现中国性别结构呈现出显著的区域差异，人口基数庞大的东部沿海地区和经济发达地区男女性别比例失衡现象比较严重，男女比例失衡对居民消费规模扩大具有正向促进作用。[⑤] 魏下海利用 CFPS 数据进行研究，发现性别问题是影响家庭财富与资产的重要变量，因为传统思维等因素，有男孩的家庭具有更强烈的购买房屋动机，而不是金融风险资产。[⑥] 张栋和郑路通过对 Charles 数据进行详细分析，发现中国农村养育儿子数量和老年人的精神慰藉、生活照料

① 包玉香：《人口老龄化的区域经济效应评估——以山东省为例》，《山东师范大学学报》（人文社会科学版）2012 年第 6 期。

② 高颖：《我国特大城市人口结构特点及变动趋势分析——以北京为例》，《人口学刊》2016 年第 2 期。

③ 刘霞：《吉林省人口结构对经济增长的影响研究》，《城市》2017 年第 5 期。

④ 谭瑶：《人口流动对我国区域经济增长的影响》，《河北科技师范学院学报》2018 年第 4 期。

⑤ 王磊：《性别结构差异对我国居民消费的影响——基于第七次人口普查数据的经验分析》，《商业经济研究》2021 年第 14 期。

⑥ 魏下海：《人口性别结构与家庭资产选择：性别失衡的视角》，《经济评论》2020 年第 5 期。

等方面相关性较强，呈现出显著的负相关，但老年人的生活满意度并不显著。[①] 石人炳将害怕生育两个男孩而不敢生育第二孩的情况称为"两男恐惧"，"两男恐惧"是值得关注的性别偏好。[②] 李天宇发现，因性别角色分工不同、高等教育入学机会男女平等和女大学生考研意愿等因素使女性硕士研究生毛入学率升高，中国硕士研究生性别比例与年龄组基数错位。[③] 程远飞发现，中国性别比一直居高不下，作为影响居民储蓄率的重要因素之一的性别比在短期内无法得到有效改善。[④]

国外学者更加关注人口结构对经济的影响。Griskevicius 等研究了性别比对储蓄、借贷以及支出三者的影响，男性的储蓄、借贷及支出都大于女性。[⑤] Acemoglu 和 Restrepo 研究自动化时代也同样表明人口老龄化对经济增长存在负面影响。[⑥] De la Croix 等考察瑞典 1950—2050 年的人口变化对经济的影响，结果显示人口和增长之间存在稳定的关系且基于人口红利文献的简化统计模型有利于进行长期预测。[⑦] Hondroyiannis 基于 1960—1995 年希腊的经验证据研究了人口变化、劳动与经济增长的影响，结果显示人口结构变化、劳动及产出增长之间存在长

---

① 张栋、郑路：《养儿防老还是养女防老？——子女规模、性别结构对家庭代际赡养影响的实证分析》，《人口与发展》2021 年第 3 期。

② 石人炳：《两男恐惧：一种值得关注的孩子性别偏好》，《人口学刊》2021 年第 1 期。

③ 李天宇：《硕士研究生性别结构失衡及其成因分析——基于时间序列 ARMA 模型分析》，《河北大学成人教育学院学报》2020 年第 4 期。

④ 程远飞：《我国人口性别结构对居民储蓄率的影响路径研究》，《时代经贸》2020 年第 23 期。

⑤ Griskevicius V., Tybur J. M., Ackerman J. M., et al., "The Financial Consequences of too Many Men: Sex Ratio Effects on Saving, Borrowing, and Spending", *Journal of Personality and Social Psychology*, 102（1），2012，69.

⑥ Acemoglu D., Restrepo P., "The Effect of Aging on Economic Growth in the Age of Automation", *National Bureau of Economic Research*, 10（5），2017：100 – 102.

⑦ De la Croix D., Lindh T., Malmberg B., "Demographic Change and Economic Growth in Sweden：1750 – 2050", *Journal of Macroeconomics*, 31（1），2009：132 – 148.

期关系，老年抚养比以及生育率的降低对经济增长有负向影响。① Choi
和 Shin 研究世界人口老龄化对经济增长的影响，研究结果表明人口老
龄化对于发展中国家发展影响不大。② Bovea 和 Elia 研究发现，移民在
不同国家之间进行迁移，人口居住地的变化对当地经济社会等产生不
同影响，移民待着出生地的生活技能和思维观点，这些新思维新技术
与当地的发展相融合，促进了邮迁入地经济增长。③Erlandsen 和 Ny-
moen 对人口年龄分布的变化与消费的关系进行分析，预测年龄会影响
个人储蓄及消费行为。④

（二）人口质量综述

人口质量俗称人口素质。在人们的日常思维中，人口质量经常被
人们所忽略，人口质量并不单纯指人口的知识水平或学历的高低，还
有思想道德素质、社会的文化水平高低、家风等。居民身体健康状况
也被列入人口质量的衡量范围，居民身体素质包括健康状况和预期寿
命，预期寿命或人均健康状况的优劣成为衡量不同地区人口质量差异
的重要标准。思想道德素质是近年来学者对人口质量研究的重要角度，
思想道德素质的高低对社会文化等软实力有重要影响。相对而言，人
口质量研究的文章较少，已有的研究主要从人力资本、教育和人口红
利的角度来探讨人口质量。如郭俊缨通过 2020 年第七次全国人口普查

---

① Hondroyiannis G., Papapetrou E., " Demographic Changes, Labor Effort and Economic
Growth：Empirical Evidence from Greece", *Journal of Policy Modeling*, 23（2），2001：pp. 169 -
188

② Choi K. H., Shin S., "Population Aging, Economic Growth, and the Social Transmission
of Human Capital：An Analysis with an Overlapping Generations Model", *Economic Modelling*, 50,
2015：138 - 147.

③ Bove V., Elia L., "Migration, Diversity, and Economic Growth", *World Development*,
89, 2017：227 - 239.

④ Erlandsen S., Nymoen R., "Consumption and Population Age Structure", *Journal of Pop-
ulation Economics*, 21（3），2008：505 - 520.

数据发现中国的人口红利期已过，企业等机构对于劳动力的需求从人口数量型向人口质量型转变，中国已呈现出向人才强国转变的趋势。[①] 曹献雨采用熵值法分析中国人口变化情况，研究发现中国人口质量逐年提升，科技和文化水平的提升对人口质量的提升起到促进作用。[②] 赵茂林采用计量经济学模型分析人口与产业结构转型升级之间的关系，发现产业结构升级与劳动者就业情况高度相关，产业结构升级可以促进企业吸纳更多劳动力，通过岗位技术水平的提升倒逼劳动者提升自身的素质，对人口素质的提高具有重要意义。[③] 黄乾指出，未来中国人口抚养比逐年下降，农村人口下降，城市人口上升，人口质量因城乡人口结构的变化而大幅提升。[④] 杨成钢发现，中国的人口质量在经济发展中的作用已经高于人口数量增加对经济的影响，这对中国发挥人口质量红利具有重要作用。[⑤] 于长永提出生育子女奖励政策，对于生育超过一个子女的家庭进行奖励，这样的奖励或补贴政策既符合中国计划生育政策"渐进调试，稳中求变"的发展路径，也有利于促进生育公平和人口质量提升。[⑥] 车士义利用微观经济学中的生产函数分析了中国人口红利对经济增长的影响，发现劳动力质量的贡献程度高于劳动力数量的贡献程度，人口因素对经济增长的促进作用超20%，表明经济增长受人口变化的影响，合理的人口结构和人口质量是促进经济发展

---

① 郭俊缨：《中国人口发展重大转向：从数量型到质量型人口红利》，《人口与健康》2021年第6期。

② 曹献雨：《中国人口质量的时序变化和地区异质性分析》，《统计与决策》2021年第3期。

③ 赵茂林：《人口结构、人口质量与产业结构转型升级——基于PVAR模型的实证分析》，《吉林工商学院学报》2020年第4期。

④ 黄乾：《中国步入人口质量红利时代》，《人民论坛》2019年第14期。

⑤ 杨成钢：《人口质量红利、产业转型和中国经济社会可持续发展》，《东岳论丛》2018年第1期。

⑥ 于长永：《生育公平、人口质量与中国全面鼓励二孩政策》，《人口学刊》2017年第3期。

的重要因素。[1] 王沫凝发现，人均学历水平或综合素质的提高可以提高人均 GDP 进而提高人均储蓄水平，但滞后性的存在增加了未来的不确定因素，因而对储蓄率造成了不利影响。[2] 屈云龙运用经济学分析法对江苏省人口质量进行评估，分析结果显示，江苏省不同地区人均受教育程度和身体素质等存在差异，南京市的人口素质最高，而其他地区高低不一。[3] 陈对研究结果发现，在与人口质量红利有关的变量中，城市化水平对人口质量红利的释放具有正的影响，且富有弹性。[4]

对人口素质的研究，西方学者与中国研究者侧重点有所不同。现代西方学者不是从优生或文化素质提高的角度进行人口素质方面的研究，而是更加注重人力资本投资领域的探索，实质就是提高人口素质。20 世纪 60—70 年代，西方学者陆续发表了一些在人力资本投资方面有影响的论著。现代西方人力资本投资的理论分析，最早见于 Mincer 的《人力资本投资和个人收入分配》一文。美国经济学家舒尔茨在 20 世纪 70 年代对人力资本进行深入研究，他的研究引起了后辈学者的关注。[5] Schultz 发现，人力资本是由个人所接受的教育水平、工作技能或身体素质等因素共同决定的，人力资本最主要的积累途径是接受高等教育。[6] 人口质量的积累需要一定的过程，存在滞后性，因此需要有长远的眼光对其进行投资，20 世纪 80 年代以后学者对人力资本的研究逐渐深入。Madden 和 White 发表的《投资于人民：人口质量经济

① 车士义：《中国经济增长中的人口红利》，《人口与经济》2011 年第 3 期。
② 王沫凝：《我国人口结构与质量因素对居民储蓄率影响的研究》，《价格理论与实践》2016 年第 12 期。
③ 屈云龙：《主成分分析法在人口素质评价中的应用——以江苏省为例》，《南京人口管理干部学院学报》2010 年第 2 期。
④ 陈对：《我国人口质量红利影响因素研究》，《统计与决策》2015 年第 10 期。
⑤ Mincer J., "Investment in Human Capital and Personal Income Distribution", *Journal of Political Economy*, 66 (4), 1958: 281 – 302.
⑥ Schultz T W. "Capital Formation by Education", *Journal of Political Economy*, 68 (6), 1960: 571 – 583.

学》中强调，投资于人口质量将决定人类未来的前景，增加人民有用的知识和能力是未来经济生产力和人类福利进步的关键。他们把质量看作一种耐用的稀缺资源，决定质量形式与数量的关键是新增质量的数量和为获得它所花费的费用之间的关系，前者超过后者就会使质量增进。①

对于人口数量和人口质量相互作用的研究。唐隽捷从人口因素和环境因素角度进行详细描述，如人口质量、生活质量等构建城市化人口评价体系，研究发现，少数民族居住地区的城市化水平与其他地区的城市化存在差异，相比而言，内蒙古的城市化水平最高，而贵州排名较低。② 李兵发现，不同地区之间关于人才引进的竞争愈发激烈，各地对人口质量的关注和需求程度逐年上升，扩大人口数量，提高人口质量已成为各地城市化水平提升过程中不可或缺的重要组成因素。③ 古柳基于 21 世纪前 14 年中国制造有关数据研究发现人口数量的变化对人口质量的变化产生影响，人口数量的减少会倒逼劳动者提高自身学习水平和工作技能。④ 赵茂林在研究人口因素与产业结构升级之间的关系时发现，产业的改革或升级是建立在劳动力变化之上的，与劳动力素质互为依托。一方面良好的产业结构可以促进劳动者生产技术水平的提升；另一方面劳动者的素质提升可以促进厂商的产品质量和数量。⑤ 曹献雨从人口质量分析的角度出发研究中国人口转型，发现中国

① Madden J. F. ，White M. J. ，"Spatial Implications of Increases in the Female Labor Force：A Theoretical and Empirical Synthesis"，*Land Economics*，56（4），1980：432 - 446.
② 唐隽捷：《民族地区人口城市化质量综合评价及系统耦合分析》，《系统科学学报》2019 年第 3 期。
③ 李兵：《人口规模质量与区域经济发展的对比研究——基于我国副省级城市的典型分析》，《全国流通经济》2020 年第 30 期。
④ 古柳：《人口结构变化能否形成攀升价值链动力源——基于全球价值链布局的视角》，《国际贸易问题》2020 年第 10 期。
⑤ 赵茂林：《人口结构、人口质量与产业结构转型升级——基于 PVAR 模型的实证分析》，《吉林工商学院学报》2020 年第 4 期。

人口质量逐年提升，不同省份都存在不同程度的提高，但其中也存在差异，随着时间的推移各省市的差异越来越大。①

（三）人口规模综述

人口规模是衡量某特定地区人口因素最重要的变量，也是最容易理解的变量。人口规模是指人口数量的大小，人口规模的大小对经济的发展也产生至关重要的影响。若人口规模较大，人口相互之间的竞争力就会提高，进而促进劳动者生产水平的上升和学生学业水平的提高等，人口规模的大小与当地的经济发展状况、福利水平等因素有关，关于人口规模，有众多学者对其进行研究。如李静研究发现，高铁的分布与发展对人口规模造成不同程度的影响，高铁的快速发展影响人口规模进而带来经济的突飞猛进。② 薛若晗以三明市为例进行研究，发现三明市人口规模虽然略有增长但始终处于超载状态，以牺牲环境和资源为代价促进经济发展，使资源与人口规模处于不协调状态。③ 杨晓军根据 2006—2017 年中国 628 个城市的面板数据发现，城市流动人口规模的总体差异较大且呈现下降趋势，全国和东部城市流动人口规模均存在明显的收敛趋势。④ 李红阳采用企业微观数据发现，城市人口规模促进了制造企业创新倾向、企业创新支出。⑤ 张华明通过收集中国地级市的面板数据构建计量模型，发现城市人口数量与二氧化碳排放之

---

① 曹献雨：《中国人口质量的时序变化和地区异质性分析》，《统计与决策》2021 年第 3 期。

② 李静：《高铁时代的小城市发展——基于人口空心化的研究》，《财经研究》2021 年第 9 期。

③ 薛若晗：《基于综合承载力的三明市适度人口规模研究》，《安徽农业科学》2021 年第 16 期。

④ 杨晓军：《中国城市流动人口规模的区域差异与收敛性》，《人口与发展》2021 年第 4 期。

⑤ 李红阳：《城市人口规模与企业研发创新》，《未来与发展》2021 年第 6 期。

间呈非线性关系，且影响机制各不相同。① 李国平构建人口学模型，研究北京至河北一带人口集聚对政策变化的影响，在没有政策支持或冲击的情况下，北京市及附近的人口呈现不同的增长趋势，人口的变化受到区域政策或规模政策的影响。② 刘志强研究人口因素对环境变化的影响，发现人口数量与公园绿化面积呈负相关，不同地区的相关系数存在差异，全国中部、东北、西部、东部呈递减的分布格局，西部小城市的潜力最大。③ 肖挺研究铁路交通对人口分布的影响，发现铁路规模的变化与城市人口规模显关性不大，铁路建设虽与人口规模无关，但可以缓解城市交通问题，提升城市的总体运营效率，乃至对高质量的经济发展具有重要意义。④ 邓智团发现，中国城市人口规模分布并不按照某一特定规律分布，与大数定律相比，中国人口规模分布更符合双帕累托对数正态分布。⑤ 王广州以普查数据为基础，对2016年以后生育新政策的目标人群进行观察和研究，数据对进入 21 世纪以来育龄妇女的生育水平和出生漏报进行估计。⑥ 高虹研究城乡人口变化与劳动者人均收入之间的关系，发现城市化水平与劳动者的收入水平呈正相关关系，即使考虑其他因素对结果的显著性无影响。⑦ 曲如晓以计量经济学模型为研究起点，运用中国 12 年 30 个省份的面板数据研究不同人口结构下中国人口规模的变化，发现中国库兹涅茨曲

---

① 张华明：《中国城市人口规模、产业集聚与碳排放》，《中国环境科学》2021 年第 5 期。

② 李国平：《京津冀协同发展战略对北京人口规模调控的影响研究》，《河北经贸大学学报》2021 年第 3 期。

③ 刘志强：《人口规模视角下城市公园绿地增长的差异与潜力——以我国地级及以上城市为例》，《地域研究与开发》2021 年第 2 期。

④ 肖挺：《地铁发展对城市人口规模和空间分布的影响》，《中国人口科学》2021 年第 1 期。

⑤ 邓智团：《中国城市人口规模分布规律研究》，《中国人口科学》2016 年第 4 期。

⑥ 王广州：《影响全面二孩政策新增出生人口规模的几个关键因素分析》，《学海》2016 年第 1 期。

⑦ 高虹：《城市人口规模与劳动力收入》，《世界经济》2014 年第 10 期。

线（CKC）并不会偏误。① 杨立雄利用最低生活保障数据研究中国老年贫困人口，研究发现中国人口老年贫困规模逐年减少但仍然具有一定规模。② 袁飞结合财政学知识分析转移支付与人口规模之间的相关关系，发现在现有的体制下政府转移支付面临不同的困境，应找出问题并给出相应的解决措施。③ 周一星通过分析普查资料整理中国城市人口规模排行，试图从中找到重构城市人口规模的新方法和新途径。④

国外学者主要从人口集聚的角度研究人口规模对经济的影响。Myrdal 分析了人口集聚带来的技术、劳动力、资本和产业集聚的相互作用，产生了回声效应。⑤ Baillie 和 Welsh 发现，人口集聚促进了劳动力供求的匹配，促进了经济增长，并提出了著名的"劳动力池效应"。⑥ Ciccone 选取了 1992 年欧洲 5 个国家 600 多个地区数据，发现人口密度增长了 1%，区域经济增长了 4.53%。⑦ Ottaviano 和 Ponellid 利用芬兰的面板数据选择人口密度指标，其结论与 Ciccone 相似⑧。Geppert 等分析了德国 1980—2000 年的数据，发现人口集聚是一个地区

① 曲如晓：《人口规模、结构对区域碳排放的影响研究——基于中国省级面板数据的经验分析》，《人口与经济》2012 年第 2 期。

② 杨立雄：《中国老年贫困人口规模研究》，《人口学刊》2011 年第 4 期。

③ 袁飞：《财政集权过程中的转移支付和财政供养人口规模膨胀》，《经济研究》2008 年第 5 期。

④ 周一星：《中国城市人口规模结构的重构（一）》，《城市规划》2004 年第 6 期。

⑤ Myrdal A., *The American Experience of Swedish Students*: *Retrospect and Aftermath*, American Journal of Sociology, 1957.

⑥ Baillie P. W., Welsh B. L., "The Effect of Tidal Resuspension on the Distribution of Intertidal Epipelic Algae in an Estuary", *Estuarine and Coastal Marine Science*, 10（2），1980：165 – 180.

⑦ Ciccone A., "Agglomeration Effects in Europe", *European Economic Review*, 46（2），2002：213 – 227.

⑧ Ottaviano G. I. P., Pinelli D., "Market Potential and Productivity: Evidence from Finnish Regions", *Regional Science and Urban Economics*, 36（5），2006：636 – 657.

经济高增长的重要因素。[①] Combes 等以法国人口普查数据为样本，发现人口密度每翻一番经济就增长 3%。[②] 另一部分研究表明，当人口集聚现象过度时，会对经济增长产生反向作用。集聚带来的拥挤成本会降低生产效率，对经济产生负面影响。Alam 认为，一个地区的资源是有限的，人口集聚与资源的不匹配将导致人口演化过程的死亡驱动，即人口集聚抑制经济增长。[③] Granta 和 Benton 将生物种群的拥挤效应理论应用于人口密度限制，认为过度的人口集聚导致环境污染、资源短缺和交通拥堵。[④] Broersma 和 Octerhaven 以荷兰为例，发现集聚带来的负面效应优先于集聚效应，导致劳动生产率的降低。[⑤] 但 Williamson 指出，当集聚规模超过临界点时，集聚效应为负，这一结论被称为"威廉姆森假说"[⑥]。随后 Henderson 对 70 个国家进行了研究，结果表明，随着国家发展水平和国家规模的变化，城市规模存在一个最优值。[⑦] Bertinelli 和 Black 发现，城市群带来了人力资本的积累，但随着人口的进一步集聚，拥挤的代价也不容忽视。[⑧] Brulhat 和 Sbergami 利用 1960—2000 年 105 个国家的数据选取人口密度指标，证明了"威廉姆

---

① Geppert K., Gornig M., Werwatz A., "Economic Growth of Agglomerations and Geographic Concentration of Industries: Evidence for West Germany", *Regional Studies*, 42 (3), 2008: 413 –421.

② Combes P. P., Duranton G., Gobillon L., "Spatial Wage Disparities: Sorting Matters!", *Journal of Urban Economics*, 63 (2) 2008: 723 –742.

③ Alam K., "The Population Theory of Malthus – A Study of Its Relevance", *Indian Economic Journal*, 26 (1), 1978: 233.

④ Grant A., Benton T. G., "Density – Dependent Populations Require Density – Dependent Elasticity Analysis: an Illustration Using the LPA Model of Tribolium", *Journal of Animal Ecology*, 72 (1), 2003: 94 –105.

⑤ Broersma L., Oosterhaven J., "Regional Labor Productivity in the Netherlands: Evidence of Agglomeration and Congestion Effects", *Journal of Regional Science*, 49 (3), 2009: 483 –511.

⑥ Williamson J. G., "Regional Inequality and the Process of National Development: a Description of the Patterns", *Economic Development and Cultural Change*, 13 (4), 1965: 1 –84.

⑦ Henderson J. V., "Marshall's Scale Economies", *Journal of Urban Economics*, 53 (1), 2003: 1 –28.

⑧ Bertinelli L., Black D., "Urbanization and Growth", *Journal of Urban Economics*, 56 (1), 2004: 80 –96.

森"假设，即当人均 GDP 低于一定数值时，城市人口集聚会促进经济增长，随着经济的发展人均 GDP 超过特定数值后，不平衡现象就会发生，即国民的经济增长与地区发展不对等。① Futagami 和 Ohkusa 指出，市场规模的大小对经济增长率的影响呈现倒"U"形关系，而相对较大和较小的经济体增长缓慢，中等经济体增长迅速。②

（四）文献述评

通过对相关文献进行梳理，发现学者对人口质量、人口结构、人口规模有大量深入的研究。以人均学历、受教育程度等为代表的人口质量缺乏统一的衡量标准，对人口质量的研究需要统一且明确的衡量标准，这样可以更好的研究诸如人口红利等问题。正因为学者对人口质量的衡量没有统一的标准，学者对人口质量从不同的角度进行探究，迸发出许多具有深刻意义的文章，但也存在研究相对单一的问题，学者大部分都从受教育程度等变量对其进行研究。中国关于人口学的研究多是从全国的角度进行研究，缺乏异质性和具体行业性分析，角度过于单一，不够丰富。希望在未来对于人口质量的研究有更好的成果。

对人口结构的研究学者集中在人均年龄、性别比差异、地区人口学差异等角度进行分析。学者大量分析了人口结构与其他因素的影响，如人口结构对房价的影响、人口结构变动对经济增长的影响等。按照年龄，学者将人口结构分为年轻型人口、成年型人口和老年型人口三种。就人口年龄结构的研究来看，主要集中在学龄人口、劳动人口、老年人口的变动上。学龄人口变动的研究主要集中在其对教育的影响。

---

① Brulhart M., Sbergami F., "Agglomeration and Growth: Cross-Country Evidence", *Journal of Urban Economics*, 65（1），2009：48 - 63.

② Futagami K., Ohkusa Y., "The Quality Ladder and Product Variety: Larger Economies May not Grow Faster", *The Japanese Economic Review*, 54（3）2003：336 - 351.

从上述所谈及的文献来看，在人口结构研究方面，学者或者是对单个人口变量进行研究，例如人口年龄结构、人口性别结构等，以此探究人口结构变量的内部作用机制；或者是对两种或多种人口结构变量进行研究，以此探究人口结构变动与经济社会其他变量的联系。总体来讲，中国学者对人口结构的研究比较深入，应用的方法比较全面，但针北部边疆城市群的相关研究，仍有待进一步探讨。针对上述不足，本书就内蒙古自治区呼包鄂乌城市群的人口结构情况进行了深入探讨。

第六章 呼包鄂乌城市群人口规模、人口结构和人口质量的变化*

　　党的十九大报告提出，"中国经济已由高速增长阶段转向高质量发展阶段"，标志着中国经济发展方式从粗放式增长向高效集约式的发展方式转变。2020年10月，党的十九届五中全会的召开标志着中国开始向追求人口、经济社会、资源环境等方面高质量发展。在实现经济高质量发展的过程中，最重要的支撑力量就是人口的高质量发展。各个国家的历史与经验表明，人口问题始终是一个国家和地区面临的全局性、长期性且战略性问题。只有实现人口均衡才能解决人口发展中所面临的自身问题，才能推动经济社会资源环境的全面协调可持续发展。

　　内蒙古地区已进入人口老龄化高速增长时期，人口老龄化速度明显加快，新出生人口持续下降。内蒙古自治区内呼包鄂乌地区的人口密度最高，但低于京津冀、长三角、粤港澳大湾区、中原城市群、关中平原等城市群。人口规模、人口结构和人口质量关系一个区域人力资本存量和未来发展潜力。改善人口结构，提升人口规模和人口质量，促进呼包鄂乌城市群发展是呼包鄂乌发展的重要命题。呼包鄂乌城市

---

　　* 本章的后续分析使用：《内蒙古统计年鉴》、各盟市统计年鉴、第六、第七次全国人口普查数据进行分析，不同数据库各有优缺，本章针对具体情况，分别使用了上述三个数据库进行分析。但由于统计口径不同，相同年份的同一变量不同数据库的数值存在差异，因此，要重点观注数据来源。比如，2020年年末呼和浩特常住人口，《内蒙古统计年鉴》显示为345.42万人，呼市统计年鉴显示为345.40万人，呼和浩特市"七普"数据显示为344.61万人。

群作为黄河流域重要城市节点，是内蒙古区域城市的中心，但 2021 年内蒙古总人口出现下降，老年人口的增速远高于总人口增速，生育率持续走低，以及老龄化程度持续加深。因而研究内蒙古人口规模、人口结构和人口质量具有明显的现实意义和理论价值。本章收集了《内蒙古自治区统计年鉴》和内蒙古各个盟市公报上的数据以及中国第四次人口普查至第七次人口普查数据，依据数据的可得性及真实性，科学地分析了呼和浩特市、包头市、鄂尔多斯市和乌兰察布市的人口规模、人口结构及人口质量的变化及其变化特征，为呼包鄂乌人口的不断发展提供可靠的数据支撑及理论依据。其中，人口规模选取 1990—2019 年户籍人口数、2004—2019 年常住人口数、2010—2020 年城乡人口数量、1990—2019 年历年迁移率以及 2011—2019 年中心城区人口增长率为指标进行表述；描述人口结构变化的指标为 2001—2019 年男性与女性常住人口数、2001—2019 年各产业总就业人口、2001—2019 年城乡就业人口以及 2010—2019 年国内外至呼包鄂乌旅游的人数；人口质量选取 1990—2019 年出生率和死亡率、人口自然增长率、卫生机构人员数及 1990—2010 年人口普查学历情况和文盲、半文盲占 15 岁及以上人口百分比情况进行表述。

一 呼包鄂乌城市群人口规模的变化特征

人口规模（Population Size）是在城市地理学研究及城市规划编制工作中所指的一个城镇人口数量的多少（或大小）。一般指一个城镇现状或在一定期限内人口发展的数量，后者与城市（镇）发展的区域经济基础、地理位置和建设条件、现状特点等密切相关。适度人口规模是指在一定的技术条件下，一个国家或地区能够承受的维持富裕消费水平的人口规模。一个地区所能承载的人口规模，它与区域资源承载力、环境承载力、经济承载力和社会承载力密切相关。经济承载力是基础，资源承载力和环境承载力是底线，社会承载力直接关系到人口福利、医学、教育。本节利用人口总数、城乡人口数以及流动人口数作为衡量呼包鄂乌城市群人口规模的指标，结合四个城市的房价，系统地分析呼包鄂乌城市群人口规模的变化特征。

（一）人口总数

根据《内蒙古自治区统计年鉴》数据，2019 年呼和浩特市户籍总人口为 248.7 万人，与 2009 年相比增加了 21.1 万人，增长率为 9.27%。1999—2009 年呼和浩特市户籍人口增加了 19.8 万人，增长率为 9.53%。1990—1999 年呼和浩特市户籍人口增加了 22.1 万人，增长率为 12%。这 30 年间，呼和浩特市人口规模呈不断递增的趋势，但是增长率呈递减趋势，人口增长速度放缓，如图 6－1 所示，具体数值见表 6－1。

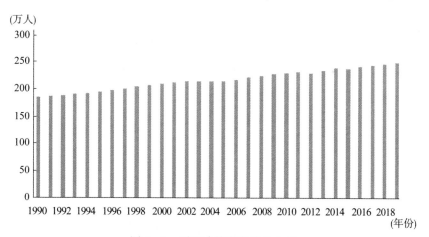

图 6－1　呼和浩特市户籍总人口

数据来源：笔者绘制。

2019 年包头市户籍总人口为 224.6 万人，与 2009 年相比增加了 5 万人，增长率为 2.27%。1999—2009 年包头市户籍人口增加了 16.6 万人，增长率为 8.17%。1990—1999 年包头市户籍人口增加了 17.4 万人，增长率为 9.38%。总体来看，包头市人口规模呈不断递增的趋势，但是增幅放缓，且放缓幅度较大，如图 6-2 所示，具体数值见表 6-1。

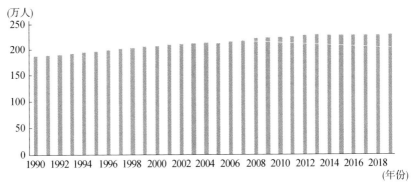

图 6-2　包头市户籍总人口

数据来源：笔者绘制。

2019 年鄂尔多斯市户籍总人口为 163.50 万人，与 2009 年相比增加了 14.02 万人，增长率为 9.38%。1999—2009 年鄂尔多斯市户籍人口增加了 19.81 万人，增长率为 15.28%。1990—1999 年鄂尔多斯市户籍人口增加了 9.27 万人，增长率为 7.7%。总体来看，鄂尔多斯市人口规模呈不断递增的趋势，1999—2009 年人口规模增长较多，增幅巨大，如图 6-3 所示，具体数值见表 6-1。

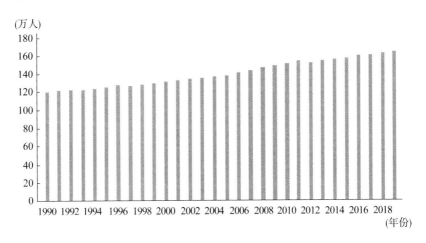

图 6-3　鄂尔多斯市户籍总人口

数据来源：笔者绘制。

2019 年乌兰察布市户籍总人口为 268.91 万人，与 2009 年数据结果 289.72 万人相比减少了 20.81 万人，增长率为 - 7.18%。1999—2009 年乌兰察布市户籍人口增加了 16.85 万人，增长率为 6.18%。1990—1999 年乌兰察布市户籍人口增加了 2.13 万人，增长率为 0.79%。从整体来看，乌兰察布市的人口规模波动幅度较大，1999—2009 年增速最快，从 2012 年开始，人口出现负增长，如图 6 - 4 所示，具体数值见表 6 - 1。

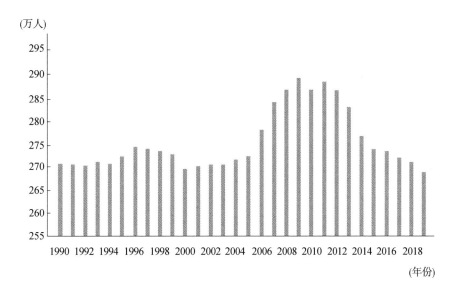

图 6 - 4　乌兰察布市户籍总人口

数据来源：笔者绘制。

总体来看，呼和浩特市、包头市和鄂尔多斯市 1990—2019 年户籍总人口数都呈现不断增长的趋势，但增幅随着时间的移动不断放缓，乌兰察布市是唯一一个在 2010 年户籍总人数就开始下降的城市，可能的原因在于人口出生率降低和人口迁出增多。具体数值见表 6 - 1。

表 6 - 1　　　呼和浩特市、包头市、鄂尔多斯市、乌兰察布市
历年户籍总人口　　　　　　（单位：万人）

年份	呼和浩特市	包头市	鄂尔多斯市	乌兰察布市
1990	185.7	185.6	120.40	270.74
1991	187.1	186.3	121.73	270.56
1992	188.4	187.8	122.82	270.44
1993	190.3	189.8	122.81	271.19
1994	192.7	192.5	123.92	270.83
1995	194.5	194.0	125.28	272.37
1996	197.4	196.2	127.39	274.46
1997	200.4	199.0	126.58	274.03
1998	204.4	201.1	128.07	273.51
1999	207.8	203.0	129.67	272.87
2000	209.2	204.3	131.25	269.68
2001	211.8	206.1	132.83	270.28
2002	213.5	208.0	134.42	270.59
2003	213.9	209.3	135.97	270.60
2004	214.7	210.2	136.89	271.62
2005	213.5	209.3	137.86	272.52
2006	215.8	212.4	141.00	278.16
2007	220.8	214.6	144.00	284.26
2008	224.3	217.8	146.70	287.09
2009	227.6	219.6	149.48	289.72
2010	229.6	219.8	151.09	287.02
2011	232.3	221.8	154.20	288.77
2012	230.3	223.5	152.08	286.97

续表

年份	呼和浩特市	包头市	鄂尔多斯市	乌兰察布市
2013	233.9	225.0	154.34	283.27
2014	237.9	223.7	155.90	276.96
2015	238.6	223.9	157.32	273.87
2016	240.9	223.7	159.44	273.51
2017	242.9	223.6	160.85	272.12
2018	245.8	223.7	162.27	271.10
2019	248.7	224.6	163.50	268.91

数据来源：各盟市统计年鉴。

依据第七次全国人口普查数据，2020 年呼和浩特市常住人口为 344.6 万人，与 2010 年年末常住人口相比增加了 57.2 万人，年均增长率为 1.99%。2000—2010 年增加 43.6 万人，年均增长率为 1.78%。这二十年间，呼和浩特市常住人口规模呈不断递增的趋势，但是增长率呈递减趋势，常住人口增长速度放缓，如图 6-5 所示。

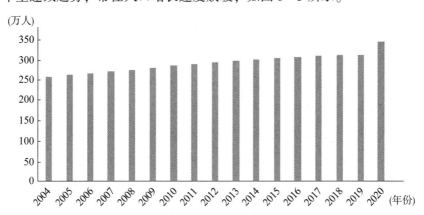

图 6-5　呼和浩特市常住人口

数据来源：笔者绘制。

2020 年全国第七次人口普查数据显示包头市常住人口为 271 万人，与 2010 年年末常住人口相比增加了 5.4 万人，年均增长率为 0.20%。2000—2010 年增加了 36.2 万人，年均增长率为 1.58%。总体来看，包头市常住人口在 2019 年不断增加，但增幅依然有所放缓，2020 年常住人口规模出现大幅度的下降，人口数下降了 18.7 万人，降幅为 6.45%，如图 6-6 所示。

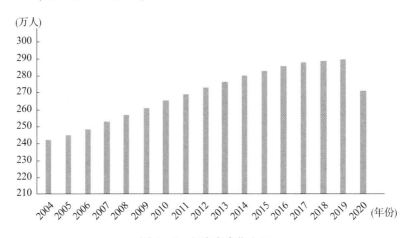

图 6-6　包头市常住人口

数据来源：笔者绘制。

2020 年全国第七次人口普查数据显示鄂尔多斯市常住人口为 215.36 万人，与 2010 年年末常住人口相比增加了 20.41 万人，年均增长率为 1.05%。2000—2010 年增加 55.41 万人，可以发现，第二个 10 年比第一个 10 年常住人口增长率增加了 29.21%。从整体来看，鄂尔多斯市常住人口呈现不断增加的状态，增幅随着时间的推移有所放缓，如图 6-7 所示。

2020 年全国第七次人口普查数据显示乌兰察布市常住人口为 170.63 万人，与 2010 年相比减少了 43.43 万人，负增长率为 20.28%，年均负增长率为 2.03%。2000—2010 年负增长 14.38 万人，负增长率为 6.29%，与户籍人口数据一致，乌兰察布市近二十年来人口规模呈现递减状态，存在人口流失的情况，如图 6-8 所示。

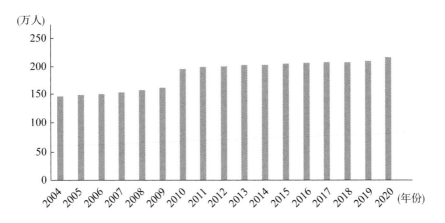

图 6 - 7　鄂尔多斯市常住人口

数据来源：笔者绘制。

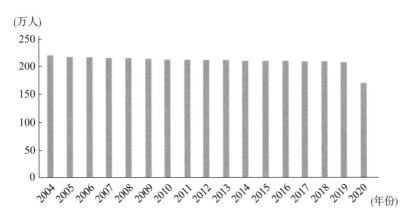

图 6 - 8　乌兰察布市常住人口

数据来源：笔者绘制。

　　总体来说，呼和浩特市和鄂尔多斯市 2004—2020 年常住人口逐年增加，但涨幅随着时间的推移而降低；包头市 2004—2019 年常住人口不断增加，2020 年人口数骤然减少；乌兰察布市 2004—2019 年常住人口小幅度减少，2020 年减少幅度较大。具体数值见表 6 - 2。

表6－2　　　呼和浩特市、包头市、鄂尔多斯市、乌兰察布市
历年常住人口　　　　　　　（单位：万人）

年份	呼和浩特市	包头市	鄂尔多斯市	乌兰察布市
2004	259.1	242.4	146.66	221.56
2005	263.7	244.9	149.50	218.92
2006	267.8	248.4	151.45	217.44
2007	271.8	252.6	154.79	216.85
2008	277.0	256.6	159.13	215.93
2009	282.2	261.1	162.54	214.97
2010	287.4	265.6	194.95	214.06
2011	291.2	269.3	199.93	213.46
2012	294.9	273.1	200.42	212.94
2013	300.1	276.6	201.75	212.30
2014	303.1	280.0	203.49	211.71
2015	306.0	283.0	204.51	211.13
2016	308.9	285.8	205.53	210.67
2017	311.5	287.8	206.87	210.25
2018	312.6	288.9	207.84	209.61
2019	313.7	289.7	208.76	209.02
2020	345.42	271.1	215.56	169.52

注：此表的数据来源为内蒙古统计年鉴，P67—P68页中2020年有关数据来源为全国第七次人口普查数据。两个数据库的统计口径不同所以数据不一致。在P67—P68页有关内容上已经注明"依据全国第七次人口普查数据"。而表6－2的数据来源为《内蒙古统计年鉴》。

数据来源：《内蒙古统计年鉴》。

（二）城乡人口

2020年全国第七次人口普查数据显示呼和浩特市常住人口中，居住在城镇的人口为272.8万人，占79.16%；居住在乡村的人口为71.9万人，占20.84%。与第六次全国人口普查相比，城镇人口增加了

93.68 万人，乡村人口减少了 35.73 万人，城镇人口比重上升了 16.68 个百分点，如图 6-9 所示。

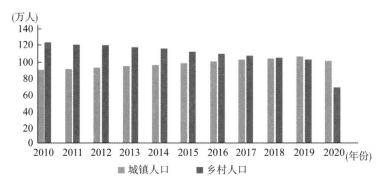

图 6-9 呼和浩特市历年城镇和乡村人口

数据来源：笔者绘制。

2020 年第七次全国人口普查数据显示包头市常住人口中，城镇常住人口为 233.4 万人，占比 86.16%，乡村常住人口为 37.5 万人，占比 13.84%。与 2010 年相比，城镇人口增加了 22.76 万人，乡村人口减少了 16.86 万人，城镇人口比重上升了 6.67%，如图 6-10 所示。

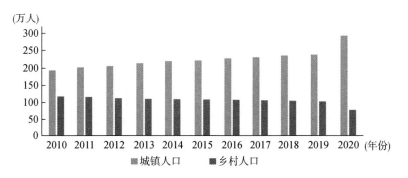

图 6-10 包头市历年城镇和乡村人口

数据来源：笔者绘制。

2020 年鄂尔多斯市城镇常住人口为 166.80 万人，占比 77.45%，乡村常住人口为 48.56 万人，占比 22.55%。与 2010 年相比，城镇人口增加 31.87 万人，乡村人口减少 10.57 万人，城镇人口比重上升了 7.92%，如图 6-11 所示。

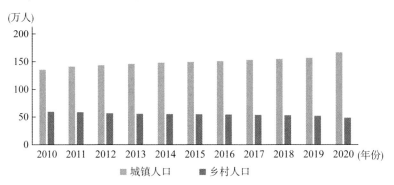

图 6-11　鄂尔多斯市历年城镇和乡村人口

数据来源：笔者绘制。

2020 年乌兰察布市城镇常住人口为 101.18 万人，占比 59.68%，乡村常住人口为 68.77 万人，占比 40.32%。与 2010 年相比，城镇人口增加了 11.26 万人，乡村人口减少了 54.99 万人，城镇人口比重上升了 17.44%，如图 6-12 所示。

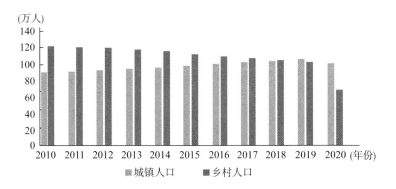

图 6-12　乌兰察布市历年城镇和乡村人口

数据来源：笔者绘制。

总体来看，呼和浩特市、包头市及鄂尔多斯市城镇人口数量都有所增加，但增长幅度不大，乡村人口数量基本保持不变，城乡人口差距较大且维持较稳的水平。乌兰察布市 2010 年乡村人口数大于城镇人口数，随着经济发展，城镇人口数不断增加，乡村人口数不断下降，城乡人口数的差距逐渐增大。具体数值见表 6 – 3。

表 6 – 3　　　呼和浩特市、包头市、鄂尔多斯市、乌兰察布市
历年城镇和乡村人口　　　　　　（单位：万人）

地区 年份	呼和浩特市		包头市		鄂尔多斯市		乌兰察布市	
	城镇	乡村	城镇	乡村	城镇	乡村	城镇	乡村
2010	179.5	107.9	211.1	54.5	135.55	59.40	90.46	123.60
2011	185.7	105.5	216.8	52.5	141.27	58.66	91.55	121.91
2012	192.3	102.6	222.2	50.9	143.68	56.74	92.78	120.16
2013	198.8	101.3	226.8	49.8	146.01	55.74	94.09	118.21
2014	202.8	100.3	230.5	49.5	148.16	55.33	95.81	115.90
2015	206.5	99.5	233.9	49.1	149.55	54.96	98.34	112.79
2016	210.65	98.22	237.09	48.66	151.15	54.38	100.81	109.86
2017	215.17	96.31	239.65	48.12	153.19	53.68	103.04	107.21
2018	218.32	94.32	241.41	47.46	154.82	53.02	104.26	105.35
2019	220.99	92.69	243.11	46.58	156.74	52.02	106.12	102.90
2020	273.36	72.06	233.49	37.54	166.92	48.64	101.18	68.34

数据来源：各盟市统计年鉴。

（三）流动人口

改革开放以来，传统户籍制度的约束力度越来越小，中国的人口流动规模不断扩大[1]，农村剩余劳动力流向东部地区的现象也越来越普

---

[1]　乔晓春、黄衍华：《中国跨省流动人口状况——基于"六普"数据的分析》，《人口与发展》2013 年第 1 期。

遍。随着中国市场经济体制改革的不断深化和城镇化进程的发展，大规模人口流动现象将长期存在，并在调整全国劳动力要素合理配置方面发挥重要作用。[①] 内蒙古面积广阔，邻省众多，随着经济的高速发展，其流动人口也在不断增加，探究呼包鄂乌城市群人口流动的基本状况，分析跨区流入和流出人口的空间相关性，有助于我们更准确地把握内蒙古流动人口发展的特征和趋势。

流动人口是基于中国户籍制度而提出的概念，流动人口的定义为，在流入地居住一个月及以上，非本区（县、市）户口的 15 岁及以上的流入人口。从历年的统计数据来看，呼和浩特市、包头市、鄂尔多斯市及乌兰察布市人口迁出率的波动程度基本一致，2007 年迁出率达到最高，2012 年人口回流最明显，此后迁出率缓慢上升，四个城市群历年的人口迁出如表 6 - 4、图 6 - 13 所示。

表 6 - 4 　　呼和浩特市、包头市、鄂尔多斯市、乌兰察布市历年人口迁移率

（单位：%）

年份	呼和浩特市	包头市	鄂尔多斯市	乌兰察布市
1990	2.37	1.61	1.65	1.31
1991	0.75	0.38	1.09	- 0.07
1992	0.69	0.80	0.89	- 0.04
1993	1.00	1.05	- 0.01	0.28
1994	1.25	1.40	0.90	- 0.13
1995	0.93	0.77	1.09	0.57
1996	1.47	1.12	1.66	0.76
1997	1.50	1.41	- 0.64	- 0.16

① 　段成荣等：《当前我国流动人口面临的主要问题和对策》，《人口研究》2013 年第 2 期。

续表

年份	呼和浩特市	包头市	鄂尔多斯市	乌兰察布市
1998	1.96	1.04	1.16	−0.19
1999	1.64	0.94	1.23	−0.23
2000	0.67	0.64	1.20	−1.18
2001	1.23	0.87	1.19	0.22
2002	0.80	0.91	1.18	0.11
2003	0.19	0.62	1.14	0.00
2004	0.37	0.43	0.67	0.38
2005	−0.56	−0.43	0.70	0.33
2006	1.07	1.46	2.23	2.03
2007	2.26	1.03	2.08	2.15
2008	1.56	1.47	1.84	0.99
2009	1.45	0.82	1.86	0.91
2010	0.87	0.09	1.07	−0.94
2011	1.16	0.90	2.02	0.61
2012	−0.87	0.76	−1.39	−0.63
2013	1.54	0.67	1.46	−1.31
2014	1.68	−0.58	1.00	−2.28
2015	0.29	0.09	0.90	−1.13
2016	0.95	−0.09	1.33	−0.13
2017	0.82	−0.04	0.88	−0.51
2018	1.18	0.04	0.88	−0.38
2019	1.17	0.40	0.75	−0.81

数据来源：《内蒙古统计年鉴》。

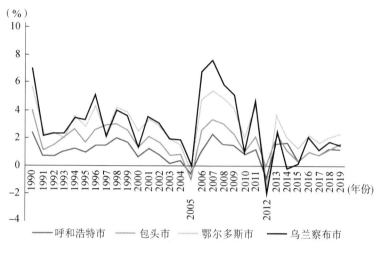

图 6 - 13　呼包鄂乌人口迁出率

数据来源：笔者绘制。

（四）房价与人口

1998 年商品房改革政策实施以来，中国城镇化率不断提高。大量文献表明，房价的提高会抑制城镇化进程并扩大城乡收入差距。十九届五中全会明确提出，要坚持"房住不炒"的定位，并提出要"推动金融、房地产同实体经济均衡发展"。内蒙古地域辽阔，不同地区城市发展也不尽相同，房价受到人口、经济、城市吸引力等因素的影响，形成不同的分化，分析呼包鄂乌城市群的房价对于研究城镇发展至关重要。

如图 6 - 14 所示，2005 年以来，呼和浩特、包头、鄂尔多斯以及乌兰察布的房价呈不断上涨趋势。2020 年呼和浩特市的平均房价为11754 元/平方米，成为内蒙古自治区房价唯一均价每平方米过万的城市。2016 年呼和浩特市房价在 6000 元/平方米左右，随后持续上涨，造成呼和浩特市房价上涨的因素有很多，不再一一分析，但今后房价的走势仍不明朗；包头作为内蒙古乃至中国重要的重工业城市，GDP位列内蒙古自治区前三，这里有良好的城市规划和发达的工业经济，房价为 8046 元/平方米，近年来一直保持稳定状态；鄂尔多斯房地产均价为 7381 元/平方米，但不同城区情况不同，如康巴什等新区房价已然过万。经历了房地产泡沫，鄂尔多斯房价成为不稳定因素，表现为房价的持续波动；高铁的开通给乌兰察布市带来巨大的交通便利，区位优势使得乌兰察布市拥有较为良好的运输发展环境，而 2019 年乌兰察布市平均房价为 4741 元/平方米。

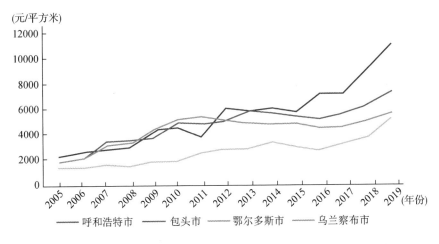

图 6－14　呼包鄂乌历年房价

数据来源：笔者绘制。

　　一方面，从房价同比涨幅来看，各盟市也产生了明显的分化，呼和浩特市同比涨幅 20.33%；包头市同比涨幅 15.08%；鄂尔多斯市同比涨幅 12.35%；乌兰察布市同比涨幅 38.12%，位列同比涨幅榜第一，这可能与高铁、地铁开通等原因有关。另一方面，呼和浩特市房价与 2009 年相比增加 6147.78 元/平方米，涨幅为 157.87%，而呼和浩特市人口增幅为 11.16%，房价涨幅约是人口增幅的 14 倍；包头市房价涨幅 93.44%，人口增幅为 10.95%，房价涨幅约是人口增幅的 9 倍；鄂尔多斯市房价绝对增加值为 1154.71 元/平方米，房价涨幅 28.98%，人口增幅为 28.44%，房价涨幅与人口增幅几乎相似；乌兰察布市房价增加值为 3041.86 元/平方米，房价涨幅 178.95%，人口增幅为 -2.77%，房价涨幅与人口增幅趋势相反，具体数值见表6-5。

表6-5　　　　2009—2019年呼包鄂乌城市人口和房价变化情况

城市	人口增量（万人）	人口增幅（%）	2019年房价（元/平方米）	2009年房价（元/平方米）	房价绝对增加值（元/平方米）	房价涨幅（%）
呼和浩特市	31.50	11.16	10042.10	3894.32	6147.78	157.87
包头市	28.60	10.95	6540.05	3380.83	3159.22	93.44
鄂尔多斯市	46.22	28.44	5139.62	3984.91	1154.71	28.98
乌兰察布市	-5.95	-2.77	4741.67	1699.82	3041.86	178.95

数据来源：Wind数据库。

（五）中心城区人口增长率

世界城市群多分布在发达国家或地区，其人口自然增长率低，城市化水平高，在部分发展中国家出现畸形城市化，但也形成相应的城市群。城市化发展初期，人口与经济活动不断向城市集中，随着城市化的不断发展，人口向郊区扩展逐渐形成大都市区，城市的产业结构升级使都市区空间范围扩大，数量增多，最终发展为城市群。在促进呼包鄂乌地级市振兴发展，加快推进中心城区扩容提质的过程中，人口问题始终是一个重要因素。了解并掌握呼包鄂乌4个地级市中心城区（以下简称"中心城区"）人口发展基本状况，充分认识这些区域人口发展中存在的主要问题，对于促进呼包鄂乌地区经济的发展有着重要意义。

呼和浩特市中心城区包含回民区、玉泉区、新城区、赛罕区4个市辖区，包头市中心城区包含昆都仑区、青山区、东河区、石拐区、九原区及白云鄂博矿区6个市辖区，鄂尔多斯市中心城区包含东胜区、康巴什区2个市辖区，乌兰察布市中心城区包含集宁区1个市辖区。

2011—2019 年，呼包鄂乌中心城区人口增长率不断波动。2019 年年底，呼和浩特市中心城区人口增长率为 1.90%，包头市中心城区人口增长率为 0.68%，鄂尔多斯市中心城区人口增长率为 2.47%，乌兰察布市中心城区人口增长率为 -0.10%，详见表 6 - 6。

表 6 - 6　呼和浩特市、包头市、鄂尔多斯市、乌兰察布市
中心城区人口增长率 （单位:%）

年份	呼和浩特市	包头市	鄂尔多斯市	乌兰察布市
2011	1.61	33.42	1.10	0.16
2012	-0.40	0.15	0.01	2.68
2013	2.09	2.85	2.23	-1.27
2014	2.60	-32.10	1.95	0.20
2015	1.79	44.30	2.41	-2.95
2016	1.58	-13.48	3.06	-0.14
2017	65.23	41.01	130.83	-0.87
2018	-36.98	-36.97	-54.48	-0.49
2019	1.90	0.68	2.47	-0.10

数据来源：各盟市统计年鉴。

二　呼包鄂乌城市群人口结构的变化特征

根据人口的不同特征，可划分三类人口构成，人口的自然构成、地域构成与社会构成。自然构成是依人口的生理属性来划分的，主要有性别构成与年龄构成。地域构成指人口的地理分布状况，包括人口

的行政、自然与经济区域分布、城乡分布等。社会构成是依人口的社会经济属性来划分的，包括人口的婚姻状况构成、家庭类型构成、阶级或阶层构成、民族构成、宗教信仰构成、在业与不在业构成、行业构成、职业构成、文化教育程度构成等。

（一）男女人口

根据内蒙古自治区统计年鉴数据，2019 年呼和浩特市常住男性人口为 159.6 万人，常住女性人口为 154.1 万人，性别比为 103.56（以女性为 100）；2001 年呼和浩特市常住男性人口为 110.04 万人，常住女性人口为 101.79 万人，性别比为 108.1（以女性为 100），如图 6 - 15 所示。

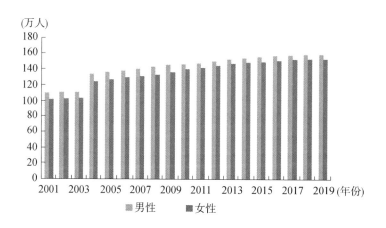

图 6 - 15　呼和浩特市男性与女性常住人口

数据来源：笔者绘制。

2019 年包头市常住男性人口为 148.45 万人，常住女性人口为 141.24 万人，性别比为 105.10（以女性为 100）；2001 年包头市常住男性人口为 106.34 万人，常住女性人口为 112.53 万人，性别比为 94.49（以女性为 100），如图 6 - 16 所示。

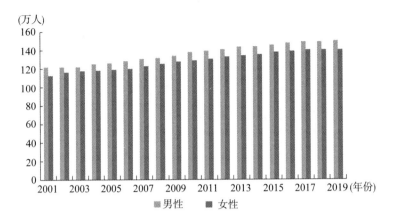

图 6 - 16　包头市男性与女性常住人口

数据来源：笔者绘制。

2019 年鄂尔多斯市常住男性人口为 115.55 万人，常住女性人口为 93.21 万人，性别比为 124（女性 = 100）。2001 年鄂尔多斯市常住男性人口为 69.94 万人，常住女性人口为 62.9 万人，性别比为 111（女性 = 100）。2009 年以后，鄂尔多斯市的人口性别比高于城市群中的其他城市，如图 6 - 17 所示。

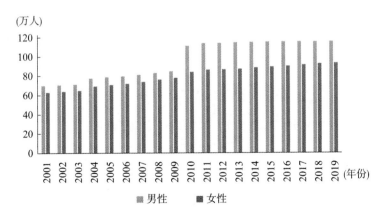

图 6 - 17　鄂尔多斯市男性与女性常住人口

数据来源：笔者绘制。

2019 年乌兰察布市常住男性人口为 106.28 万人，常住女性人口为102.74 万人，性别比为 103（以女性为 100）。2001 年乌兰察布市市常住男性人口为 142.94 万人，常住女性人口为 127.34 万人，性别比为112.25（以女性为 100）。乌兰察布市是呼包鄂乌城市群中唯一一个常住人口减少的城市，如图 6 – 18 所示。

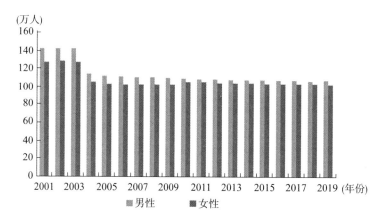

图 6 – 18　乌兰察布市男性与女性常住人口

数据来源：笔者绘制。

总体来看，呼包鄂乌城市群人口性别比整体较为稳定，男性人口多于女性人口。呼和浩特市、包头市与乌兰察布市的人口性别比逐年下降，鄂尔多斯市的人口性别比先增加后下降，人口性别比高于其他三个城市。具体数据见表 6 – 7 和表 6 – 8。

表 6 – 7　　呼和浩特市、包头市、鄂尔多斯市、乌兰察布市历年
常住男性人口　　　　　　　　　（单位：万人）

年份	呼和浩特市	包头市	鄂尔多斯市	乌兰察布市
2001	110.04	106.34	69.94	142.94
2002	110.90	107.17	70.60	142.53
2003	111.20	107.67	71.22	142.88

年份	呼和浩特市	包头市	鄂尔多斯市	乌兰察布市
2004	132.13	124.29	77.41	114.63
2005	133.95	125.18	78.81	112.30
2006	135.04	126.53	79.59	111.24
2007	136.56	128.26	81.06	110.97
2008	138.11	129.80	82.96	110.68
2009	140.07	132.12	84.70	110.32
2010	146.58	137.16	111.06	109.30
2011	148.40	138.94	113.76	108.89
2012	150.23	140.87	113.96	108.58
2013	152.85	142.60	114.64	108.15
2014	154.39	144.07	114.92	107.96
2015	155.99	145.68	115.16	107.48
2016	157.45	146.93	115.36	107.22
2017	158.65	147.70	115.46	106.97
2018	159.11	148.10	115.34	106.61
2019	159.56	148.45	115.55	106.28

数据来源：各盟市统计年鉴。

表6-8　呼和浩特市、包头市、鄂尔多斯市、乌兰察布市

历年常住女性人口　　　　　　　　（单位：万人）

年份	呼和浩特市	包头市	鄂尔多斯市	乌兰察布市
2001	101.79	112.53	62.90	127.34
2002	102.56	116.19	63.83	128.07

年份	呼和浩特市	包头市	鄂尔多斯市	乌兰察布市
2003	102.69	117.76	64.76	127.73
2004	124.60	117.25	69.25	104.68
2005	126.70	118.74	70.69	103.10
2006	129.10	120.34	71.86	102.88
2007	130.90	122.53	73.73	102.85
2008	133.80	125.13	76.17	102.51
2009	136.30	127.18	77.84	102.23
2010	140.80	128.45	83.89	104.76
2011	142.80	130.35	86.17	104.57
2012	144.60	132.28	86.46	104.36
2013	147.20	133.95	87.11	104.15
2014	148.70	135.55	88.57	103.75
2015	150.00	137.11	89.35	103.65
2016	151.40	138.55	90.17	103.45
2017	152.80	139.53	91.41	103.28
2018	153.50	140.10	92.50	103.00
2019	154.10	141.24	93.21	102.74

数据来源：各盟市统计年鉴。

（二）各产业就业人口

2001—2019 年，呼包鄂城市群的总就业人口不断增加，仅乌兰察布市就业人口出现下降的情况。具体来说，与 2001 年相比，2019 年呼和浩特市总就业人口增加了 75.15 万人，增幅为 71.50%，包头市总就业人口增加了 51.49 万人，增幅为 46.81%，鄂尔多斯市总就业人口增加了 42.06 万人，增幅为 56.07%，乌兰察布市总就业人口减少了 26.35 万人，降幅为 18.80%，见表 6-9。

表 6-9　　　　　　　　　呼包鄂乌总就业人口　　　　　　　（单位：万人）

年份	呼和浩特市	包头市	鄂尔多斯市	乌兰察布市
2001	105.10	109.99	75.01	140.15
2002	107.54	111.07	73.91	148.63
2003	138.20	112.53	75.07	137.20
2004	140.90	114.24	77.93	137.54
2005	145.80	118.40	83.90	136.80
2006	149.60	121.70	84.80	119.61
2007	152.80	127.76	86.81	113.50
2008	155.90	133.20	91.27	107.60
2009	159.30	137.70	93.10	105.80
2010	165.50	141.70	98.01	110.63
2011	168.30	146.75	102.20	110.90
2012	171.10	150.62	102.40	112.30
2013	173.60	153.43	103.08	112.80
2014	176.90	155.78	108.17	113.40
2015	178.20	157.96	107.38	113.60
2016	178.80	159.53	109.45	113.80
2017	179.50	160.73	112.55	113.60
2018	179.90	161.26	114.89	112.77
2019	180.25	161.48	117.07	113.80

数据来源：《内蒙古统计年鉴》。

　　2019 年呼和浩特市总就业人口为 180.25 万人，其中第一产业就业人口为 33.2 万人，占总就业人口的 18.4%；第二产业就业人口为 54.8 万人，占总就业人口的 30.4%；第三产业就业人口为 92.3 万人，占总就业人口的 51.2%。与 2001 年相比，第一产业就业比重下降，第二、第三产业就业比重上升，第三产业逐渐成为吸收就业的主力，如图 6 - 19 所示，具体数据见表 6 - 10 至表 6 - 12。

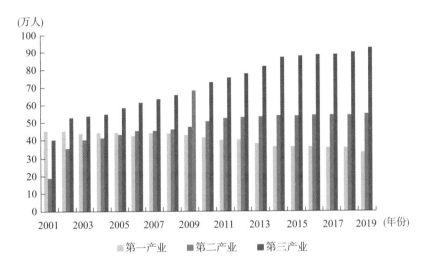

图 6 - 19　呼和浩特市各产业就业人口

数据来源：笔者绘制。

　　2019 年包头市总就业人口为 161.48 万人，其中第一产业就业人口为 20.52 万人，占总就业人口的 12.7%；第二产业就业人口为 41.65 万人，占总就业人口的 25.8%；第三产业就业人口为 99.31 万人，占总就业人口的 61.5%。与 2001 年相比，第一产业就业比重持续下降，第二、第三产业就业比重上升，第三产业逐渐成为就业主力，如图 6 - 20 所示，具体数值见表 6 - 10 至表 6 - 12。

　　2019 年鄂尔多斯市总就业人口为 117.07 万人，其中第一产业就业人口为 29.85 万人，占总就业人口的 25.5%；第二产业就业人口为 32.57

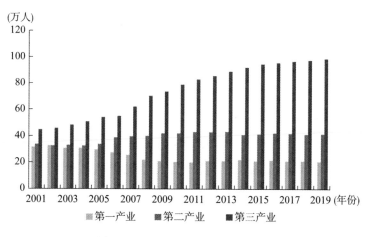

图 6 - 20 包头市各产业就业人口

数据来源：笔者绘制。

万人，占总就业人口的 27.8%；第三产业就业人口为 54.65 万人，占总就业人口的 46.7%。与 2001 年相比，第一产业就业比重持续下降，第二、第三产业就业比重上升，第三产业逐渐成为就业主力，如图 6 - 21 所示，具体数值见表 6 - 10 至表 6 - 12。

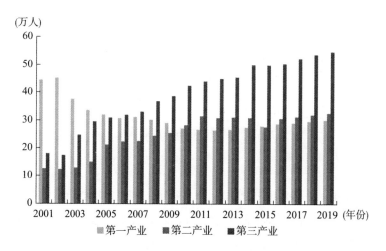

图 6 - 21 鄂尔多斯市各产业就业人口

数据来源：笔者绘制。

2019 年乌兰察布市总就业人口为 113.8 万人，其中第一产业就业人口为 65.4 万人，占总就业人口的 57.5%；第二产业就业人口为 14.8 万人，占总就业人口的 13%；第三产业就业人口为 33.6 万人，占总就业人口的 29.5%。相比于 2001 年总就业人口 140.15 万人，第一产业就业人口为 72.14 万人，占总就业人口的 51.5%；第二产业就业人口为 16.72 万人，占总就业人口的 12%；第三产业就业人口为 51.29 万人，占总就业人口的 36.5%。总就业人口在减少，三大产业就业比重变化不大，第一产业依然为最主要的就业方向，如图 6 – 22 所示，具体数值见表 6 – 10 至表 6 – 12。

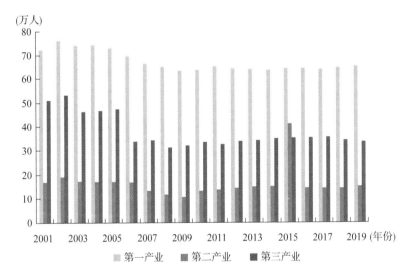

图 6 – 22　乌兰察布市各产业就业人口

数据来源：笔者绘制。

总体来看，呼和浩特市、包头市、鄂尔多斯市、乌兰察布市 2001—2019 年第一产业就业人口都在不断下降，其中呼和浩特市、包头市、鄂尔多斯市下降幅度比较明显，乌兰察布市的降幅较小，截至 2019 年，其第一产业就业人数依然有 65.4 万人，具体数值见表 6 – 10。

表6－10 呼和浩特市、包头市、鄂尔多斯市、乌兰察布市
历年第一产业就业人口 （单位：万人）

年份	呼和浩特市	包头市	鄂尔多斯市	乌兰察布市
2001	45.6	31.58	44.30	72.14
2002	45.1	32.60	45.10	76.07
2003	44.0	30.83	37.56	73.92
2004	44.6	30.62	33.49	74.09
2005	44.3	29.55	31.93	72.70
2006	42.8	27.17	30.60	69.26
2007	44.1	25.16	31.11	66.30
2008	43.9	22.40	30.09	64.82
2009	43.1	21.27	29.10	63.20
2010	41.8	20.01	27.19	63.71
2011	40.2	20.21	26.70	64.80
2012	39.9	21.20	26.42	64.30
2013	38.1	21.06	26.65	63.90
2014	36.5	22.04	27.30	63.70
2015	36.3	21.25	27.96	64.10
2016	36.2	21.46	28.72	64.30
2017	36.1	21.20	29.12	64.00
2018	35.9	21.00	29.50	64.50
2019	33.2	20.52	29.85	65.40

数据来源：《内蒙古统计年鉴》。

从总体来看，呼和浩特市、包头市、鄂尔多斯市2001—2019年第二产业就业人口都在增长，其中呼和浩特市、包头市增长幅度比较明显，鄂尔多斯市的增幅较小，只有乌兰察布市第二产业就业人数在不

断下降，截至 2019 年，其第二产业就业人数只有 14.80 万人，具体数值见表 6-11。

表 6-11 呼和浩特市、包头市、鄂尔多斯市、乌兰察布市
历年第二产业就业人口 （单位：万人）

年份	呼和浩特市	包头市	鄂尔多斯市	乌兰察布市
2001	18.9	33.81	12.68	16.72
2002	35.5	32.90	11.47	19.23
2003	40.4	33.35	12.90	16.88
2004	41.2	32.55	14.93	16.94
2005	43.1	34.40	21.09	16.90
2006	45.3	39.18	22.20	16.57
2007	45.4	39.96	22.51	13.10
2008	46.5	40.22	24.34	11.56
2009	47.8	42.13	25.40	10.50
2010	50.8	42.34	28.26	13.24
2011	52.4	43.22	31.50	13.70
2012	53.2	43.26	31.03	14.10
2013	53.6	42.92	31.10	14.70
2014	53.8	41.21	30.91	14.80
2015	54.1	41.56	29.65	14.20
2016	54.3	41.95	30.51	14.20
2017	54.5	42.03	31.30	14.00
2018	54.5	41.69	31.96	14.07
2019	54.8	41.65	32.57	14.80

数据来源：《内蒙古统计年鉴》。

总体来看，呼和浩特市、包头市、鄂尔多斯市 2001—2019 年第三产业就业人数都在增长，其中呼和浩特市、包头市增长幅度比较明显，鄂尔多斯市的增幅较小，只有乌兰察布市第三产业就业人数在不断下降，截至 2019 年，其第三产业就业人数降为 33.6 万人，具体数值见表 6 – 12。

表 6 – 12 　　呼和浩特市、包头市、鄂尔多斯市、乌兰察布市

历年第三产业就业人口 （单位：万人）

年份	呼和浩特市	包头市	鄂尔多斯市	乌兰察布市
2001	40.6	44.60	18.03	51.29
2002	42.9	45.76	17.34	53.33
2003	53.8	48.35	24.61	46.40
2004	55.1	51.07	29.50	46.51
2005	58.4	54.43	30.93	47.20
2006	61.5	55.33	32.00	33.78
2007	63.3	62.64	33.19	34.10
2008	65.5	70.60	36.84	31.22
2009	68.4	74.27	38.60	32.10
2010	72.9	79.33	42.56	33.68
2011	75.7	83.32	44.00	32.40
2012	78.0	86.16	44.95	33.90
2013	81.9	89.45	45.33	34.20
2014	86.8	92.53	49.96	34.90
2015	87.8	95.15	49.77	35.30
2016	88.3	96.12	50.22	35.30
2017	88.9	97.50	52.13	35.60

续表

年份	呼和浩特市	包头市	鄂尔多斯市	乌兰察布市
2018	89.5	98.57	53.43	34.2
2019	92.3	99.31	54.65	33.6

数据来源：《内蒙古统计年鉴》。

（三）城乡就业人口

2019 年呼和浩特市城镇就业人口为 114.3 万人，占总就业人口的 63.4%，乡村就业人口为 65.9 万人，占总就业人口的 36.6%。相比于 2001 年城镇就业人口只有 29.4 万人，占总就业人口的 27.9%；乡村就业人口却有 75.7 万人，占总就业人口的 72.1%。乡村就业人口比重持续下降，城镇就业人口比重上升，如图 6-23 所示。

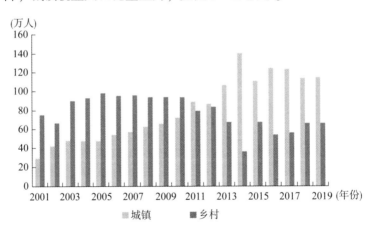

图 6-23　呼和浩特市城乡就业人数

数据来源：笔者绘制。

2019 年包头市城镇就业人口为 133.87 万人，占总就业人口的 82.9%；乡村就业人口为 27.6 万人，占总就业人口的 17.1%。与 2001 年相比，乡村就业人口比重持续下降，城镇就业人口比重上升，如图 6-24 所示。

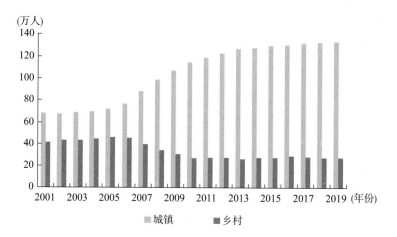

图 6-24 包头市城乡就业人数

数据来源：笔者绘制。

2019 年鄂尔多斯市城镇就业人口为 66.84 万人，占总就业人口的 57%，乡村就业人口为 50.23 万人，占总就业人口的 43%。与 2001 年相比，乡村就业人口比重持续下降，城镇就业人口比重上升，如图 6-25 所示。

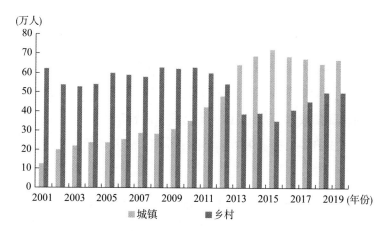

图 6-25 鄂尔多斯市城乡就业人数

数据来源：笔者绘制。

2019 年乌兰察布市城镇就业人口为 37.6 万人，占总就业人口的 33%；乡村就业人口为 76.2 万人，占总就业人口的 67%。相比于 2001 年城镇就业人口为 12.2 万人，占总就业人口的 8.7%；乡村就业人口为 127.9 万人，占总就业人口的 91.3%，如图 6 - 26 所示。可以看到，乌兰察布市是呼包鄂乌城市群中唯一一个乡村就业人口比重超过城镇就业人口比重的地区。

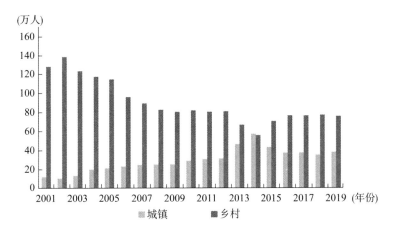

图 6 - 26　乌兰察布市城乡就业人数

数据来源：笔者绘制。

总体来说，呼和浩特市、包头市、鄂尔多斯市、乌兰察布市 2001—2019 年城镇就业人口都在增长，其中呼和浩特市、乌兰察布市、鄂尔多斯市涨幅较大，截至 2019 年，呼和浩特市增长近 3 倍，乌兰察布市增长了 3 倍多，鄂尔多斯市增长了 5 倍，包头市增了 2 倍多，具体数值见表 6 - 13。

表 6 - 13　　呼和浩特市、包头市、鄂尔多斯市、乌兰察布市
历年城镇就业人口　　　　　　　　（单位：万人）

年份	呼和浩特市	包头市	鄂尔多斯市	乌兰察布市
2001	29.4454	68.10	12.76	12.2404

续表

年份	呼和浩特市	包头市	鄂尔多斯市	乌兰察布市
2002	41.7313	67.54	20.03	10.3491
2003	48.0163	68.70	22.03	13.4162
2004	47.5279	69.45	23.88	19.9847
2005	47.9950	72.35	23.96	21.8050
2006	54.2266	76.36	25.65	23.2567
2007	56.9153	87.97	28.88	24.4160
2008	62.3609	98.60	28.26	24.9815
2009	65.1726	106.87	31.07	25.6980
2010	71.8433	114.29	35.28	28.8733
2011	88.7093	118.97	42.39	30.4212
2012	86.9211	123.01	47.92	31.3841
2013	106.3606	126.78	64.41	45.9395
2014	140.3560	128.06	69.04	57.6959
2015	110.9401	129.83	72.27	43.0659
2016	124.7509	130.57	68.48	36.9879
2017	123.3700	132.14	67.54	36.9333
2018	113.7223	133.13	64.72	35.2346
2019	114.3134	133.87	66.84	37.6288

数据来源：各盟市统计年鉴。

　　总体来看，呼和浩特市、包头市、鄂尔多斯市、乌兰察布市 2001—2019 年乡村就业人口不断下降，其中包头市、乌兰察布市降幅较大，截至 2019 年，呼和浩特市下降了 1.15 倍，鄂尔多斯市下降了 1.24 倍，包头市下降了 1.52 倍，乌兰察布市下降了 1.67 倍，具体数值见表 6-14。

表 6-14　　呼和浩特市、包头市、鄂尔多斯市、乌兰察布市
历年乡村就业人口　　　　（单位：万人）

年份	呼和浩特市	包头市	鄂尔多斯市	乌兰察布市
2001	75.6546	41.89	62.25	127.9096
2002	65.8087	43.53	53.88	138.2809
2003	90.1837	43.83	53.04	123.7838
2004	93.3921	44.79	54.05	117.5553
2005	97.8050	46.03	59.94	114.9950
2006	95.3734	45.32	59.15	96.3533
2007	95.8847	39.79	57.93	89.0840
2008	93.5391	34.58	63.01	82.6185
2009	94.1274	30.80	62.03	80.1020
2010	93.6567	27.39	62.73	81.7567
2011	79.5907	27.78	59.81	80.4788
2012	84.1789	27.61	54.48	80.9159
2013	67.2394	26.65	38.67	66.8605
2014	36.5440	27.72	39.13	55.7041
2015	67.2599	28.13	35.11	70.5341
2016	54.0491	28.96	40.97	76.8121
2017	56.1300	28.59	45.01	76.6667
2018	66.1777	28.13	50.17	77.5354
2019	65.9366	27.61	50.23	76.1712

数据来源：各盟市统计年鉴。

（四）国内旅游人数

2019 年呼和浩特市国内旅游人数达 3194.87 万人次，较 2010 年增加了 2367.08 万人次；包头市国内旅游人数达 2239.54 万人次，较 2010 年增加了 1638.03 万人次；鄂尔多斯市国内旅游人数达 2273.13 万人次，增加了 1830.56 万人次；乌兰察布市国内旅游人数达 1277 万人次，较 2010 年增加了 1102.12 万人次，如图 6-27 所示。

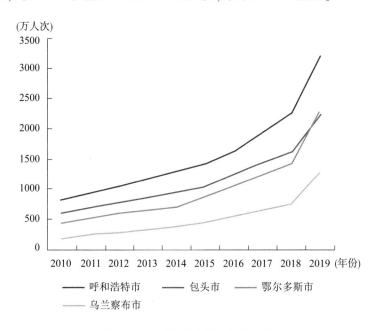

图 6-27　呼包鄂乌国内旅游人次

数据来源：笔者绘制。

总体来看，呼和浩特市、包头市、鄂尔多斯市、乌兰察布市2010—2019 年国内旅游人次都呈现不断增长的势头，其中呼和浩特市国内旅游人数增加了 3.86 倍，包头市增加了 3.73 倍，鄂尔多斯市增长了 5.14 倍，乌兰察布市增长了 7.33 倍，具体数值见表 6-15。

表 6－15 　　呼和浩特市、包头市、鄂尔多斯市、乌兰察布市

历年国内旅游人次　　　　（单位：万人）

年份	呼和浩特市	包头市	鄂尔多斯市	乌兰察布市
2010	827.79	601.51	442.57	174.88
2011	931.90	700.93	503.11	239.43
2012	1028.92	769.33	589.48	275.40
2013	1158.50	842.30	647.57	327.03
2014	1292.44	934.74	711.46	378.20
2015	1412.18	1036.16	865.10	453.66
2016	1621.23	1209.25	1037.10	550.72
2017	1915.58	1427.63	1225.11	639.68
2018	2236.62	1596.12	1412.25	755.03
2019	3194.87	2239.54	2273.13	1277.00

数据来源：《内蒙古统计年鉴》。

三　呼包鄂乌城市群人口质量的变化特征

生产与消费是经济发展的两个决定力量，而人口素质决定经济发展的质量。人口质量亦称"人口素质"，《人口学辞典》中认为，"人口素质一般是指人口的整体身体健康素质、科学知识文化素质和思想道德素质，体现的是人类认识世界并且发挥主观能动性改造世界的能力"。身体素质主要包括身体健康状况和预期寿命，文化素质主要包括文化知识水平和所具备的技能水平，思想素质具体包括思想道德品格。

（一） 身体素质指标状况

根据各盟市统计局统计年鉴数据资料显示，2014 年呼和浩特市出生人口数为 2.84 万人，相比于 2000 年增加了 0.25 万人，年均增长率为 0.62%；2014 年包头市出生人口数达 2.39 万人，与 2000 年相比，减少了 0.94 万人，年均增长率为 -2.17%；2014 年鄂尔多斯市出生人口数为 2.18 万人，与 2000 年相比增加了 34%，年均增长率为 2.00%；2014 年乌兰察布市出生人口数为 1.49 万人，比 2000 年减少了 0.8 万人，年均增长率为 -2.82%，见表 6 - 16。包头市、乌兰察布市出生人口整体呈下降趋势，2014 年仅出生 3.88 万人，而呼和浩特市自 2003 年以后，出生人口数一直保持稳定增长。鄂尔多斯市出生人口整体呈上升趋势。

表 6 - 16　　呼和浩特市、包头市、鄂尔多斯市、乌兰察布市
历年出生人口　　　　　　　　　（单位：万人）

年份	呼和浩特市	包头市	鄂尔多斯市	乌兰察布市
2000	2.59	3.33	1.62	2.29
2001	2.21	2.41	1.24	2.00
2002	1.91	2.39	1.29	1.98
2003	1.68	1.51	1.25	1.93
2004	2.38	2.25	1.49	1.86
2005	2.44	2.07	1.61	1.95
2006	2.54	2.10	1.57	1.85
2007	2.73	2.27	1.63	1.87
2008	2.66	2.27	1.62	1.69
2009	2.62	2.29	1.68	1.61
2010	2.68	2.36	2.34	1.60

续表

年份	呼和浩特市	包头市	鄂尔多斯市	乌兰察布市
2011	2.55	2.24	2.30	1.54
2012	2.71	2.34	2.24	1.49
2013	2.73	2.26	2.20	1.44
2014	2.84	2.39	2.18	1.49

数据来源：《内蒙古统计年鉴》。

20 世纪 90 年代后，计划生育政策的有效实施，使得呼和浩特市的人口出生率由 1990 年的 21.70‰下降至 2000 年的 15.00‰。出生人口下降主要是由于适龄生育人群减少，以及抚育、养育压力较大。此后出生率一直稳定在 12‰左右，如图 6 - 28 所示。受人口老龄化的影响，人口死亡率由 1990 年的 5.4‰增长到 2000 年的 10.9‰，增长幅度近两倍。2001—2019 年，呼和浩特市人口死亡率由 3.00‰增长到 5.40‰，其中，在 2012 年，死亡率骤增，高达 13.60‰，与 2011 年相比，增长了 11.3‰。呼和浩特市人口自然增长率由 2001 年的 7.5‰下降到 5.20‰。

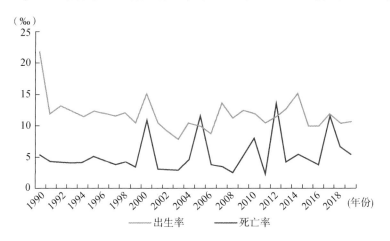

图 6 - 28　呼和浩特市出生率和死亡率

数据来源：笔者绘制。

　　包头市的人口出生率由 1990 年的 18.41‰下降至 2000 年的 16.37‰。2001—2019 年，出生率一直稳定在 10‰左右，如图 6－29 所示。人口死亡率由 2001 年的 3.32‰增长到 2019 年的 54.19‰，包头市人口自然增长率下降至 4.11‰。

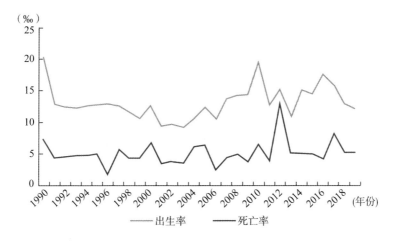

图 6－29　包头市出生率和死亡率

数据来源：笔者绘制。

　　鄂尔多斯市人口出生率由 1990 年的 20.19‰下降至 2000 年的 12.69‰。2001 年以后出生率处于稳步增长，如图 6－30 所示。2001—2019 年，鄂尔多斯市人口死亡率由 3.52‰增长到 5.21‰，其中，在 2012 年，死亡率大幅度增长，高达 12.87‰。2001—2019 年，鄂尔多斯人口自然增长率由 2001 年的 5.91‰增加到 6.85‰，如图 6－31 所示。

　　根据 1999—2019 年呼包鄂乌卫生机构人员统计数据可知，呼和浩特市卫生机构人员数呈稳步增长趋势，2019 年呼和浩特市卫生机构人员数为 37476 人；2019 年包头市卫生机构人员数为 29397 人，相比于 1999 年增长接近一倍；而鄂尔多斯市 2019 年卫生机构人员数为 19008 人；乌兰察布市为 15528 人。近二十年间，卫生机构人员数总体呈上升趋势，如图 6－32 所示。

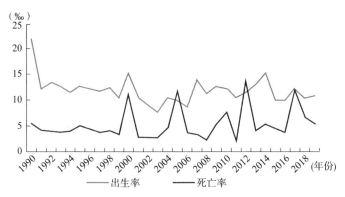

图 6 - 30　鄂尔多斯市出生率和死亡率

数据来源：笔者绘制。

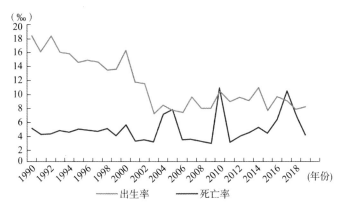

图 6 - 31　呼和浩特市、包头市、鄂尔多斯市自然增长率趋势

数据来源：笔者绘制。

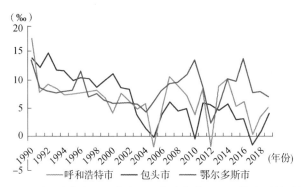

图 6 - 32　呼和浩特市、包头市、鄂尔多斯市卫生机构人员数增长率

数据来源：笔者绘制。

（二）文化素质指标状况

当前，内蒙古积极推进教育的高质量发展，政府加大了对教育的投资，多方位培养高新技术人才，使得居民整体的文化素质得以提升。1990 年呼和浩特市拥有大学（指大专及以上）文化程度的人口为 9.37 万人，2020 年增长至 105 万人，扩大了近 11 倍。2020 年呼和浩特市常住人口中，拥有高中（含中专）文化程度的人口为 540164 人；拥有初中文化程度的人口为 937268 人；拥有小学文化程度的人口为 609599 人，如图 6－33 所示。

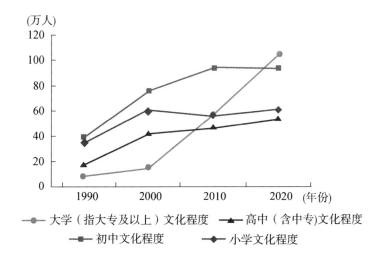

图 6－33　呼和浩特市历次人口普查学历情况

数据来源：笔者绘制。

根据 2020 年第七次全国人口普查数据可知，2020 年包头市拥有大学（指大专及以上）文化程度的人口有 63.18 万人，大学文化程度人口占全市常住人口的比重为 23.32%，比第六次全国人口普查时提高了 9.26 个百分点。2020 年呼和浩特市大学文化人口占比超过 30%，学历水平较高，其余盟市大学文化人口占比皆在 30% 以下，如图 6－34 所示。

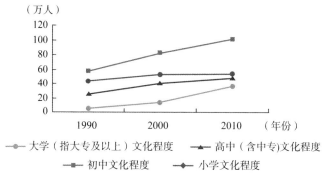

图 6 – 34   包头市历次人口普查学历情况

数据来源：笔者绘制。

2020 年，鄂尔多斯市常住人口中，拥有小学、初中、高中（含中专）以及大学（指大专及以上）文化程度的人口分别达到 52.83 万人、60.41 万人、29.95 万人、45.80 万人，如图 6 – 35 所示。

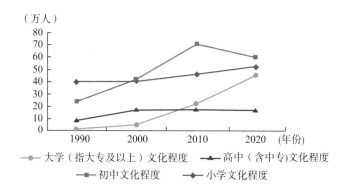

图 6 – 35   鄂尔多斯市历次人口普查学历情况

数据来源：笔者绘制。

2020 年乌兰察布市常住人口中，拥有大学（指大专及以上）文化程度的人口为 24.31 万人，具有高中（含中专）文化程度的人口达到 22.06 万人；而拥有小学和初中文化程度的人口分别为 50.11 万人和 55.24 万人，如图 6 – 36 所示。

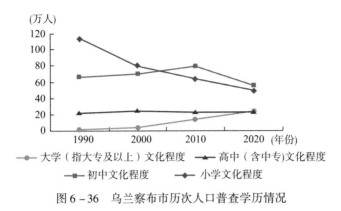

图 6 – 36　乌兰察布市历次人口普查学历情况

数据来源：笔者绘制。

呼和浩特市常住人口中，15 岁及以上人口的平均受教育年限由 10.33 年提高至 11.30 年；包头市 15 岁及以上人口的平均受教育年限由 10.46 年提高至 10.77 年；鄂尔多斯市 15 岁及以上人口的平均受教育年限由 9.21 年提高至 10.22 年；乌兰察布市 15 岁及以上人口的平均受教育年限由 8.31 年上升至 9.03 年。受教育年限的持续增长得益于呼包鄂乌地区教育大力发展，使得人口素质不断提高。但与此同时，依然存在教育发展不平衡现象，呼和浩特市平均受教育年限大于 11 年，包头市和鄂尔多斯市介于 10—11 年，乌兰察布市介于 9—10 年。

近几年来，内蒙古地区的整体受教育水平逐步提高，普及义务教育等工作取得实效。呼和浩特市文盲人口（15 岁及以上不识字的人）从 1990 年的 203903 人减少至 2020 年的 94709 人，见表 6 – 17；包头市文盲人口从 1990 年的 240786 人大幅减少至 2020 年的 62872 人，文盲率由 4.01% 下降为 2.32%，这表明过去十年间，包头市加大了对教育投入的力度，在推动教育事业健康发展方面取得明显成效，人口素质稳步提升。2020 年鄂尔多斯市文盲人口为 94552 人，相比于 1990 年降幅达 66.2%；乌兰察布市文盲人口从 1990 年的 714325 人大幅减少至 2020 年的 115199 人，文盲率由 7.86% 下降至 6.75%，趋势如图 6 – 37 至图 6 – 40 所示。

表6-17 呼和浩特市、包头市、鄂尔多斯市、乌兰察布市历年
文盲人口（15岁及以上不识字的人）情况 （单位：人）

年份	呼和浩特市	包头市	鄂尔多斯市	乌兰察布市
1990	203903	240786	279992	714325
2000	219181	191195	197735	347606
2010	120854	106181	105559	168380
2020	94709	62872	94552	115199

数据来源：《内蒙古统计年鉴》。

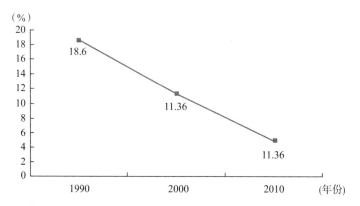

图6-37 呼和浩特市文盲、半文盲占15岁及以上人口百分比情况

数据来源：笔者绘制。

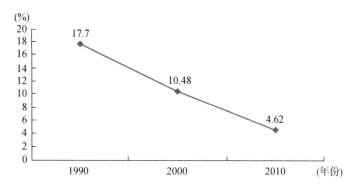

图6-38 包头市文盲、半文盲占15岁及以上人口百分比情况

数据来源：笔者绘制。

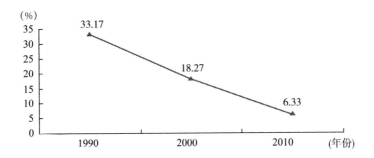

图6-39　鄂尔多斯市文盲、半文盲占15岁及以上人口百分比情况

数据来源：笔者绘制。

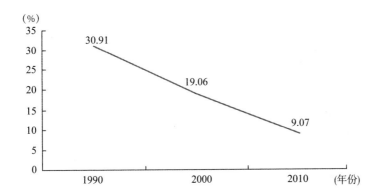

图6-40　乌兰察布市文盲、半文盲占15岁及以上人口百分比情况

数据来源：笔者绘制。

四　小结

人口的高质量发展是实现全方位高质量发展的重要支撑力量，一个国家和地区的全面发展，需要对人口规模、结构及质量进行综合考虑和规划，人口规模、人口结构和人口质量关系一个区域的人力资本存量和发展潜力，只有实现人口均衡才能解决人口发展中的问题，才能推动经济社会资源环境的全面协调和可持续发展。

从人口规模来看，呼和浩特市、包头市和鄂尔多斯市户籍总人口都呈现不断增长的趋势，但增幅随着时间的移动不断放缓，乌兰察布市是唯一一个在 2010 年户籍总人数就开始下降的城市；呼和浩特市和鄂尔多斯市 2004—2020 年常住人口数逐年增加，但涨幅随着时间的推移而降低，包头市 2004—2019 年常住人口不断增加，2020 年人口骤然减少，乌兰察布市 2004—2019 年常住人口小幅度减少，2020 年减少幅度较大；呼和浩特市、包头市及鄂尔多斯市城镇人口都有所增加，但增长幅度不大，乡村人口数量基本保持不变，城乡人口差距较大且维持较稳的水平。乌兰察布市 2010 年乡村人口大于城镇人口，随着经济发展，城镇人口不断增加，农村人口不断下降，城乡人口的差距逐渐增大。

从人口结构来看，呼和浩特市、包头市、鄂尔多斯市和乌兰察布市常住人口中男女比例基本和谐，男性人口略多于女性人口；呼和浩特市、包头市、鄂尔多斯市、乌兰察布市 2001—2019 年第一产业就业人数都在不断下降，其中呼和浩特市、包头市、鄂尔多斯市下降幅度比较明显，乌兰察布市的降幅较小；呼和浩特市、包头市、鄂尔多斯市 2001—2019 年第二产业就业人数都在增长，其中呼和浩特市、包头市增长幅度比较明显，鄂尔多斯市的增幅较小，只有乌兰察布市第二产业就业人数在不断下降；呼和浩特市、包头市、鄂尔多斯市 2001—2019 年第三产业就业人数都在增长，其中呼和浩特市、包头市增长幅度比较明显，鄂尔多斯市的增幅较小，只有乌兰察布市第三产业就业人数在不断下降；呼和浩特市、包头市、鄂尔多斯市、乌兰察布市 2001—2019 年城镇就业人口都在增长，其中呼和浩特市、乌兰察布市、鄂尔多斯市涨幅较大；呼和浩特市、包头市、鄂尔多斯市、乌兰察布市 2001—2019 年乡村就业人口不断下降，其中包头市、乌兰察布市降幅较大；呼和浩特市、包头市、鄂尔多斯市、乌兰察布市 2010—2019 年国内旅游人次都呈现不断增长的势头。

从人口质量来看，呼和浩特市、鄂尔多斯市出生人口都在不断增加，而包头市、乌兰察布市的出生人口出现下降的情况；随着社会和经济的发展，呼包鄂乌城市群的人口死亡率都呈现不断下降的情况；根据1999—2019年呼包鄂乌卫生机构人员统计数据可知，卫生机构人员数总体呈上升趋势；四个城市15岁及以上人口的平均受教育年限均提高，使得人口素质不断提高。但与此同时，依然存在教育发展不平衡现象。

当前，内蒙古地区人口老龄化进入高速增长时期，人口老龄化速度明显加快，出生人口继续呈现下降态势。本章从人口规模、结构及质量三个维度，系统地描述了呼包鄂乌城市群的人口发展状态，为改善人口结构，提高人口规模和人口质量，促进呼包鄂乌城市群发展提供了数据支撑，以供参考。

第七章 呼包鄂乌城市群人口密度变化及空间分布研究

一 呼包鄂乌城市群人口密度变化及空间分布研究

根据第七次全国人口普查数据，从人口流动情况来看，中国人口流动依然活跃，人口的集聚效应进一步显现。据调查数据显示，如今国内流动人口数量比2010年增长近70%。从人口流向来看，人口从农村向城市集聚、从内陆地区向东部沿海集聚的总体趋势没有变，中国的城镇化水平不断提高，2020年城镇常住人口为90199万人，人口城镇化率达到63.89%；农村人口不断地减少，城镇人口所占比例上升。从人口空间分布格局来看，中国东部地区人口为5.64亿人，占39.93%；中国中部地区人口为3.65亿人，占25.83%；中国西部地区的人口为3.83亿人，占27.12%；中国东北地区人口为0.99亿人，占6.98%。长三角、珠三角地区依然是人口流入最集中的地区。

人口一直是社会经济持续高质量发展的基础。人口分布与经济发展之间联系十分密切，人口密集度对经济发展的影响是学界关注的焦点。[①] 人口集聚的原因多种多样，它是一个或多个特定区域所出现的地理现象，反映人口的收敛过程和趋势。新经济地理学对人口集聚的研

---

① 郭文炯：《山西省人口分布与区域经济协调发展研究》，《经济地理》2004年第4期。

究逐渐增加，辜胜阻研究发现，东部地区的人口集聚正效应高于中西部地区。[①]

自中国改革开放以来，中国经济取得了巨大的成就，人民生活水平也在提升。随着经济的快速发展，城乡发展不协调、区域发展不平衡、高速持续的发展和环境资源储备的失衡等问题不断出现。人口问题在近年来成为学界关注的问题，人口结构失衡问题成为中国经济持续而高速的发展的挑战。当前，内蒙古地区人口老龄化进入高速增长时期，人口老龄化速度明显加快，出生人口呈现下降态势。

2020 年内蒙古自治区常住人口为 24049155 人，与 2010 年相比，减少了 2.66%，年平均增长率为 -0.27%。从地区分布来看，2020年呼和浩特常住总人口为 345.42 万人；包头市常住总人口为 271.03万人；鄂尔多斯市常住总人口为 215.56 万人；乌兰察布市常住总人口为 169.52 万人。总体来看，内蒙古自治区总的常住人口呈现下降趋势，但各盟市常住人口略有波动，人口流动促进各区域之间人口结构和人口规模出现差异，这种差异是否会出现扩大或者缩小，需要进一步研究。

目前，内蒙古自治区呼包鄂乌地区人口密度最大，但低于京津冀、长三角洲等东部地区。人口问题始终是经济发展和社会发展所面临的全局性、长期性、战略性的问题。改善人口结构，调高人口规模和人口质量，促进呼包鄂乌城市群发展是呼包鄂乌发展的重要命题。为进一步研究内蒙古自治区人口集聚问题，本节先对内蒙古自治区各盟市进行人口积极度和空间集疏程度分级研究，然后选取呼包鄂乌四个盟市进行人口集聚变化的分析。

---

① 辜胜阻：《提升中小城市人口聚集功能的战略思考》，《现代城市研究》2013 年第 5 期。

（一）基于人口集聚度的内蒙古人口空间集疏程度分级评价

基于 2019 年内蒙古自治区各盟市人口数据，本节引用人口聚集度指数，对内蒙古自治区人口的空间格局和形成机制进行详细的阐述。对内蒙古各盟市地区的地理人口进行计算，进一步地了解盟市区域的人口空间格局。

（二）模型的构建

人口集聚度可以反映的是一个地区相对于全国人的人口集聚程度，可以用某一地区占全国百分比的国土面积上集聚的全国人口的比重（%）来表示，与人口丰度具有同样的价值定义，如公式（7-1）所示。

$$JJD_i = \frac{\frac{P_i}{P_n} \times 100\%}{\frac{A_i}{A_n} \times 100\%} = \frac{\frac{P_i}{A_i}}{\frac{P_n}{A_n}} \qquad (7-1)$$

其中，JJD_i 是 i 市的人口集聚度；P_i 是 i 市的人口数量（人），A_i 是内蒙古自治区土地面积（平方公里）；P_n 是内蒙古自治区总人口（人）。

在构建分市人口集聚度计算模型的基础上，利用地理信息系统软件对相应的数据进行分析，本节根据内蒙古分市人口集聚度的分布特征，结合盟市人口数量，将内蒙古自治区各个市作为单位，划分为人口密集（$JJD_i > 2$）、人口均值地区（$2 > JJD_i > 0.5$）和人口稀疏地区（$0.5 > JJD_i$）三个类别。并进一步根据人口密度或稀疏的程度，将人口集聚度划分为人口高度密集区、中度密集区、低度密集区、人口密度均上区、人口密度均下区、人口相对稀疏区、人口绝对稀疏区和人口极端稀疏区 8 个级别，中国人口集聚度分类标准见表 7-1。

表 7 - 1　　　　　　　中国人口集聚度分类标准

	人口集聚度地区分类	人口集聚度
人口密集地区	人口高度密集区	≥8
	其中:城市核心区	≥15
	人口中度密集区	4—8
	人口低度密集区	2—4
人口均值地区	人口密度均上区	1—2
	人口密度均下区	0.5—1
人口稀疏地区	人口相对稀疏区	0.2—0.5
	人口绝对稀疏区	0.05—0.2
	人口极端稀疏区	≤0.05
	其中:基本无人区	≤0.025

数据来源：笔者自制。

根据表 7 - 2，2019 年内蒙古自治区土地总面积有 118.9 万平方公里，其中阿拉善盟为 27 万平方公里，占内蒙古自治区总面积为 22.7%；呼伦贝尔市为 25.3 万平方公里，占内蒙古自治区总面积为 21.28%；锡林郭勒盟为 20.3 万平方公里，占内蒙古自治区总面积为 17.07%。内蒙古自治区常住人口为 2415.34 万人，其中赤峰市常住人口为 405.96 万人，呼和浩特市常住人口为 340.55 万人。

表 7 - 2　　　　内蒙古自治区各盟市土地面积和常住人口

盟市	土地总面积(万平方公里)	常住人口(万人)
呼和浩特市	1.7	340.55
包头市	2.8	270.47
呼伦贝尔市	25.3	227.58

盟市	土地总面积（万平方公里）	常住人口（万人）
兴安盟	6.0	143.54
通辽市	6.0	290.15
赤峰市	9.0	405.96
锡林郭勒盟	20.3	109.85
乌兰察布市	5.5	176.19
鄂尔多斯市	8.7	214.36
巴彦淖尔市	6.4	155.14
乌海市	0.2	55.57
阿拉善盟	27.0	25.98

数据来源：《内蒙古统计年鉴》。

根据表 7-3，内蒙古自治区盟市人口密集度中乌海市居于首位为
13.68，其次是呼和浩特市 9.86，各盟市中人口密集度最小的是阿拉善
盟，人口密集度仅为 0.05，可以划分为人口极端稀疏区。

表 7-3　　　　　　　　内蒙古自治区盟市人口密集度

盟市	人口密集度（JJD）
呼和浩特市	9.861331178
包头市	4.755154702
呼伦贝尔市	1.177674503
兴安盟	1.177674503
通辽市	2.380536833
赤峰市	2.22046696
锡林郭勒盟	0.266383674

续表

盟市	人口密集度（JJD）
乌兰察布市	1.576965336
鄂尔多斯市	1.212908604
巴彦淖尔市	1.193293827
乌海市	13.6777286
阿拉善盟	0.047367336

数据来源：笔者自制。

　　基于分盟市的内蒙古人口集聚程度分级评价结果，见表7-3，可以发现以下几点。第一，人口密集区。内蒙古自治区各盟市人口密集度大于等于8的地区有两个，分别为呼和浩特市和乌海市，均为人口高度密集区。内蒙古自治区省会呼和浩特市人口密集度为9.86，地理位置和交通环境包括政策倾斜等是呼和浩特吸纳人口的重要保障。乌海市人口密集度为13.68，远远高于呼和浩特市，并且是内蒙古人口密集度最高的盟市，这与乌海市占地面积有极大的关系，乌海市的土地面积为0.2万平方公里，是内蒙古自治区占地面积最小的盟市。包头市人口密集度为4.76，属于人口中度密集区；通辽市和赤峰市都属于人口低度密集区。第二，人口均值区。内蒙古自治区各盟市人口密集度在0.5—2的有：呼伦贝尔市、兴安盟、乌兰察布市、鄂尔多斯市、巴彦淖尔市。第三，人口稀疏区。锡林郭勒盟人口密集度为0.27，为人口相对稀疏区地区；阿拉善盟人口密度为0.047，是人口极端稀疏区地区。

　　综上可以看出，内蒙古自治区总体人口水平处于均值，其中人口高度密集区有两个盟市，人口稀疏地区也有两个盟市，但是均值地区有五个盟市。其中呼和浩特市和包头市都属于人口密集区，鄂尔多斯市和乌兰察布市属于人口均值区。人口密度是衡量人口集聚的核心指标。呼和浩特市是内蒙古自治区的首府，是全区政治经济文化中心，包头市是全区重工业基地，鄂尔多斯市是全区能源和战略资源基地，乌兰察布市区位优势明显且自然资源储量丰富，呼包鄂乌四地具备经济能力强、吸纳就业、配套设施完善等条件，人口"虹吸效应"明显。人口集聚是多方面因素共同作用的结果，与经济发展水平、产业发展状况、医疗卫生水平、人力资本发展等有关。盟市之间的生产资料、自然地理环境、地理位置各不相同，在绝对优势下，每个盟市对人才的吸引力也截然不同。

Kau 等证明了人口的集聚和区域的经济发展水平存在着密切关系。① 郑洁等研究发现，城市人口规模和经济发展存在互相影响的关系。城市的经济发展状况和人口规模相辅相成，两者互相联系、互相制约。② 可能的原因是发达城市的配套设施、融资环境和就业岗位多样化等较为完善，劳动力、资本等的回报率较高，对人口的吸引力较强。随着经济发展水平的提高，城市化率也在不断提高，人口不断从小城市向大城市集中，这是不争的事实。人口的流入会带动城市的生产、消费，促进城市的发展。呼和浩特市和包头市的经济发展，在一定程度上对人口集聚作出了贡献。城市经济越发达，会吸引更多的人口涌入，人口集聚程度越高也会不断促进城市经济的发展，两者互相成就、密不可分。

城市人口规模的不断扩大是城市规模的基本特征，提供大量并且优质的岗位和更高的工资水平等是人口向城市集聚的原因。城市的人口集聚是建立在产业集聚的基础上，产业集聚可以促进劳动力、资本等在城市空间自发集聚，实现规模经济，并且改善城市的人口结构。

---

① Kau, J. B., Sirmans, C. F., "A Recarsive Model of the Spatial Auocation of Migrants", *Journal of Regional Science*, 19（1），1979：47－56.

② 郑洁、汪甜甜、陈浩：《产业集聚、城市人口规模与经济发展》，《工业技术经济》2021 年第 10 期。

产业集聚可以促进人口集聚，促进城市经济发展，同时人口集聚也是产业发展必不可少的要素，两者共同作用促进当地经济的发展。人们为了追求更高水平的生活、更好的发展前景而进行迁移，为城市人口规模作出贡献。近年来，鄂尔多斯市人口规模的扩大，在一定程度上，可以归因于产业的发展和产业结构的调整。由此可见，产业集聚最初是通过提供就业岗位来吸引人口流入，多样化的产业结构可以吸引各种各样的人口，实现人口集聚，产业集聚和人口集聚，为区域经济的发展提供源源不断的动力。

居住环境适宜是居民对美好生活追求的基础。在保持各区域发展的同时，也要遵循绿色发展理念。在人口集聚带来规模经济的同时，也会给当地的环境带来一定的负面影响，而居住环境是人口迁入考虑的重要因素，居住环境是否适宜会在一定程度上影响人口集聚。不同阶段的人口集聚伴随着不同的生产方式和消费状态，从而也会产生不同的环境效益。近几十年，呼包鄂常住人口总体上大致呈增长态势，但是增长率呈递减趋势，人口增长放缓，我们可以考虑提升环境承载力和环境适宜程度。要想使得人口集聚实现可持续发展，城市的建设要重视外部环境建设，打造宜居的文明城市，推动生态环境协同发展。

平等开放的高质量公共服务供给也是吸引人口的重要因素。[1] 文化、教育、体育、医疗、养老等公共服务体系，是人口集聚可持续发展的保障。有研究表明，流动人口的居留意愿与经济收入预期的关系更紧密，落户意愿则与公共服务和福利预期相关。这表明，作为流动人口的承载地，要建立完善的公共服务体系，为流入人口提供技能培训，保障随迁子女的受教育权利，合理分配卫生资源等，切实保障流入人口"落下来"。

---

① 曹广忠：《中国五大城市群人口流入的空间模式及变动》，《地理学报》2021 年第 6 期。

人力资本水平越高的地区，知识的专业化、扩散和溢出越容易。人才作为专业化知识和技术的载体，在区域创新和区域发展中扮演着愈发重要的角色。近年来，各城市为建设各地的人才队伍上演"抢人才大战"，为城市发展注入源源不断的新鲜血液。在人口更为密集的城市，知识流、信息流和技术流的流通转换率更高，知识溢出效应更强，人才集聚带来的创新效应也更强。刘晔的研究表明，人口空间集聚强化了人力资本水平对创新的驱动作用，城市规模扩大促进了知识的溢出。① 高校聚集的呼和浩特，人口集聚在一定程度上强化了该地的人力资本，在人才集聚中更具有优势，为呼和浩特的城市建设和创新发展提供了源源不断的动力支撑。无论是地理位置相距较近的盟市，还是地理位置相距较远的盟市，人口水平都具有当地的特色，人口水平的差异也日渐明显，下文将进一步研究呼包鄂乌的人口集聚发展状况，对内蒙古自治区人口政策的改进具有参考意义，为推动经济社会高质量发展提供重要决策参考。

二 呼包鄂乌城市人口集聚的发展情况

截至 2019 年年底，呼包鄂乌城市群常住人口为 1021.27 万人，与 2010 年的 962.02 万人相比，增加了 59.25 万人，增长了 6.16%。第七次人口普查数据显示，内蒙古各盟市常住人口变化呈"六增六减"，区域集聚效应显著，向经济中心城市集聚。这是城镇化和经济发展的必然趋势，近二十年，呼包鄂乌城市群常住人口呈上升趋势，但是增长幅度逐渐减缓。接下来本节对呼包鄂乌城市的人口数量、人口质量和人口结构做进一步分析。

---

① 刘晔：《中国城市人力资本水平与人口集聚对创新产出的影响》，《地理科学》2021年第 6 期。

（一）呼包鄂乌城市人口数量的时空演变

自内蒙古自治区实行计划生育以来，人口和计划生育工作取得了巨大成就，总和生育率由 1970 年的 6.08 降至 2020 年的 1.06，在全国范围内较早实现了人口再生产类型的历史性转变。人口问题是关乎经济发展和社会稳定的大问题，人口数量是人口发展的基础。人口数量是指人口的量的规定性，是以数量表示人口的存在和变化程度。从狭义来说，人口数量仅指人口的绝对量，即人口总体中所包含的生命个体的多少，如一国人口的总数。从广义上说，人口数量既包括人口的绝对量，还泛指与一定相关因素成比例的人口的相对量，如某地的人口密度。数量规定是人口的最基本特征之一，任何社会都是由一定数量的人口所组成。

根据表 7-4，2020 年内蒙古 12 个盟市中，常住人口超过 300 万人的盟市有 2 个，200 万—300 万人的盟市有 4 个，100 万—200 万人的盟市有 4 个，少于 100 万人的有 2 个。其中，常住人口居前 3 位的盟市常住人口占全区常住人口比重为 43%。从空间分布格局来看，内蒙古自治区人口主要集聚在呼和浩特市、包头市，鄂尔多斯市和乌兰察布市等地，人口规模处于中等。

表 7-4　　　　　　　　各盟市常住人口

地区	常住人口（人）	比重（%）	
		2020 年	2010 年
内蒙古	24049155	100	100
呼和浩特市	3446100	14.33	11.60
包头市	2709378	11.27	10.73
呼伦贝尔市	2242875	9.33	10.32

地区	常住人口（人）	比重（%）	
		2020 年	**2010 年**
兴安盟	1416929	5.89	6.53
通辽市	2873168	11.95	1271
赤峰市	4035967	16.78	17.57
锡林郭勒盟	1107075	4.60	4.16
乌兰察布市	1706328	7.10	8.68
鄂尔多斯市	2153638	8.96	7.85
巴彦淖尔市	1538715	6.40	6.76
乌海市	556621	2.31	2.16
阿拉善盟	262361	1.09	0.94

数据来源：《内蒙古统计年鉴》。

根据表 7-5，从时间演变来看，2001—2019 年呼包鄂乌各市人口总量分布的分级格局没有较大的变动。呼和浩特市、包头市、鄂尔多斯市和乌兰察布市人口总量都呈现上升趋势，其中呼和浩特市人口总量增加了 100 万人左右，增长率为 48.09%；包头市人口总量增加了 56万人左右；鄂尔多斯市人口总量增加了 76 万人左右；乌兰察布市人口总量减少了 61 万人左右。呼和浩特市、包头市和鄂尔多斯市人口总量都呈现上升趋势，增幅均在 23% 以上；但是乌兰察布市人口总量呈现下降趋势，减少了 61.26 万人。

表 7-5　　　　　　　　呼包鄂乌常住人口　　　　　　　（单位：万人）

年份	呼和浩特市	包头市	鄂尔多斯市	乌兰察布市
2001	211.83	233.86	132.83	270.28
2002	213.45	236.93	134.42	270.59

年份	呼和浩特市	包头市	鄂尔多斯市	乌兰察布市
2003	213.89	239.52	135.97	270.60
2004	259.10	242.35	146.66	219.31
2005	263.70	244.88	149.50	215.40
2006	267.80	248.37	151.45	214.12
2007	271.80	252.56	154.79	213.82
2008	277.00	256.63	159.13	213.19
2009	282.20	261.09	162.54	212.55
2010	287.40	265.61	194.95	214.06
2011	291.20	269.29	199.93	213.46
2012	294.90	273.16	200.42	212.94
2013	300.10	276.62	201.75	212.30
2014	303.10	279.92	203.49	211.71
2015	306.00	282.93	204.51	211.13
2016	308.90	285.75	205.53	210.67
2017	311.50	287.77	206.87	210.25
2018	312.60	288.87	207.84	209.61
2019	313.70	289.69	208.76	209.02

数据来源：《内蒙古统计年鉴》。

总体而言，2001—2019 年呼包鄂乌地区人口总量呈稳步上升趋势，但是乌兰察布市人口呈现下降趋势，此外，各城市地区人口数量差距有扩大趋势，尤其是呼和浩特市、包头市人口总量及其增幅超过同区其他城市。

（二）呼包鄂乌城市人口结构的空间演变

人口结构也可称为人口构成，主要将人口按照年龄划分为0—14岁、15—59岁以及60岁及以上。根据第七次全国人口普查显示，内蒙古自治区全区常住人口中0—14岁人口约为338万人，占14.04%；15—59岁人口约为1591万人，占66.17%；60岁及以上人口约为475万人，占19.78%；其中65岁及以上人口约为314万人，占13.05%。与第六次全国人口普查相比，0—14岁人口的比重下降了0.03个百分点，15—59岁人口的比重下降了8.28个百分点，60岁及以上人口的比重上升了8.30个百分点，其中65岁及以上人口的比重上升了5.49个百分点。内蒙古自治区人口年龄结构趋向于老年人口增加，劳动力人口、青少年人口比重呈下降趋势，内蒙古自治区人口老龄化问题凸显。

根据表7-6，2020年各盟市之间的人口结构有空间分化趋势。0—14岁占常住人口比重均在11%—15%；15—59岁的劳动力人口，阿拉善盟、乌海市和锡林郭勒盟占比重较高；60岁及以上的老年人口，乌兰察布市占比重最高，为29.95%。总的来看，呼包鄂乌人口结构具有空间差异，城市区域间人口结构不尽相同。

表7-6　　　　　　　　**2020年各盟市常住人口年龄构成**

地区	占常住人口比重（%）		
	0—14岁	**15—59岁**	**60岁及以上**
内蒙古	14.04	66.17	19.78
呼和浩特市	13.91	68.06	18.03
包头市	13.11	66.70	20.19
呼伦贝尔市	11.68	67.81	20.51

地区	占常住人口比重（%）		
	0—14 岁	15—59 岁	60 岁及以上
兴安盟	14.49	67.50	18.01
通辽市	14.52	66.79	18.70
赤峰市	15.34	63.61	21.05
锡林郭勒盟	14.06	68.08	17.86
乌兰察布市	11.05	59.01	29.95
鄂尔多斯市	18.08	66.88	15.04
巴彦淖尔市	12.65	66.22	21.13
乌海市	13.43	70.13	16.44
阿拉善盟	14.04	71.59	14.37

数据来源：《内蒙古统计年鉴》。

（三）呼包鄂乌城市的人口密度

内蒙古自治区 2018 年和 2019 年年末常住人口无明显变动，见表 7 - 7，但是呼包鄂乌城市群的常住人口数量变动略微明显，截至 2019 年年末，内蒙古自治区常住人口密度为 21 人/平方公里，其中呼包鄂乌居于首位，最东部的呼伦贝尔和阿拉善盟人口密度较低，其他三盟市人口密度居中。由于数据不完整，这里我们仅针对 2018 年和 2019 年呼包鄂乌地区的整体人口密度进行分析。总体而言，呼包鄂乌人口密度在内蒙古自治区稳居首位，无论是地理位置、产业发展还是经济发展水平，都是其保持人口稳居内蒙古自治区前列的重要因素。

表 7 – 7   内蒙古人口密度基本情况

指标	2018 年	2019 年
年末常住人口（万人）	2533.98	2539.56
呼包鄂乌地区	1018.96	1021.15
东部五盟市	1264.78	1267.34
其他三盟市	250.24	251.06
人口密度（人/平方公里）	21	21
呼包鄂乌地区	55	55
东部五盟市	19	19
其他三盟市	7	7
呼伦贝尔市	10	10
阿拉善盟	1	1

数据来源：《内蒙古统计年鉴》。

（四）呼包鄂乌人口集聚变化的影响因素

人口集聚是指为获得经济社会环境资源效益，部分或全部人口向特定地区聚集的社会经济现象。经济集聚能带来规模经济，促进中国经济的持续高质量发展，人口集聚可以带来基础建设的共享，提高资源利用效率，但是过度的集聚或者不合理的集聚会造成区域的交通压力大、就业岗位短缺、环境污染等问题。人口集聚的形成是由多种原因共同作用的结果，本章对呼包鄂乌人口集聚状况进行探究，此外为进一步探索、研究呼包鄂乌人口集聚的原因，分别从人口质量水平、经济发展水平、工业发展水平、交通运输水平、城市绿化水平等方面探索其对人口集聚的影响，更加清晰地认识到影响呼包鄂乌地区人口集聚的原因。

关于人口集聚的影响因素研究中，国内外学者主要的研究方向可以归为自然环境因素、经济发展水平、交通运输水平、产业发展水平、教育资源水平等，并且采用了不同的实证分析方法。目前的研究，在实证分析方法上，主要包括传统的计量方法和空间计量方法两类。随着空间计量模型的不断发展，越来越多的研究选择用空间计量模型来进行问题的探讨。人口集聚对区域的经济发展有着重要的影响，呼包鄂乌地区高质量的发展离不开高效的资源配置和产业结构的优化升级，呼包鄂乌作为内蒙古自治区人口的集聚中心，交通和经济等方面都处于中心位置，人口和经济的集聚能力较强。如尹德挺研究发现，核心城市的产业结构调整对于城市群发展具有重要意义，核心区域的产业结构调整可以引导城市群的空间联动，城市群的人口空间结构是产业结构的反映。① 产业结构与人口集聚密切相关，自然环境、交通状况、经济发展、人口质量也是影响人口集聚的重要指标。在前人研究的基础上，选择内蒙古自治区的呼和浩特市、包头市、鄂尔多斯市和乌兰察布市等四个盟市作为研究对象，实证考察呼包鄂乌的经济发展水平、产业发展水平、自然环境状况、交通便利水平和人力资本水平等人口集聚关联指标对区域发展的综合影响，从不同的指标方向考察呼包鄂乌人口集聚的空间变化效应，为其他城市群的发展提供借鉴。

三　呼包鄂乌人口集聚影响因素的实证分析

与第六次全国人口普查相比，12 个盟市常住人口变化呈"六增六降"，常住人口增加的 6 个盟市依次为，呼和浩特市、鄂尔多斯市、锡林郭勒盟、包头市、阿拉善盟、乌海市，分别增加 57.95 万人、21.29 万人、7.91 万人、5.90 万人、3.11 万人、2.37 万人；其他 6 个盟市常

---

① 尹德挺：《新中国 70 年来人口分布变迁研究》，《中国人口科学》2019 年第 5 期。

住人口减少，呼包鄂乌是内蒙古自治区人口规模较大的地区，人口密度居于前列。本部分将从经济发展水平、自然环境状况、产业发展水平、人力资本水平等方面，对呼包鄂乌人口集聚的影响因素进行实证研究，深入地把握呼包鄂乌人口集聚的作用机理。

（一）模型设计

本章以2000—2019年呼、包、鄂、乌4个城市地区的面板数据为样本，建立固定效应模型和随机效应模型。根据 Lucas 模型等构建动态面板模型，如公式（7-2）所示。

$$\ln Agglomeration_{it} = b_i + b_1 Transportation_{it} + b_2 \ln Pcgdp_{it} + b_3 \ln Green_{it}$$
$$+ b_4 \ln Education_{it} + b_5 Emp_{it} + b_6 \ln Medical_{it} + \mu_{it} \qquad (7-2)$$

其中，$Agglomeration_{it}$ 表示第 i 个地区在 t 时期内的人口集聚水平，可以用常住人口数量表示；截距项 b_i 表示 i 地区的固定效应；$Transportation_{it}$ 表示第 i 个地区在 t 时期的交通运输水平，可以用货物周转里程数来表示；$Pcgdp_{it}$ 表示第 i 个地区在 $Green_{it}$ 时期内的城市经济状况，可以用人均国内生产总值来表示；$Green_{it}$ 表示第 t 个地区在 t 时期内的自然环境状况，可以用绿化覆盖面积来表示；$Education_{it}$ 表示第 i 个地区在 t 时期内的教育水平，可以用普通中学毕业生数来表示；Emp_{it} 表示第 i 个地区在 t 时期内就业水平，可以用年末就业人员来表示；$Medical_{it}$ 表示第 i 个地区在 t 时期内医疗卫生水平，可以用卫生机构人员数来表示；b_1 至 b_6 表示各自代表的解释变量与被解释变量之间的关联程度；μ_{it} 表示研究地区的随机扰动项。最后，为了减少数据的波动和消除可能存在的异方差，并对选取的部分变量采用对数化处理。

（二）数据来源和样本说明

人口集聚的衡量指标有多种，包括人口规模、人口密度、人口集聚度等。常住人口数是最能反映一个城市人口集聚水平的指标。本节在内蒙古统计年鉴以及呼和浩特市统计年鉴、包头市统计年鉴、鄂尔多斯市统计年鉴和乌兰察布市统计年鉴搜集数据，鉴于数据的可获得性，本章使用呼包鄂乌2001—2019年面板数据进行实证分析。

根据表7-8为变量的描述性统计，选取常住人口作为被解释变量来表示人口集聚水平。根据以往研究，经济发展水平、交通状况、教育水平、自然环境状况和医疗卫生水平都是影响城市人口集聚的重要因素，其中，交通便利程度可以反映城市的交通可达性，交通便利可以吸引人群集聚。选取货运周转里程数来表示交通便利状况；选取人均GDP，代表经济发展水平；选取建成绿化覆盖面积代表自然环境状况，衡量地区自然环境居住适宜水平；选取普通中学毕业生数，代表人力资本水平；选取年末就业人员数，代表就业水平，反映产业发展状况；选取卫生机构人员数，代表医疗卫生水平，用来反映当地的公共服务设施水平。

表7-8　　　　　　　　　　变量描述性统计

变量	样本	均值	标准差	最小值	最大值
常住人口	76	5.4386	0.2180004	4.88907	5.748437
货运周转里程数	76	14.08719	1.110375	11.82729	15.77838
人均GDP	76	4.734255	0.0724139	4.637637	4.980176
建成绿化覆盖面积	76	8.395037	0.8470668	5.799093	9.466355
普通中学毕业生数	76	10.46332	0.2919933	9.546741	10.82715
年末就业人员数	76	128.0853	29.18	73.91	180.25
卫生机构人员数	76	9.598668	0.4885544	8.685416	10.53146

注：常住人口、货运周转里程数、人均GDP、建成绿化覆盖面积、普通中学毕业生数和卫生机构人员数均进行对数化处理。

数据来源：笔者自制。

（三）实证研究

为了减少数据的波动和消除可能存在的异方差，所有选取的变量都采用对数化处理（除年末就业人员）。在计量估计之前，需要先对数据进行单位根检验，防止出现伪回归的现象，保证计量估计的有效性。本章使用的数据是平衡面板数据，选取了 Fisher-type tests 检验方法，Fisher-type tests 检验适用于异质面板。本节的估计和检验均使用 STATA/SE 15.1 软件计算。所有变量一阶差分的水平值通过了 1% 水平下的 Fisher-type tests 检验。但进一步检验显示，所有变量的值均通过了 1% 水平下的 Fisher-type tests 检验。同时，变量均通过了协整检验，变量间均存在长期稳定的关系。针对静态面板，本节采用多数文献较为常用的检验结果作为模型选择的依据，采用 Hausman 检验对模型进行选择。由 Hausman 检验的结果表明，应该选择固定效应模型。基于比较，本节最终采用固定效应模型和混合效应模型，估计结果见表 7-9。

表 7-9　　　　　人口集聚影响混合效应模型和固定效应模型估计

变量指标	混合效应模型	固定效应模型
货运周转里程数	-0.024**	-0.020**
人均 GDP	-0.059	0.124
建成绿化覆盖面积	0.047***	0.050***
普通中学毕业生数	0.234***	0.194***
年末就业人员	0.004***	0.004***
卫生机构人员数	0.049	0.083**

注：*、**、*** 分别表示在 10%、5%、1% 的显著水平。

从人口集聚影响模型的混合效应模型和固定效应模型的估计结果来看，选取变量的估计结果的拟合优度较好。根据表7-9，混合效应模型下，货运周转里程数、建成绿化覆盖面积、普通中学毕业生数和年末就业人口数都与常住人口显著相关。其中货运周转里程数与常住人口负相关且高度显著，说明人口集聚在考虑到交通便利之外，也可能会受到环境因素的影响，因为汽车尾气或者噪声污染等对环境质量影响较大，从而影响人们对居住地的选择；建成绿化覆盖面积、普通中学毕业生数和年末就业人员与常住人口正相关且高度显著，说明绿化面积每增加100个单位，会促进5个单位左右的人口向该地区迁入，说明绿色生态宜居城市建设可以吸引人口流入；普通中学毕业生数每增加100个单位，会促进23单位左右的人口向该地区流入，说明人力资源发展对该地区的经济创新起到了不可估量的作用，从而促进城市的发展，实现人口集聚；年末就业人员的增加也会促进该地区常住人口的增加，居住环境更加的适宜、人口质量更加优化以及就业岗位的增加都会促进该地区常住人口的增加。固定效应模型下，货物周转历程数、建成绿化覆盖面积、普通中学毕业生数、年末就业人员和卫生机构人员数都与常住人口显著相关。其中货运周转里程数与常住人口负相关且高度显著，与混合效应模型表现一致；建成绿化覆盖面积、普通中学毕业生数、年末就业人员和卫生机构人员数与常住人口正相关且高度显著，其中卫生机构人员数与常住人口正相关且高度显著，地区医疗卫生水平越完善，人口密集度也会越高。

结合人口集聚影响混合效应模型和固定效应模型分析结果，对各因素分别进行讨论。公共服务供给和产业发展水平。李进华认为，公共服务供给对居民生活满意度具有正向显著影响。公共服务供给可以直接影响居民生活的幸福感。[①] 文化、教育、体育、医疗等公共服务体

---

① 李进华：《公共服务供给何以影响居民生活满意度？——社会公平感的调节效应分析》，《四川行政学院学报》2021年第5期。

系，是人口集聚可持续发展的保障。城市的发展进程中，要完善公共服务的供给，不仅仅是城市的名片，还可以为居民提供适宜的居住环境，保障居民的生活水平日益提高，保持身心愉悦。产业是城市发展的支撑，大量且丰富的工作岗位是人口集聚的形成条件，产业则可以提供这样的条件。产业结构的不断优化升级，可以不断地吸纳更多的劳动力，并且改善人口结构，这对城市的发展起到了不可估量的作用。大量的劳动力又可以称为城市的消费者，为城市的发展添砖加瓦。

总的来看，居住环境适宜度、周边居住人口质量、地区就业水平、医疗卫生状况均对人口的居住选择具有促进作用，经济发展水平还未与人口集聚产生关联，可能是因为呼包鄂乌的经济发展水平还未达到一定水平，此时经济发展暂时不能构成人口居住选择的重要原因，但是会影响人口集聚的发展。呼包鄂乌城市群人口集聚与城市的公共服务状况、产业发展水平、人力资本水平等息息相关，这是符合自然规律的，人们倾向于选择发展前景好、生活环境适宜、创新动力充足的城市居住，城镇化的进程不断加快，城市群对人口的流动作出了巨大的贡献，呼包鄂乌作为内蒙古自治区经济政治产业的中心，会不断地发挥其优势地位，吸引人口的集聚，这是不可阻挡的人口变化趋势。

四　人口集聚的空间关联效应

任何事物都是与其他事物相关，只是相近的事物关联更紧密。人口是流动的，地区之间的人口集聚不是一成不变的，地理距离的远近有助于限制人口流动。考虑到这一因素，公式（7-2）中并没有反映出这一影响，人口集聚可能具有空间关联效应，因此，我们进行下一步的分析。接下来使用 Moran's I 指数来衡量人口集聚的空间关联效应，根据呼和浩特市、包头市、鄂尔多斯市和乌兰察布市的地理距离，构建地理加权矩阵，来测算 2000—2019 年常住人口的莫兰指数，判断是否可以引用空间计量模型进行下一步研究，如图7-1所示。

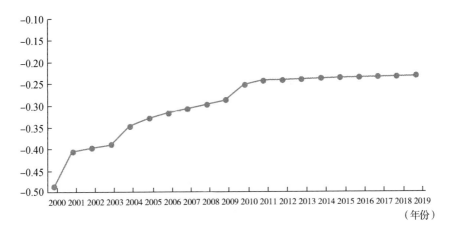

图7-1 呼包鄂乌常住人口莫兰指数

数据来源：笔者绘制。

一个地区的人口集聚会对另外一个地区的人口集聚产生或多或少的影响。2000—2019年呼包鄂乌常住人口莫兰指数为-0.3左右，如图7-1所示，说明呼包鄂乌地区人口集聚呈现空间负相关；但是结果中p值大于0.100，说明呼包鄂乌常住人口的空间关联效应不显著。很有可能是因为我们选择的数据样本较少，我们研究的呼包鄂乌地区，受制于区位影响，呼包鄂乌四个地区并不是彼此相邻。此外，我们所研究的地区较少，这些都可能是结果不显著的原因。但是，并不能否定呼包鄂乌地区之间不存在人口集聚的空间效应。因此我们将内蒙古自治区分为东部、中部和西部以便进行进一步的研究分析。

如图7-2所示，中部地区经济活跃度高，区位优势明显，人口集聚效应显著。2020年内蒙古常住人口，中部地区为1001.54万人，占比41.65%；西部地区常住人口235.77万人，占比9.80%；东部地区常住人口为1167.61万人，占比48.55%。东部地区与中部地区常住人口占比比较大，西部地区人口相对较稀疏，人口集聚态势明显。人口向城市群的流入是多方面因素共同作用的结果，发展是第一要务，人才是第一资源，中部地区和东部地区都具备这一发展要素，但是从时间趋势来看，中部地区更具备发展潜力。

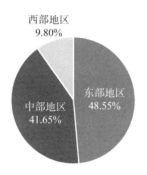

图 7 – 2　2020 年内蒙古常住人口分区占比

数据来源：笔者绘制。

2010 年内蒙古东、中、西部地区常住人口占比情况，如图 7 – 3 所示。与 2020 年相比，西部地区和东部地区常住人口都减少了，占全区的比重分别下降了 0.06% 和 2.74%，而中部地区占全区的比重增加了 2.79%。人口逐渐从西部地区和东部地区向中部地区转移，这是符合发展现状的。城市群是人口与经济的空间形态，是国家新型城镇化的主体，也是国家经济发展战略的核心区。呼包鄂乌作为内蒙古的中心地区，是全区经济文化产业的集中区域，具备经济实力强、就业岗位丰富、人力资本密集等优势，人口集聚效应明显。但是目前与其他城市群相比，人口密度总体上偏低，呼包鄂乌地区及其下面的旗县等联系偏弱。说明呼包鄂乌城市群，人口的集聚还有进步空间。因此，我们需要优化呼包鄂乌城市群人口与经济空间格局，加强呼包鄂乌城市群的空间联动，推动呼包鄂乌城市群向创新型、高效型、可持续型发展，最终实现呼包鄂乌城市群的人口质量、人口结构和人口密度的空间格局优化。人口流入发展进程相对较快的城市群，有助于呼包鄂乌城市群的发展建设，为呼包鄂乌提供源源不断的人口红利，进一步促进呼包鄂乌城市群的发展。下文将对呼包鄂乌地区人口集聚的空间分布进行详细的研究分析。

图 7 - 3　2010 年内蒙古常住人口分区占比

数据来源：笔者绘制。

（一）产业发展与呼包鄂乌人口集聚的影响

近年来呼和浩特市、包头市、鄂尔多斯市和乌兰察布市的产业发展具有后劲优势。呼包鄂乌的产业门类较为齐全，特色产业发展后劲十足，形成了能源、化工、冶金、装备制造、农畜产品加工和高新技术产业六大主导产业，四市之间还具备互补互动和协调发展的有利条件。如图 7 - 4 所示，2015—2019 年呼包鄂乌规模以上工业增加值增速，呼和浩特市和鄂尔多斯市规模以上工业增加值增速呈现下降趋势，其中呼和浩特下降幅度较大；包头市和乌兰察布市规模以上工业增加值增速呈现上升趋势，其中乌兰察布市增长幅度较大。2015 年呼包鄂乌地区的规模以上工业增加值增速相差不大，但是在近五年的时间，各地区的工业发展出现了较为明显的波动。呼和浩特市、包头市和鄂尔多斯市工业增加值增速虽然减缓，但是工业增加值仍然持续增加，乌兰察布市工业增加值则快速增长。总体而言，呼和浩特市、包头市、鄂尔多斯市和乌兰察布的工业水平不断提高。

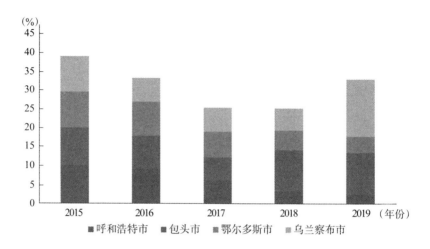

图7-4 呼包鄂乌规模以上工业增加值增速

数据来源：笔者绘制。

2001—2019年呼包鄂乌常住人口变化，如图7-5所示，其中呼和浩特市、包头市和鄂尔多斯市常住人口呈增长趋势，乌兰察布市常住人口呈下降趋势。2020年内蒙古自治区全区规模以上工业中，战略性新兴产业增加值比2019年增长7.2%。工业发展和产业结构对人口集聚的影响不可估量，工业水平的提高可以促进该地区就业岗位的增多，吸引外来人员流入。工业水平的不断提高可以促进产业的集聚，产业的集聚会带来人口集聚，这是互相影响、相辅相成的良性循环。人口集聚大部分是通过人口迁移形成的，迁移的人口往往会选择经济发展相对较好、就业岗位较多、工资收入较多的地区。因此，工业化的发展和产业结构的优化是人口集聚空间分布的重要因素之一。

工业发展推动了产业集聚，产业集聚可以促进城市人口规模和经济发展，推动劳动力、资本、信息等资源整合，实现资源的有效配置，发挥规模经济带来的经济效益，并且也会不断地为人口流入提供岗位和机会，进一步扩大城市的人口规模。目前，呼包鄂乌产业发展状况

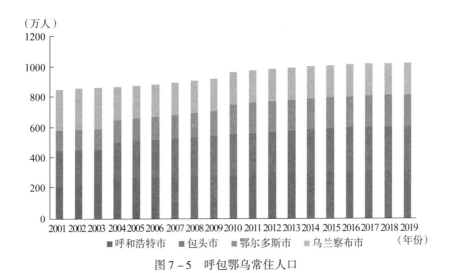

图7－5　呼包鄂乌常住人口

数据来源：笔者绘制。

各有千秋，各盟市都有自己的产业优势，应当优化各地区现有的产业结构，积极推动产业结构转型升级，发挥比较优势，协调联动发展，促进呼包鄂乌产业集聚。

（二）居住适宜与呼包鄂乌人口集聚的影响

环境因素和人口流动彼此间产生双向影响，但环境因素对人口流动的影响程度，学界还未达成统一。伴随着中国高质量发展，生态环境的支撑作用越来越明显。人口集聚产生的生活垃圾导致城市污染加剧，相反城市的污染程度也会影响人口集聚。实证分析结果表明，建成绿化覆盖面积对于常住人口数量起到了高度显著的正向影响，即良好舒适健康绿色的生活环境是助于提升城市对人口的吸引力。

如图7－6所示，2005—2019年呼包鄂乌建成区绿化覆盖面积逐年增加，绿色舒适的生活环境吸引更多的人来城市居住，对于城市的人口集聚起到了不可估量的作用。人口的增加也会促进当地的产业优化发展，产业的优化发展会促进经济水平的提高，从而吸引更多的人力资本，进而不断地吸引外来人口，形成城市的人口集聚。城市建成区绿地建设有利于改善城市环境，优化城市生态系统服务功能，提高居民居住适宜度和幸福感。2005—2019 年呼和浩特市和包头市建成区绿化覆盖面积总体上逐渐增多，呈稳步上升态势，且建成区绿化覆盖面积相近；鄂尔多斯市和乌兰察布市在 2005—2017 年，建成区绿化覆盖面积缓慢增加，2017—2018 年建成区绿化覆盖面积迅速增加，2018—2019 年建成区绿化面积的增加恢复平缓。这些年，呼包鄂乌建成区绿化覆盖面积增加，并且绿化覆盖面积的差距也逐年缩小，都在向着打造生态文明城市发展。2005—2019 年，呼包鄂乌建成区绿化覆盖面积持续并且快速增长，2005 年，呼包鄂乌建成区绿化覆盖面积水平整体较低，在十几年的快速发展中，人们对居住环境的标准也不断变化，建成区绿地覆盖面积与居民需求相关，更与城市发展相关。实证分析显示，建成区绿化覆盖面积与人口集聚正相关并且高度显著，说明 2005—2019 年，建成区绿化覆盖面积的增加对人口集聚作出了一定的贡献，同时也更好地发挥了城市的生态价值。

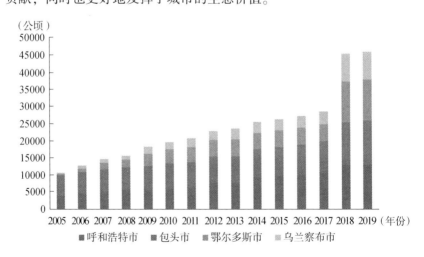

（公顷）

图 7－6 呼包鄂乌建成区绿化覆盖面积

数据来源：笔者绘制。

（三）公共服务与呼包鄂乌人口集聚的影响

医疗卫生水平不仅取决于地区医务人员是否具备一定的医学知识和专业技能，医疗设备以及人力、物力等医疗资源的配置也起到了重要作用。但是由于经济、地理、社会等各方面的原因，医疗资源的配置水平在不同地域以及不同医疗机构之间往往参差不齐。据实证研究结果表明，医疗卫生水平的提高会促进地区人口集聚的现象，人口集聚也可以促进当地医疗卫生水平。近几年，伴随着自治区经济的跨越式发展，内蒙古自治区医疗卫生事业有了良好的发展，城市居民生活质量也得到了大幅度的提升。内蒙古自治区的城市医院、医生和护士人数都有明显增加，医疗卫生软实力也不断增强。

如图 7 - 7 所示，2005—2019 年呼包鄂乌卫生机构人员数不断增加，呈稳步上升趋势。但是与呼和浩特市和包头市相比，鄂尔多斯市和乌兰察布市的卫生机构人员数还有上升空间，在公共服务方面有更大的进步。卫生机构人员数的增加，在一定程度上，代表当地的公共服务水平也在不断提高，会不断吸引周边人口甚至是外来人口的流入，对人口集聚发挥着潜移默化的影响。平等开放的高质量公共服务供给是吸引人口的重要因素。完善的文化、教育、体育、医疗、养老等公共服务体系，是人口集聚可持续发展的保障。医疗水平作为衡量地区公共服务的指标，实证研究表明，其对人口集聚正向作用并且高度显著。这也说明，公共服务水平的不断提高对人口集聚发挥了正向影响，促进了人口的流入。基本公共服务是区域协调发展在民生领域的集中表现，公共服务的不断完善是城市群发展的结果，两者相互促进密切相连。人口问题是一个长期的战略问题，唯有不断改善其影响因素，改进人口政策，缓慢地推进人口质量、人口数量和人口结构的不断完善，才能促进城市人口集聚的空间分布。

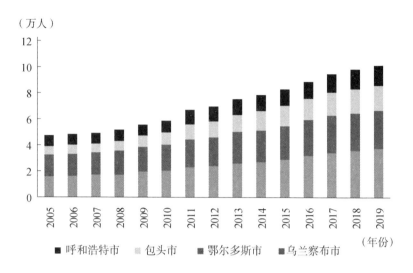

图 7 – 7　呼包鄂乌卫生机构人员数

数据来源：笔者绘制。

（四）人力资本对呼包鄂乌人口集聚的影响

人力资本亦称"非物力资本"，是指劳动者受到教育、培训、实践经验、迁移、保健等方面的投资而获得的知识和技能的积累。人才是第一资源，人力资本对人口集聚有着显著的正向影响。在人口集聚的过程中，人力资本占很大一部分因素。

如图 7 – 8 所示，2005—2019 年呼包鄂乌普通高等学校毕业生数，呼和浩特市所占比重最多，其次是包头市，其中鄂尔多斯市和乌兰察布市普通高等毕业生数占比较少，但是逐年都在增加。呼和浩特市拥有丰富的人力资本，而鄂尔多斯市和乌兰察布市的人力资本匮乏，这对城市地区的经济发展和人口分布有一定的影响。呼和浩特市和包头市属于人口密集区，鄂尔多斯市和乌兰察布市属于人口均值区，与各市区人力资本状况有一定的关系，人力资本水平相对较高的地区，人口较为集聚。人才作为专业化知识和技术的载体，在区域创新和区域发展中扮演着愈发重要的角色。人力资本丰富的呼和浩特，城市的人口集聚也是最为明显的。相比之下，鄂尔多斯市和乌兰察布市对人口的吸引力偏弱。作为内蒙古自治区的核心城市，呼和浩特市、包头市、鄂尔多斯市和乌兰察布市，人力资本的提高可以促进城市的发展，同时城市的不断进步发展可以促进人力资本的提高，为人力资本提供更高的收入、更多的工作岗位、更优质的生活水平等，人力资本所带来的效益是很难量化的。人力资本是人口集聚的重要影响因素之一，这是毋庸置疑的。

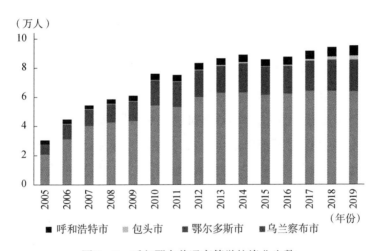

图 7-8　呼包鄂乌普通高等学校毕业生数

数据来源：笔者绘制。

五　小结

使用 2001—2019 年呼和浩特市、包头市、鄂尔多斯市和乌兰察布市面板数据进行分析，对内蒙古自治区呼包鄂乌城市群人口密度变化及空间分布进行研究，首先基于人口集聚度对内蒙古自治区的人口空间集疏程度进行分级评价，然后分别从呼包鄂乌人口数量的时空演变、人口结构的空间演变和人口密度的时空演变对呼包鄂乌城市群人口集聚发展变化进行研究，接着使用模型估计对呼包鄂乌人口集聚影响因素进行实证分析，结合人口集聚的空间关联效应，分别从产业发展、外部环境、医疗卫生水平以及人力资本角度，对呼包鄂乌人口集聚的空间分布进行探讨。研究发现，2001—2019 年呼包鄂乌地区人口总量呈稳步上升趋势，但是乌兰察布市人口总量呈现下降趋势，此外，各城市地区人口数量差距有逐渐扩大的趋势，尤其是呼和浩特市、包头市等，人口总量及其增幅超过其他城市。居住环境适宜度、周边居住人口质量、地区就业水平、医疗卫生状况均对人口居住选择具有促进作用，经济发展水平还未与人口集聚产生关联，可能是因为呼包鄂乌的经济发展水平还未达到一定水平，此时经济发展暂时不能构成人口居住选择的重要原因，但是会影响人口集聚的发展。

根据上述研究结论，为了更好地促进呼包鄂乌人口的高质量发展，针对以上分析提出以下建议。第一，促进人口集聚，发挥积极的人口集聚效应。完善呼包鄂乌城市的基础建设，发挥中心城市功能，不断吸引外来人口流入。人口是城市发展的基础，人口集聚可以为城市的发展带来规模效应，并且实现资源的有效配置，资源配套的完善可以吸引更多的人口，反过来，更多的人口可以促进城市的资源配套的完善。人口集聚与城市发展是相辅相成的，要重视人口集聚，发挥积极的人口集聚效应。

第二，优化产业结构，提高人力资本。近年来，内蒙古自治区经济快速发展，城镇化进程不断加剧，工业化水平不断提高，区域之间联系越来越密切。各城市应根据自身的发展状况和资源优势等，通过分配合理的产业布局，优化产业结构，引导人口合理分布。人力资本是城市发展的基础，因而要提高人口质量，在应对人口老龄化趋势的同时，为城市发展增添活力。

第三，目标长远，保持人口集聚的可持续发展。目前呼包鄂乌各个城市的经济发展水平、产业结构以及居住环境状况各不相同，所以我们要因地制宜，制定符合当地发展的政策。在越来越多人口往城市涌入时，要进行科学的预判并且控制，合理控制区域人口集聚，保证城市的持续高质量发展，实现城市区域发展、环境保护和产业优化之间的良性互动。

第八章　呼包鄂乌城市群经济
适度人口研究

人口是经济社会发展的基础，相适应的人口规模和经济水平能够促进人口与经济的协调发展。呼包鄂乌城市群空间地理位置集中、产业基础较好、区位优势明显，其人口和经济总量分别占内蒙古自治区的40%和60%左右，是内蒙古最具影响力的经济发展优势区。在当前经济增长目标由高速增长转为高质量增长以及放开"三孩"的政策背景下，论证其经济适度人口规模，对于促进呼包鄂乌城市群经济可持续发展，提高人民生活水平具有一定的现实意义。

一　理论及基础

适度人口是一个地区能够承载的人口能力，适度人口数对促进经济发展的作用不言而喻。一个地区若人口规模过大，则会增加地区人口承载压力，人口过多会加重环境的污染，对环境的破坏不利于经济的发展和居民生活水平的提升。一个地区若人口规模过小，则会缺乏劳动力，企业的发展不足以带动当地经济发展。实体经济对于经济的推动作用要大于虚拟经济，虚拟经济的发展要配合实体经济，实体经济发展的一个重要核心就是一定的人口数量，没有足够的劳动者，没有足够的人才不足以发展经济。[①] 适度人口的核心要素是一定区域内的资源环境刚好符合对应人口的需要[②]，与适度人口相关联的是适度经济，适度经济是指人均产量和人均收入水平的合适区间，这样的收入水平能够满足人们正常的生活。[③]

下文将结合 EOP－MM 模型研究内蒙古地区的适度人口，从已有研究的角度看，学者运用 EOP－MM 模型研究生态、资源环境等方面的问题，较少有学者运用此模型分析人口学问题。刘渝琳运用此模型研究中国人口规模与经济发展之间的关系，开创了中国运用 EOP－MM 模型研究人口学问题的先河。[④] 基于以上学者对适度人口的研究基础，本部分从经济发展层面对呼包鄂乌城市群经济适度人口进行测度，并与实际人口规模比较，分析产生差距的原因。

二　EOP－MM 模型介绍

EOP－MM 模型是定量研究方法中的一种，最初由毛志锋在 1995 年提出。这个模型是在可持续发展模型的基础之上建立起来的，基于人口数量、人口结构等因素构建的一种多边拓扑关系模型。构建适度人口模型，要通过人口平衡方程推导，结合生产函数与经济增长方程最终得出，如公式（8－1）所示。

$$p(t) = p_u(t) + p_s^m(t) + p_s^f(t) + p_0(t) \qquad (8-1)$$

其中，$P(t)$ 表示 t 年的人口总数，$P_u(t)$ 表示 t 年未满 18 岁

①　毛志锋：《论适度人口与可持续发展》，《中国人口科学》1998 年第 3 期。

②　陈勇：《基于地区生态足迹差异的生态适度人口研究》，《生态环境学报》2009 年第 2 期。

③　Véron J.，"'La' ThéOrie Générale de la Population Est－elle Toujours une Théorie Générale de la Population?"，*Population*（*French Edition*），1992：1411－1424.

④　刘渝琳：《我国可持续发展中的人口适度规模及预警分析》，《中国人口·资源与环境》2000 年第 2 期。

的人口数，$P_s^m(t)$ 表示男性劳动人口数，$P_s^f(t)$ 表示女性劳动人口数，$P_0(t)$ 表示 65 岁及以上人口数。人力资源如公式（8-2）所示。

$$LS(t) = w_1 p_u(t) + w_2 p_s^m(t) + w_3 p_s^f(t) + w_4 p_0(t)$$
$$+ (1 - w_2) p_s^m(t) + (1 - w_3) p_s^f(t) \qquad (8-2)$$

其中 $LS(t)$ 表示 t 年 18—65 岁劳动人口数，$w_1 P_u(t)$ 表示未满 18 岁劳动人口数，$w_4 P_0(t)$ 表示 65 岁及以上劳动人口数，$w_2 P_s^m(t)$ 表示 18—65 岁男性劳动人口数，$w_3 P_s^f(t)$ 表示 18—65 岁女性劳动人口数，$(1 - w_2) P_s^m(t)$ 和 $(1 - w_3) P_s^f(t)$ 代表待业、就学、伤残或做家务的适龄男女人口。

如果 $L(t)$ 就是 t 年的经济活动人口，则有公式（8-3）。

$$LS(t) = w_1 p_u(t) + w_2 p_s^m(t) + w_3 p_s^f(t) + w_4 p_0(t)$$
$$= 就业人口 + 失业人口 \qquad (8-3)$$

又定义 $NL(t)$ 表示在 t 年社会所有的间接、潜在的劳动力资源，则有公式（8-4）。

$$NL(t) = (1 - w_2) p_s^m(t) + (1 - w_3) p_s^f(t) \qquad (8-4)$$

于是有公式（8-5）。

$$LS(t) = L(t) + NL(t) \qquad (8-5)$$

若令 θ_1 为适龄年龄组中非在业人口占总人力资源比例的参数，则有公式（8-6）。

$$LS(t) = L(t) + \theta_1 LS(t)，也即 L(t) = (1 - \theta_1) LS(t) \qquad (8-6)$$

人均国内生产总值是国内生产总值和人口总量的线性函数，即 $\frac{GDP}{P(t)} = F(GDP, P(t), t)$，国内生产总值 GDP 取决于各产业劳动力的投入 $L_i(t)$（$i = 1, 2, 3$）和相应劳动生产率 $X_i(t)$ 的变化。根据 GDP 等于三次产业产值之和的关系，即 $GDP(t) =$

$\sum\limits_{i=1}^{3}\left[L_i(t)\times\dfrac{Y_i(t)}{L_i(t)}\right]$，$Y_i(t)$ 为第 i 产业的产值，人均国内生产总值为

$\dfrac{\text{GDP}(t)}{L(t)}=\sum\limits_{i=1}^{3}\left[\dfrac{L_i(t)}{L(t)}\times\dfrac{Y_i(t)}{L_i(t)}\right]$，变化方程式左边为 $\dfrac{\text{GDP}(t)}{L(t)}=$

$\dfrac{\text{GDP}(t)}{P(t)}\times\dfrac{P(t)}{L(t)}$，即可以导出公式（8－7）。

$$\frac{\text{GDP}(t)}{p(t)}=\frac{L(t)}{P(t)}\times\sum_{i=1}^{3}\left[\frac{L_i(t)}{L(t)}\times X_i(t)\right] \quad (8-7)$$

根据公式（8－1）到公式（8－7）间的数学关系可以导出经济适度人口规模的理论模型，如公式（8－8）所示。

$$p(t)=p(t_0)\times\left[\frac{y(t_0)}{y(t)}\right]\times\left[\frac{p_u(t)}{p_u(t_0)}\right]^{m_1}\times\left[\frac{p_0(t)}{p_0(t_0)}\right]^{m_2}\times\left[\frac{\text{SHL}(t)}{\text{SHL}(t_0)}\right]^{m_3}$$

$$\times\left[\frac{\theta_1(t)}{\theta_1(t_0)}\right]^{-\frac{LS(t)}{L(t)}}\times\prod_{i=1}^{3}\left[\frac{X_i(t)}{X_i(t_0)}\right]^{D_i} \quad (8-8)$$

其中，$P(t)$ 表示在内蒙古预测的合理人口数，$y(t_0)$ 表示初始年份内蒙古的人均收入，$y(t)$ 表示预期人均收入，$P_u(t_0)$ 表示预估未成年人口数，$P_0(t_0)$ 表示初始年份老年人口数，$P_0(t)$ 表示预测的 65 岁及以上老年人口数，$\text{SHL}(t)$ 表示预测 18—65 岁劳动人口数，$\text{SHL}(t_0)$ 表示初始年份 18—65 岁劳动人口数，$\theta_1(t)$ 表示预测期的适龄人口中非在业人口占人力资源总量的比例参数，$\theta_1(t_0)$ 则表示基期的比例参数。$X_i(t)$ 表示第 i 产业的劳动生产率，幂指数 m_1 至 m_3 分别表示未成年就业人口、老年就业人口、适龄就业人口占经济活动人口的比率，D_i 表示第 i 种产业占 GDP 的比重。

三　测度结果及其解释

（一）参数赋值

呼包鄂乌城市群人口规模 $p(t)$、国内生产总值（GDP）及人均

国内生产总值 $y(t)$ 赋值见表 8−1；第 i 次产业的劳动生产率为 $X_i(t)$，第 i 次产业值占 GDP 比重 D_i，以及综合劳动生产率 $X_t = \dfrac{\text{GDP}}{\text{就业人数}}$ 的赋值见表 8−2；未成年人口 $P_u(t)$ 的统计口径为 0—14 岁人口，劳动适龄人口 $\text{SHL}(t)$ 的统计口径为 15—64 岁人口，老龄人口 $P_0(t)$ 的统计口径为 65 岁及以上人口，以上三种人口所占比例及规模见表 8−3。鉴于数据的可得性，本部分比例数据由内蒙古各年龄段人口占总人口比例代替，各年龄段所占比例与人口规模的乘积为各年龄段人口数量。

表 8−1　　　　　　　呼包鄂乌城市群人口规模、GDP 及人均 GDP

年份	人口（万人）	GDP（亿元）	$Y(t)$（元）	年份	人口（万人）	GDP（亿元）	$Y(t)$（元）
2001	848.8	780.46	9194.82	2011	973.88	6888.17	70729.11
2002	855.39	911.70	10658.30	2012	981.42	7671.73	78169.67
2003	859.98	1189.64	13833.37	2013	990.77	8310.41	83878.26
2004	867.42	1634.55	18843.76	2014	998.22	8678.21	86936.81
2005	873.48	2097.04	24007.85	2015	1004.57	9189.96	91481.54
2006	881.74	2590.81	29382.97	2016	1010.85	9685.75	95817.86
2007	892.97	3275.98	36686.33	2017	1016.39	9287.42	91376.50
2008	905.95	4109.09	45356.66	2018	1018.92	9260.81	90888.49
2009	918.38	4977.95	54203.57	2019	1021.17	9919.38	97137.39
2010	962.02	5797.69	60265.78				

数据来源：《内蒙古统计年鉴》。

表8－2 呼包鄂乌城市群三大产业劳动生产率、综合劳动
生产率及各自占 GDP 比重

年份	$X_1(t)$	D_1	$X_2(t)$	D_2	$X_3(t)$	D_3	X_t
2001	5098.42	0.13	46213.97	0.49	21781.28	0.43	18140.03
2002	5777.35	0.13	53846.46	0.49	25593.99	0.45	20666.45
2003	7327.84	0.11	50869.43	0.44	35501.91	0.52	25694.21
2004	8890.77	0.10	64131.45	0.41	43620.11	0.49	34731.01
2005	9623.02	0.08	79751.23	0.44	52594.72	0.48	43246.81
2006	11517.57	0.08	94328.58	0.45	67498.52	0.48	54462.04
2007	13252.52	0.07	121603.68	0.45	81977.92	0.48	68126.08
2008	16618.52	0.07	156866.19	0.47	93950.81	0.47	84207.77
2009	17333.89	0.05	189242.34	0.48	108981.11	0.47	100382.09
2010	21056.93	0.06	207649.42	0.48	117369.64	0.46	112393.16
2011	25242.74	0.06	241930.47	0.49	131601.22	0.45	130420.65
2012	27621.57	0.05	271416.29	0.50	140287.35	0.44	143014.53
2013	30500.83	0.05	288849.49	0.49	149189.73	0.45	153071.52
2014	30238.34	0.05	297650.77	0.48	154580.22	0.47	156575.67
2015	29782.42	0.05	305546.25	0.46	167211.83	0.49	164948.86
2016	28749.20	0.04	314644.43	0.46	175214.52	0.50	172473.18
2017	31562.99	0.05	275567.69	0.42	178902.93	0.53	163978.53
2018	29021.80	0.05	281446.75	0.43	174809.39	0.52	162804.53
2019	31065.94	0.05	299538.04	0.43	184297.62	0.52	173234.01

数据来源：笔者自制。

表 8 - 3　　　　　　　呼包鄂乌城市群人口自然结构及规模

年份	0—14 岁		15—64 岁		65 岁及以上	
	比重(%)	人数(万人)	比重(%)	人数(万人)	比重(%)	人数(万人)
2001	0.21	174.84	0.73	602.27	0.05	43.88
2002	0.19	161.09	0.73	606.44	0.07	58.98
2003	0.18	151.34	0.74	615.07	0.08	63.39
2004	0.17	142.63	0.75	628.47	0.07	62.27
2005	0.17	142.13	0.75	624.97	0.08	66.09
2006	0.16	137.46	0.76	643.85	0.08	66.02
2007	0.16	135.50	0.76	657.63	0.08	70.53
2008	0.15	130.52	0.77	674.30	0.08	71.02
2009	0.14	126.12	0.77	685.28	0.08	74.96
2010	0.14	124.99	0.78	695.35	0.08	67.16
2011	0.14	122.70	0.79	712.56	0.07	61.81
2012	0.14	123.69	0.78	698.85	0.08	70.31
2013	0.14	123.13	0.78	696.75	0.09	76.63
2014	0.14	121.28	0.77	689.71	0.09	83.47
2015	0.13	116.81	0.77	691.49	0.10	85.40
2016	0.13	114.87	0.78	697.96	0.09	84.72
2017	0.14	121.83	0.76	680.14	0.11	97.50
2018	0.13	119.87	0.77	694.11	0.12	104.58
2019	0.13	117.98	0.77	695.34	0.10	92.34

数据来源：《内蒙古统计年鉴》。

适龄非在业人口指处于劳动年龄（18—65 岁），但因各种原因导致无劳动报酬或收入的群体。对适龄人口中非在业人口占总人力资源的比率 $\theta_1(t)$ 的赋值见表 8 - 4。法律规定企业或用人单位不得雇用未成年人作为劳动者，因此，可以视为呼包鄂地区无未成年劳动者，故 m_1 取 0。

根据马忠东等[①]的预测分析，2000 年、2005 年、2010 年、2015 年中国老年人口劳动参与率分别为 25%、20.8%、18.7%、18.2%，平均水平为 20.675%，据此来推算呼包鄂乌城市群老年在业人口占经济活动人口的比率 m_2。由 $m_1 + m_2 + m_3 = 1$ 得 $m_3 = 1 - m_1 - m_2$。上述其他参数的具体赋值见表 8 - 4。

表 8 - 4　　　　　　　其他参数赋值表

年份	$\theta_1(t)$	m_2	m_3	$\dfrac{LS(t)}{L(t)}$
2001	0.29	0.02	0.98	1.40
2002	0.28	0.03	0.97	1.38
2003	0.26	0.03	0.97	1.33
2004	0.26	0.03	0.97	1.34
2005	0.23	0.03	0.97	1.30
2006	0.27	0.03	0.97	1.36
2007	0.28	0.03	0.97	1.37
2008	0.28	0.03	0.97	1.39
2009	0.29	0.03	0.97	1.39
2010	0.26	0.03	0.97	1.35
2011	0.26	0.02	0.98	1.35

---

① 马忠东、吕智浩、叶孔嘉：《劳动参与率与劳动力增长：1982—2050 年》，《中国人口科学》2010 年第 1 期。

续表

年份	$\theta_1(t)$	m_2	m_3	$\dfrac{LS(t)}{L(t)}$
2012	0.23	0.03	0.97	1.29
2013	0.23	0.03	0.97	1.28
2014	0.20	0.03	0.97	1.25
2015	0.20	0.03	0.97	1.24
2016	0.38	0.25	0.75	1.46
2017	0.18	0.03	0.97	1.21
2018	0.19	0.04	0.96	1.23
2019	0.18	0.03	0.97	1.22

数据来源：笔者自制。

（二）测度结果

由上述统计及计算，运用 EOP – MM 模型，以 2001 年为基期的呼包鄂乌城市群 2002—2019 年经济适度人口规模见表 8 – 5。

表 8 – 5　　以 2001 年为基期的 2002—2019 年呼包鄂乌城市群
适合于经济发展的适度人口规模

年份	$P(t)$（万人）	实际人口规模（万人）	差额（万人）	年份	$P(t)$（万人）	实际人口规模（万人）	差额（万人）
2002	886.37	855.39	– 30.98	2011	756.44	973.88	217.44
2003	850.34	859.98	9.64	2012	763.28	981.42	218.14
2004	769.98	867.42	97.44	2013	760.06	990.77	230.71
2005	743.13	873.48	130.35	2014	765.55	998.22	232.67

年份	$P(t)$ (万人)	实际人口规模 (万人)	差额 (万人)	年份	$P(t)$ (万人)	实际人口规模 (万人)	差额 (万人)
2006	739.27	881.74	142.47	2015	770.43	1004.57	234.14
2007	746.96	892.97	146.01	2016	693.50	1010.85	317.35
2008	743.65	905.95	162.30	2017	774.97	1016.39	241.42
2009	743.71	918.38	174.67	2018	783.96	1018.92	234.96
2010	757.65	962.02	204.37	2019	776.43	1021.17	244.74

数据来源：笔者自制。

本部分人口规模所用数据为呼包鄂乌四市常住人口数，由测算结果可以发现，呼包鄂乌城市群 2002—2019 年的人口发展与经济发展在一定程度上不相适应，经济适度人口规模总体上明显低于实际人口规模，且差额逐年增加，说明呼包鄂乌城市群人口压力较大。

（三）测度结果分析

如图 8-1 所示，呼包鄂乌城市群适于经济发展的人口规模总体偏低，且与实际人口规模的差距呈逐年增大趋势。2002—2019 年呼包鄂乌城市群经济适度人口规模应在 693.50 万人至 886.37 万人，年均适度人口规模为 768.09 万人。实际人口规模逐年增长，从 2002 年的 855.39 万人增长到 2019 年的 1021.17 万人，年均人口为 946.31 万人。从年均人口数来看，呼包鄂乌城市群经济适度人口规模与实际人口规模存在较大差距，经济适度人口规模小于实际人口规模，人口发展不适应于经济发展，人口规模、质量、结构与产业结构和就业人口的产业分布不合理。

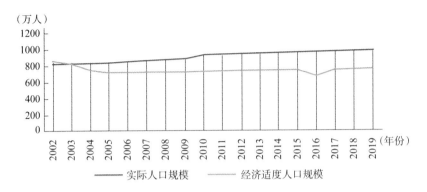

图 8－1　2002—2019 年呼包鄂乌城市群经济适度人口与实际人口规模比较

数据来源：笔者绘制。

综合分析呼包鄂乌城市群人口结构、就业结构、产业结构等要素，可见呼包鄂乌城市群经济适度人口规模与实际人口规模存在差距的原因如下。

第一，产业结构层次不合理。2002 年以来呼包鄂乌城市群三大产业产值占 GDP 比重变化较大，相比较而言，呼包鄂地区农业相关企业产值同比增速下降，工业有关企业产值同比增加但变化幅度不大，服务业企业的产值同比增速较快。2021 年内蒙古自治区产业结构为 10.8 : 39.6 : 49.6，呼包鄂乌城市群产业结构为 5 : 43 : 52。从劳动生产率角度看，呼包鄂乌城市群第二产业产值增速最高，第一产业最低，第三产业居中，呼包鄂乌地区第三产业从业人数占就业总人口近半数，所以若提高第三产业劳动生产率，城市群经济将有大幅度增长，也将因此缩小经济适度人口和实际人口规模的差距。

第二，劳动力结构转换水平低。呼包鄂乌城市群农业企业从业人员数量逐年下降，占比约为劳动力总数的 25%；工业企业劳动力产值增速平稳，服务业的产值增速最快。三大产业相比，农业的补贴金额最高，但产出比最低，这表明呼包鄂乌地区农业的产出比较低，这样的低效率导致损失大量的资金投入。

第三，人口素质偏低且教育发展不平衡。根据"七普"数据，呼包鄂乌城市群受过高等教育的人口占比较低，与中国发达省份有较大差距。且城市群内部教育发展不均衡，呼和浩特市 15 岁及以上人口平均受教育年限为 11.3 年，受教育程度较高，包头市和鄂尔多斯市介于 10—11 年，乌兰察布市仅为 9.03 年。总体来讲，呼包鄂乌城市群相对中国东部地区城市群而言，人口素质偏低。

第四，人力资源且老龄化问题加剧。2001—2019 年，城市群人口自然结构变化明显。劳动适龄人口增加，0—14 岁人口占比减少，65 岁及以上人口占比逐年增加，由 2001 年的 5% 增加到 2019 年的 10%，人口老龄化进程较快。劳动人口增加以及老龄化加剧拉动了经济活动人口增长，降低经济适度人口规模。

四　小结

根据上述研究结论，为保障呼包鄂乌城市群人口与经济社会协调发展，必须制定合理的人口和经济发展政策，可以从控制实际人口和提高经济适度人口两方面着手来缩小二者差距。但在中国鼓励生育的大环境下以及近年来"二孩""三孩"政策的接连实施，制定控制或减少实际人口的政策变得几乎不可行。

第九章　呼包鄂乌城市群人口规模、人口结构、人口质量的影响因素分析

一　呼包鄂乌城市人口规模、人口结构和人口质量的影响因素

人口规模与地区经济发展相适应，既可以促进社会资源分配，也可以对人力资本、人口年龄结构等一系列人口因素带来改善，进而稳定经济发展结构。一直以来，人口现状及人口问题都是研究者们关注的重点，特别是研究人口因素对区域经济发展的支撑作用。马尔萨斯在《人口原理》中提出了人口按几何基数增长的观点，为多少人口数量或多大人口规模对地区发展最有利的思考奠定了基础。[1] 在地区经济发展的要求下，探讨该地区的人口规模、质量等人口现状是难以回避的话题。

为推动内蒙古地区经济可持续发展，就要求人口规模与经济发展相协调，就必须研究与该地区相适应的人口规模和人口增长率。呼包鄂乌地区是内蒙古自治区的政治中心、工业中心和资源富集地区。21世纪以来，呼包鄂乌地区通过高速的经济发展，促进了内蒙古自治区

---

① 李仲生：《人口经济学学说史》，世界图书出版社 2013 年版，第 120 页。

的经济发展，乌兰察布市是内蒙古的交通枢纽，承担着交通运输中心点的作用。良好的人口分布能够促进经济的发展和社会的稳定，因此本章仔细分析了呼包鄂乌城市群人口规模、人口结构、人口质量的影响因素，探究了影响人口的因素和其中的机理。

（一）人口规模影响因素

1990 年伊始呼包鄂地区的户籍人口数逐年增加，但乌兰察布市的户籍人口数趋于稳定，在 2008 年时略有上升但 2011 年以后呈递减趋势。四城市相比而言，乌兰察布市拥有最多的户籍人口数但户籍人口数逐年下降，鄂尔多斯市拥有最少的户籍人口数但呼包鄂地区户籍人口逐年增加。出现这样的现象有以下几个原因。

一是呼包鄂地区地理位置优越。呼包鄂乌地区气候适宜，虽然不如南方那样四季如春，但相对于内蒙古其他地区而言适宜居住。呼包鄂地处河套平原，地势平坦，素有"塞上米粮川"之称，这是呼包鄂地区户籍人口增加的原因之一。

二是呼包鄂地区交通便利，距离首都北京较近，有京包—包兰铁路线等；呼包鄂是内蒙古的政治经济中心，因而有大量的人口落户于此，导致呼包鄂地区户籍人口数逐年上升。

根据中国科学院资源环境科学与数据中心的数据以及柴洋洋的研究发现，2000—2015 年内蒙古自治区年均气温的空间分布格局变化不大。[1] 呼包鄂乌地区的年均温度比内蒙古自治区的东北部更高，由于年平均温度与人口规模呈正相关，因而呼包鄂乌地区的人口密度理论上要高于内蒙古自治区东北部。

如图 9－1 所示，1999—2019 年呼包鄂乌地区卫生机构人员数逐

---

① 柴洋洋：《内蒙古自治区人口分布时空变化特征及其影响因素研究》，硕士学位论文，内蒙古大学，2020 年。

年增加。医疗卫生水平影响人们的生活质量，医疗对经济的影响也是学者们关注的重点问题，唐丽娜研究发现，卫生支出对提升经济增长质量具有显著的作用。① 相对而言乌兰察布的医疗卫生水平较低，这是导致乌兰察布地区常住人口、劳动人口较低的原因之一。作为首府城市的呼和浩特市拥有全区最优质的医疗服务和医疗水平，这是提升居民生活质量最重要的因素，所以呼包鄂城市的户籍人口数逐年增加。

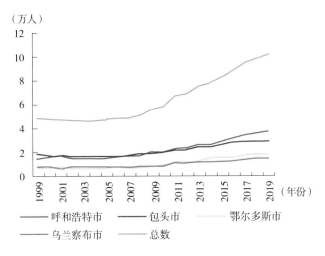

图 9 - 1　呼包鄂乌地区卫生机构人员

数据来源：笔者绘制。

乌兰察布市的户籍人口数变动不大，但常住人口自 2003 年以来逐年降低，暴露出乌兰察布市人口流失的问题。乌兰察布市人口、人才流失是抑制乌兰察布市经济发展的重要原因。乌兰察布市无论在 GDP 总量还是在分产业 GDP 变动上都处于较低水平。2002 年前后，乌兰察布市以发展第一、第二产业为主，促进乌兰察布市经济发展；在 2003

---

①　唐丽娜：《卫生支出对经济增长质量的影响研究——基于省际面板数据的实证检验》，《华东经济管理》2020 年第 8 期。

年以前乌兰察布市总体经济发展水平位居前列。这期间乌兰察布市的常住人口还处于较高水平，但随着时间的推移，呼包鄂地区的三大产业飞速发展，尤其是鄂尔多斯市在2005—2010年，以房地产为代表的第三产业高速发展，带动整个呼包鄂地区经济发展，吸引大量人口向呼包鄂地区迁移甚至工作。

（二）人口结构影响因素

影响人口结构的重要因素就是当地的就业水平和经济发展情况，因而不同城市的产业发展情况、劳动力市场就业情况会影响不同地区的人口结构。近几年呼包鄂城市群就业人数呈上升趋势，乌兰察布市的就业人数在2001—2010年有较大幅度的下降，2010—2019年有小幅度的上升但基本保持水平。四城市相比较而，从第一产业就业人数视角来看，乌兰察布市最多。虽然在2001年开始有所下降，但四城市相比较，乌兰察布市第一产业就业人数仍处于较高水平。呼包鄂地区第一产业就业人数逐年下降，第二、第三产业的就业人数逐年上升，其中呼和浩特市第二产业就业人数增加最快，从第三产业就业人数增速来看，包头市最快。体现了呼和浩特市和包头市发展重心的区别，呼和浩特市是内蒙古工业的中心，包头固有"钢铁之都"的美誉，因而为了缓解钢铁产业对城市的污染，包头市不断提高城市绿化水平，快速发展服务业。总体而言，影响人口结构的因素有以下几点。

三大产业就业人数分布不均是致使呼包鄂乌不同城市人口结构不同的重要原因。第二、第三产业的发展能充分带动当地经济的发展，乌兰察布市第二、第三产业发展程度较低因而经济发展前景较差，导致大量人口外流。呼包鄂地区的第二、第三产业发展良好吸引不同地区的劳动者转移到此，增加了劳动力人数。

不同的人口红利模式决定了地区拥有不同的人口结构。David

E. Bloom于1998年提出了人口红利相关概念，即人口转变过程中劳动年龄人口的增长速度超过总人口增长速度的特定阶段中，由于劳动年龄人口比例的增加而导致人均产出水平的增加。人均产出增加加快经济增长速度，从而导致外来人口增加，改善人口结构。但他们同时也认为，这种人口转变带来的仅是一种增长潜力，这种潜力能否成为现实需要则由多种因素共同作用。内蒙古地区人口结构的转变将导致未来老年抚养比攀升，但老年人会通过多种途径达到增加人均工资的目的，同时还会刺激储蓄增长。从这个角度来说，第一人口红利是暂时的，第二人口红利是持续的。

根据表9-1的结果发现，内蒙古地区老年人比重逐年增加，0—14岁人口比重逐渐下降，标志着内蒙古地区进入老龄化阶段，老年人口比重较高进入常态化阶段。按照第二人口红利理论，呼包鄂乌地区的人口政策逐渐偏向适宜老年人生活的政策，生活保障、养老金水平都有显著改善。这样的政策扶持和第二人口红利的影响造成了呼包鄂乌的人口结构现状。

表9-1 内蒙古分年龄人口比重

年份	0—14岁		15—64岁		65岁及以上	
	人数（万人）	比重（%）	人数（万人）	比重（%）	人数（万人）	比重（%）
2010	347.84	14.07	1937.45	78.37	186.89	7.56
2011	342.23	13.79	1950.87	78.61	188.61	7.60
2012	338.87	13.61	1958.02	78.64	192.96	7.75
2013	335.68	13.44	1965.37	78.69	196.56	7.87
2014	335.90	13.41	1965.02	78.45	203.89	8.15
2015	330.96	13.18	1965.39	78.27	214.69	8.55

续表

年份	0—14 岁		15—64 岁		65 岁及以上	
	人数(万人)	比重(%)	人数(万人)	比重(%)	人数(万人)	比重(%)
2016	330.89	13.13	1964.19	77.94	225.05	8.93
2017	341.11	13.49	1936.41	76.58	251.09	9.93
2018	338.29	13.35	1930.64	76.19	265.05	10.46
2019	335.98	13.23	1923.46	75.74	280.11	11.03

数据来源:《内蒙古统计年鉴》。

城市是城镇化发展中的主体形态,随着城镇化率及工业化率快速提升,城乡人口流动日益频繁,深刻地改变着呼包鄂乌地区的经济发展层次和格局。随着呼包鄂乌地区经济的发展,城市化水平日益上升,城乡人口流动频繁,各种因素共同影响着内蒙古人口结构的变化。个人需求也会影响人口结构的变化。基于马斯洛需求理论观察人口流动的原因,需求可以分为五个层次,生理需求、安全需求、社交需求、尊重需求和自我实现需求。现有研究表明,有50%以上的流动人口与所在地区居民能进行良好的沟通,并认为所在地区居民拥有较好的素质并愿意留在当地生活。依据马斯洛需求理论,第四以及第五需求很难被满足,但就我国目前情况来看,大多数流动人口的第四、第五需求得到了满足,这为促进人口流动起到了推动作用。居民需求被满足是行为的先决因素,因此人的不同需求也影响着城乡人口结构的变化。城市化快速发展,导致呼包鄂乌地区经济发展不平衡,进而使得各区域人口流动频繁。尤其是随着户籍制度等约束逐渐宽松使得阻碍城乡人口流动的壁垒得以破除。现有研究表明,中国除港澳台之外,31个省份之间都出现了大规模的人口流动,不仅有城市之间的人口流动,还有城乡之间的人口流动。

根据表 9 – 2，2015—2019 年呼包鄂乌常住城镇人口逐渐增加，但增幅不同；呼包鄂乌的常住农村人口呈下降趋势。一方面，体现了四城市城市化的发展，相比较而言，乌兰察布市的农村人口较多，包头市的农村人口最少。包头市的城市规划，城市中植被的覆盖适宜人们居住。另一方面，体现出呼包鄂乌地区城乡之间的人口流动，在人口流动趋势不断加强的背景下，人口流动也会对城市治理产生部分负面影响。比如人口流动造成了本地居民的就业压力以及流动人口本身的就业压力增大，流动人口子女教育资源的短缺，流动人口医疗保险、社会保障服务不完善，城市基础福利建设跟不上人口扩张的速度，城市住房紧张以及房价上涨，交通拥挤，环境污染等一系列问题。

表 9 – 2 　　　　　　　　　呼包鄂乌常住城乡人口　　　　　　　　（单位：万人）

年份	常住城镇人口				常住农村人口			
	呼和浩特	包头	鄂尔多斯	集宁	呼和浩特	包头	鄂尔多斯	集宁
2015	206.5	233.85	149.55	95.81	99.50	49.08	54.96	115.9
2016	210.7	237.09	151.15	98.34	98.22	48.66	54.38	112.79
2017	215.2	239.65	153.19	103.04	96.30	48.12	53.68	107.21
2018	218.3	241.41	154.82	104.26	94.30	47.46	53.02	105.35
2019	221.0	243.11	156.74	106.12	92.70	46.58	52.02	102.9

数据来源：《内蒙古统计年鉴》。

呼包鄂乌人口流动呈以下趋势。第一，人口流动规模呈现不断扩大的趋势；第二，人口流动呈现由其他地区向呼包鄂单向流动的特点；第三，流动人口的主体是青年人，从流动人口的性别比看，男性流动人口远大于女性；第四，流动人口的受教育年限程度越来越高，经济发达地区吸引的大多数是高学历人才；第五，从三产业划分的视角看，流动人口第二产业就业人数最多，其次为第一产业和第三产业。人口迁移的确带动了迁入地区经济的发展，人口的频繁流动，一方面对流入地区劳动力数量产生积极影响；另一方面也会对流出地区劳动力数量产生负面影响，这导致劳动力资源在不同地区得到了重新分配。人口流动程度的加深表明劳动力市场的调节作用逐渐加强。收入差距、迁入迁出人口总数等因素对不同地区人口迁移的影响程度各不相同，具有其独特性。不同地区城乡人口流动，反映了人口结构的变动。人口的迁移改变了地区的人口结构，即人口总数对人口迁移具有显著的作用。具体而言，迁出地人口的推动力作用在农村到城市的迁移模式中表现得最大，当迁出地人口增加1%时，流入迁出地城市的人口将会增加1.162%。同时，降雨量、地形和温差等自然环境也会对人口迁移产生至关重要的影响。例如，迁移距离越长、迁移成本越高则迁移人口数量越少，这与现有的人口迁移模型结论一致。在农村到农村的迁移模式中，人口迁移数量对距离的弹性较大，也就是说在这种迁移模式下的人们对迁移成本更敏感，两地距离增加1%，人口迁移量将减少1.446%，这种对迁移成本的敏感是基于自身现有的经济水平形成的。关于教育水平对人口结构的影响，在控制其他因素影响的情况下，城市的平均受教育水平往往是人口迁移考虑的重要因素之一，人们选择迁入适合自己受教育水平的城市，因为教育程度不匹配不利于人力资源合理分配。流动人口大多选择第二产业进行就业，其次是第三产业，而选择去农业部门就业的人较少，说明第二、第三产业依然是吸收流动劳动力的主力。

（三）人口质量的影响因素

个体素质与社会素质构成人口素质综合，同时个体素质又包括生理素质以及心理素质。年龄结构、性别和职业结构等方面均是人口素质的体现，一个地区的平均人口素质取决于两个方面。第一，人均素质的高低；第二，不同素质人群的结构比例。文化素质对个人素质起着决定性作用，即文化素质是衡量人口质量的重要指标。例如，受高等教育的人数占总人口的比例、文盲率、科研人员的比重、人口的平均受教育年限等。

教育水平对人口素质的影响不但有金钱回报，还有非金钱回报。学界对大学教育的非金钱回报的研究有很多，如健康、婚姻、犯罪、儿童表现、储蓄、消费，Cutler 和 Lleras-Muney 也给出了受教育水平与健康状况呈正相关。[①] 大学教育的影响可延伸至下一代，Currie 和 Moretti的研究表明，母亲受教育程度越高，新生儿越健康。[②] 另外有证据表明，大学教育能够提高女性结婚和获得孕期护理的可能，降低女性吸烟的可能。大学教育还会提高消费、储蓄等，总体来说，增加了教育回报。

呼和浩特市无论是高等学历毕业人数还是中学毕业生人数都是四个城市中最多的，体现了呼和浩特市的人才培养能力，众多的高等人才会促进呼和浩特市经济的发展。原因在于，呼和浩特市是内蒙古的政治、文化中心，呼和浩特市有全内蒙古最多的高等院校，中学数量也位居前列，所以呼和浩特市的人口质量与内蒙古其他地区相比较高。包头市排名第二，这与包头市重视人才的发展战略息息相关。另外，生活环境亦影响人口质量。

随着经济高速发展，物质生活不断丰富，与安全相关的概念被拓展，并应用于众多领域。人类是否能在良好的环境中安全生活影响着

[①] Cutler D. M., Lleras – Muney A., "Education and Health：Evaluating Theories and Evidence", National Poverty Center Working Paper Serie, National Poverty Center, University of Michigan, 2006.

[②] Currie J., Moretti E., "Mother's Education and the Intergenerational Transmission of Human Capital：Evidence from College Openings", *The Quarterly Journal of Economics*, 118（4）, 2003：1495 – 1532.

人口规模的大小，人类安全概念的提出，凸显了作为个体的"人"的安全，关心个人的权利以及福利。中国目前正处于经济由高速发展阶段向高质量发展阶段，某些地区粗放式地高速发展经济，工业在急剧扩张的同时也产生了污染问题。例如，经济发展过程中，高投入、高耗能、高污染、低效率的粗放型经济增长方式依然占据主导位置，而且伴随经济高速增长而逐渐显现的不协调、不平衡、不和谐、不安全等弊端日益严重。这种粗放型模式影响人们的生活环境，对人口规模的大小造成影响。

　　一地区能容纳的最大人口数量由该地区的环境承载力所决定。人类生存活动主要依靠环境支撑。此环境支撑主要有包括自然环境承载体和人造环境承载体。具体而言，第一环境承载体包括空气、水等，第二环境承载体主要包括社会物质技术基础、经济实力、共用设施和交通条件等。人虽然是社会生活的主题，但其生产、生活无不受到周围环境的制约。当人口总量、人均消费水平、社会经济密度和生产强度，在环境承载能力的范围之内时，社会经济就能顺利发展，人口总量也能逐年增加；反之，社会经济发展受阻，人口因为自然灾害和疾病等原因逐渐减少，人口规模逐渐改变，人口结构、人口质量也随之变化。

　　环境承载能力与人口发展协同度随着社会生产力的变化而变化。随着社会的发展、技术的进步，人们对资源的开发利用程度不断提高，此区域的环境承载力将逐渐提高。但就国家经济发展历程而言，在现代化的初级阶段，环境承载力提高的速度往往低于维持人口快速发展所需要的速度，从而导致单位环境"超载"，所能承受人口数量的能力降低，进而导致资源分配不均等问题。只有到了现代化建设的高级阶段，环境承载能力提高的必要条件为科学技术进步。环境安全是人类发展的基石，环境污染来自人类的日常生活，同时也反作用于人类生活。某一特定区域内人口数量增加，则所需求的生活用品总量也会随之增长，就必然要求进行大量的生产才能满足人们的需要。当人类生产、生活产生废弃物的速率超过了自然环境自净的速率，环境污染随之而来。在某一时期，某一特定区域内的环境污染总量等于人均污染产生量乘以人口总量，并且各类污染还有加权效应。两者之间呈现指数变化。

自然资源是人类生存的基础，人类发展需要良好环境的护航。通过调研发现，呼包鄂乌四城市绿化面积逐年增加，呼和浩特市绿化面积增速最快。包头市紧随其后，在 2019 年时呼和浩特市和包头市的绿化面积趋于相同。乌兰察布市的绿化面积最少，相比较而言，乌兰察布的城市化水平较低，城市绿化水平不高，居民生活的幸福感受到影响，人口规模与其他城市相比较低。包头市的工业发展比较成熟，钢铁产量位居前列，因而包头市货物周转公里数最高，但近几年因为钢铁发展不景气的原因，货物周转公里数急剧下降。其次是鄂尔多斯市，这反映了包头市和鄂尔多斯市工业的发展和交通运输业的发展程度。交通的便利有利于居民生活，各种生活物资的运输、居民出行的便利程度都是影响不同城市人口规模的因素。以上所讨论的人口规模、人口结构、人口质量的影响因素，四城市基本相同，不同城市的影响程度虽然有所差异，但不显著，可视为无差异。

二 呼包鄂乌城市群人口规模、人口结构和人口质量影响因素地理加权回归分析

人口问题是影响人类社会当前和未来生存发展的重大战略问题，关乎国计民生。[①] 近百年来，随着城市化进程的快速推进和人口的持续增长，人类活动导致的温室气体浓度升高对气候产生了显著影响，使

---

① 翟振武：《跨世纪的主题——第二届全国人口、资源、环境与发展学术研讨会综述》，《人口研究》2000 年第 1 期。

全球环境面临巨大挑战。[1] 气候变化对人类生活生产、社会经济发展和国际安全形势产生重大影响。中国作为世界人口总数居前的国家，在促进经济发展的同时，也需要密切关注人口发展趋势。自21世纪以来，中国城镇人口比重上升约13个百分点，2011年城镇人口首次超过农村人口。综上，合理制定发展规划，对促进地区可持续发展具有重大理论和实践意义。

本节通过对影响呼包鄂乌地区人口规模、人口结构、人口质量的因素进行地理加权回归分析，研究影响内蒙古城市群人口数的原因。由于数据可得性等原因，本节用城乡人口比作为人口结构的衡量变量；运用各地区高等学校毕业生人数作为人口质量的衡量变量；运用各市常住人口总数作为人口规模的衡量变量。运用建成区绿化覆盖面积（公顷）作为衡量环境对人口的影响变量；交通对人口的影响用货物周转里程数（万吨/公里）变量进行衡量；用规模以上工业增加值增速衡量产业发展对人口的影响。

根据对莫兰指数的测算，发现无论是人口结构、人口规模、人口质量都呈现空间扩散的态势，见表9-3。但人口规模、人口结构的莫兰指数不显著，不能使用空间计量模型，人口质量在10%的显著性水平下显著，可以运用网络化空间结构模型。

表9-3　　　　　　人口结构、人口质量、人口规模莫兰指数

时间	人口结构		人口质量		人口规模	
	莫兰指数	P 值	莫兰指数	P 值	莫兰指数	P 值
2010	-0.660	0.146	-0.695	0.065	-0.642	0.174
2011	-0.669	0.149	-0.694	0.067	-0.651	0.170

---

[1]　封珊：《全球气候变化及其对人类社会经济影响研究综述》，《中国人口·资源与环境》2014年第14期。

时间	人口结构		人口质量		人口规模	
	莫兰指数	P 值	莫兰指数	P 值	莫兰指数	P 值
2012	− 0. 662	0. 156	− 0. 697	0. 062	− 0. 651	0. 173
2013	− 0. 661	0. 159	− 0. 696	0. 060	− 0. 654	0. 170
2014	− 0. 671	0. 152	− 0. 697	0. 063	− 0. 654	0. 172
2015	− 0. 666	0. 158	− 0. 696	0. 064	− 0. 653	0. 174
2016	− 0. 665	0. 160	− 0. 693	0. 063	− 0. 652	0. 176
2017	− 0. 666	0. 161	− 0. 696	0. 064	− 0. 652	0. 176
2018	− 0. 665	0. 161	− 0. 697	0. 064	− 0. 651	0. 176
2019	− 0. 667	0. 159	− 0. 700	0. 063	− 0. 651	0. 177

数据来源：笔者自制。

城市群人口与经济空间网络结构是各地区相互联系在区域空间内的客观反映，是各种影响因素的交互作用形成的辐合力驱动这一过程的实现，并通过各种因素影响力度的改变推动人口与经济网络空间结构的优化。选择产业结构变动、资本市场发育程度、市场经济发育程度、政府作用、教育水平和医疗水平作为影响呼包鄂乌城市群人口空间异质性分析的变量，代入 QAP 分析中。

QAP 分析中的关系数据来自各变量节点间的差值。因此，系数为正表明差值越大，对网络空间结构的紧密型促进作用越大；系数为负表示差值越大，对网络空间结构的紧密型阻碍作用越大，见表 9 - 4。

表 9-4   QAP 相关及回归结果

指标	QAP 相关	QAP 回归	QAP 相关	QAP 回归
产业结构	0.056	—	0.044	—
资本市场	−0.038	—	−0.068**	−0.094***
市场经济	0.149**	0.146**	0.119**	0.15**
政府作用	0.136***	0.001*	0.116**	0.063
教育水平	−0.081***	−0.093***	−0.082***	−0.088***
医疗水平	−0.049	—	0.031	—
经济发展	0.135***	0.006	0.114**	−0.091

注：***、**、*分别表示 1%、5%、10% 的显著性水平。

2000 年各节点市场发育度、政府作用强度、教育和经济发展水平的差异与节点间的网络联系呈正相关关系。并且除教育水平外，经济发展等其余三个变量的差异值变大，能够提升节点间的网络关系。结果显示，2000 年加大呼包鄂乌城市群市场经济发育度的政府作用的强度能够显著促进各节点网络化联系的发育度，而教育水平差距的扩大将起到阻碍作用。2019 年拉大呼包鄂乌城市政府作用强度的差距能够促进各节点间网络化联系的发育，而资本市场发育程度和教育水平差距过大则会起到阻碍作用。因此对于人口变动，呼包鄂乌四城市在政府影响方面是存在共性的，政府政策的制定以及政府的努力会使得当地人口结构、人口质量、人口规模得到提升。另外，资本市场发育的差异会导致各地区人口存在差异，在这个角度上不同地区的影响因素无异质性。在受教育程度上，四城市存在一定差异性。

教育对人口质量的提升起到关键性的作用，教育亦可以通过对人口质量的影响来影响人口城市化。现有研究认为，教育促进了城市化进程，例如农村人口迁往城市接受教育。简单来说，教育城市化即受教育程度较低的农村人口迁往城市接受教育，以此推动人口城市化的过程。综上，在教育中获得生存技能成为人口城市化的重要推手。

表 9 - 5　　　　　　　学历对人口质量的影响

	(1)	(2)	(3)	(4)
ln 中学毕业生人数	0.871** (2.85)	-0.151 (-0.59)	0.307 (0.72)	-0.223 (-0.35)
ln 中专毕业生人数	0.0946 (0.49)	0.412*** (3.20)	0.0196 (0.11)	-0.487 (-1.48)
ln 小学毕业生人数	-2.333*** (-5.23)	-0.931*** (-4.25)	-2.275*** (-7.32)	-0.302 (-0.59)
_cons	27.46*** (3.81)	20.99*** (4.80)	32.84*** (6.16)	21.35* (5.36)

注：$^*p<0.1$，$^{**}p<0.05$，$^{***}p<0.01$。

表 9 - 5 显示了呼包鄂乌四城市不同学历毕业生人数变化对城镇就业人员的影响。表 9 - 5 中 (1)—(4) 式分别表示呼包鄂乌四个城市的情况，发现不同学历对就业人员的影响的异质性，呼和浩特市为中小学学历显著，而包头市是小学、中专学历显著。呼包鄂乌不同城市因产业发展的倾向性不同导致对劳动人员的需求不同。乌兰察布市因经济发展前景不良，以第一产业发展为主，致使出现大量人口流失，劳动人口保持稳定，因而不同学历层次的毕业生人数均不显著。包头市富有钢铁之都的美誉，但近年来我国钢产量严重过剩，包头钢铁产业产能过剩，裁减大量员工，因而包头市的第一、第三产业对劳动力的

需求较高。一方面，呼包鄂乌地区第三产业发展仍以传统产业为主，比如服务业，仍以酒店、住宿为主，因而对学历要求不高，所以小学学历对就业人员的影响显著。另一方面，呼包鄂乌地区平均受教育年限呈逐年递增的态势，整体呈现"两级少，中间多"的橄榄型。受教育年限具有户籍差异性和性别差异性，结合户籍以及性别等因素综合考虑，则教育人力资本排序为非农业男性＞非农业女性＞农业男性＞农业女性。不同受教育程度的流动人口就业收入呈明显的倒"U"形趋势。具体而言，受教育程度越高的人群工资波动区间越高；反之，收入因素反过来影响人口受教育年限，制约人口质量的发展。影响人口质量因素的重要一环是社会制度保障，良好的社会制度可以吸引大量的人才，通过提升当地的身体素质等来提升人口质量，由于内蒙古地区劳动力保障制度不完善，导致人口流动受到阻碍。同时，农村的医疗社会保障制度低于城市，不能保障农村劳动力人口的身体质量。要想完善内蒙古自治区劳动力社会保障制度，最大限度地释放人口红利，就要积极促进户籍制度改革，加快推进乡村医疗设备更新换代，完善农村教育事业、就业、收入分配等各项制度以提升人口质量。城市化进程是影响不同城市人口质量的因素之一。第三产业增加值的大小可以反映人民生活的幸福水平，第三产业吸引大量高素质劳动者进行劳动，第三产业越发达城市化进程越快。成人教育成为提升居民素质的重要方式，因为许多成年人未能接受良好的教育，可以通过成人教育的方式提升其素质。教育是提高人口素质的重要途径，人们在生产生活过程中都在进行知识的积累，教育是人们系统的学习知识的过程，也是人生观、价值观的形成过程，受教育与否、受教育层次、受教育质量关系到人一生的生活状况和精神面貌。在教育逐渐社会化的过程中，成人教育起着决定性的作用，青年在职人员成为成人教育的主要对象，即成人教育主要针对有工作经历的人群。虽然我国的成人教育水平逐步提高，但与其他发达国家相比还有一定差距。所以要关注成人的教育，充分发挥人口优势，努力开发呼包鄂乌的人力资源，使人尽其才，物尽其用，让更多的人成为现代化社会所需的合格人才。

三　小结

　　人口的空间分布与其所处的地理位置、自然环境、社会经济发展有着密切的关系。本章分析呼包鄂乌人口的影响因素，研究发现，地理位置、交通便利情况、年均气温、卫生机构数等是影响人口规模的重要因素；三大产业就业人数、人口红利、城乡差异等是影响人口结构的重要因素；教育水平、法治环境等是影响人口质量的重要因素。对于影响因素的空间异质性分析发现，人口结构、人口规模的影响因素空间异质性不显著，表明不同地区相同因素对人口影响程度无差异。但由于内蒙古地区男性就业人数居多，女性就业人数较少，女性就业人数与经济增长显著相关，男性就业人数的变动对经济增长无显著影响，因而在人口结构方面，应注意女性劳动人口的就业问题。人口质量的影响因素在10%的显著性水平下存在空间异质性，说明不同地区的教育等因素的影响程度不同。这可能是因为不同城市的不同生活环境、不同就业机会所导致的，如呼包鄂地区是内蒙古的政治、文化中心；不同地区有不同的经济发展重心，如乌兰察布市是公路交通的枢纽，因而影响程度不同。

第十章 结论与建议

一 结论

单纯增加人口数量已不能持续推动中国经济发展，需要从人口数量向人口质量转变，在经济发展新时期，如何继续挖掘人口因素助推经济增长时值得研究和深思的课题。研究内蒙古呼包鄂乌地区人口质量、人口规模和人口结构的有关问题，发现以下几点。

第一，呼包鄂地区人口规模逐年增加，乌兰察布市人口规模逐年减少。无论是户籍人口数还是常住人口数都呈现相同的结果。首先，呼包鄂地区是内蒙古的政治、文化中心，有全区最好的营商环境和科教环境，因而经济发展水平较高，吸引大量人口向呼包鄂转移；其次，呼包鄂地区交通便利，距离首都较近，有高铁、高速等设施联通；再次，呼包鄂地区医疗机构数量较多，有专业的医疗团队和医疗环境，因而呼包鄂地区人口规模逐年增加。乌兰察布市经济发展较呼包鄂地区略差，存在大量的人口流失问题，是乌兰察布市人口规模面临的首要问题。

第二，呼包鄂乌地区人口结构分布不均。从就业总人数来看，呼包鄂地区就业人数逐年增加，乌兰察布市总就业人数逐年下降。分产业来看，乌兰察布市第一产业就业人数居于首位，呼和浩特市、包头市第二产业、第三产业就业人数位居前两位；鄂尔多斯市的就业人数一直居于第三位；乌兰察布市的第二、第三产业就业人数居于末位。乌兰察布市的经济发展等因素影响乌兰察布市的人口就业结构，暴露出乌兰察布第二、第三产业发展薄弱，呼和浩特市、包头市重点发展工业和服务业，所以就业人数较多。

第三，呼包鄂乌地区人口质量差异较大。呼和浩特市拥有内蒙古最多的高等院校，所以呼和浩特市的高校毕业生人数逐年增加。包头市的教育水平逐年提高，包头市的人口质量位居第二，由于鄂尔多斯市总人口数较少，所以高校毕业生人数最少，但鄂尔多斯市人口质量仍然较高。产业发展、卫生质量、就业环境等因素都是人口质量的影响因素，且存在一定空间异质性。

二　意见与建议

第一，促进市场经济的发展。市场经济能提高呼包鄂乌地区经济发展的韧性与活力，经济发展与人口分布高度相关。政府等有关机构要重点关注乌兰察布市的人口流失问题，采取政策促进经济发展，留住流动人口，缓解人口流失问题。首先，推进商贸流通与发展，凭借地理位置优势，扩大商贸物流等集散中心。其次，推进呼包鄂乌地区基础设施互联互通，依托现有的京包铁路、京藏高速和包茂高速等交通干线，完善城区间交通运输，推进国道、省道的扩容改造。最后，优化市场环境，包括市场制度一体化建设，推进市场监管体制完善，促进各地区企业间互联互通。

第二，人口政策上，继续推行鼓励生育政策。继续放开生育限制，大力推行已发布的生育政策，将鼓励生育政策的重点放在照料儿童、就业保障等方面，制定科学的人口制度，减轻家庭的育儿压力。创造生育友好型社会环境，保持总和生育率的更替水平，平衡人口年龄结构，维持经济社会的可持续发展。积极实施"三胎"政策，以及提升儿童抚养补贴、延长产假等政策。

第三，稳步推进产业结构优化升级。推进产业结构升级能够提升人口集聚水平，这与第三产业发展能够吸纳就业人口、提升人口质量有关。呼包鄂乌城市群产业结构基本呈"231"模式，但产业结构调整缓慢，第一产业劳动生产率低，第二产业资源消耗大问题仍十分突出。要推动经济平稳健康发展，应提高第一产业生产能力，转换第二产业发展模式。具体措施如下。

首先，改变以前固有的发展和生产方式，寻找适合内蒙古的新的农业生产模式。推广高新技术、机械化生产，提高劳动生产率，解放部分农村劳动力，将更多劳动力向生产率更高的第二、第三产业转移，同时打造高端特色品牌，将优质农产品品牌化，利用品牌溢价实现农产品增产、增收。其次，促进资源型城市低碳发展。呼包鄂乌城市群能源矿产资源丰富，但发展模式粗放，产业链条较短，资源转化能力不高，低碳经济发展效率层次较低，尤其包头、乌兰察布投入产出低效率问题十分明显。各城市应立足自身实际，积极推动经济转型，调整产业结构。改变原有发展模式，大力发展高新技术产业、战略新兴产业，大力研发负碳排放技术，开发低碳清洁新能源，控制煤炭消费，加快煤炭替代，提高资源利用效率，助力实现"碳达峰""碳中和"目标，推动科学发展、绿色发展。同时，促进城市群内部产业联动，延长产业链条，提高资源转化率，利用叠加效应和放大效应，推动传统产业优化升级，拉动城市群经济增长。

第四，建立健全养老保障体系，大力发展老龄化产业。依据调查研究，内蒙古中西部地区尤其是呼包鄂地区常住人口中，老年人口的比重约为20%，其中65岁及以上的人口占比超过老年人口的五成，内蒙古地区老龄化程度接近国际通用深度老龄化标准起点线，城市群人口老龄化趋势明显，因此应积极采取政策应对老龄化。首先，呼包鄂乌城市群应建立与实际相适合的养老保障体系，统筹融合城乡地区间的制度政策，促进养老保障的城乡均衡。协调政府与企业间的负担比例，加大农村地区养老金覆盖水平，尽量做到养老金全面公正地覆盖城市群。再次，城市群也应注重发展老龄产业链，打造"银发经济"，如扩大老年大学办学规模，将老年大学与托幼服务相结合，让老年人丰富退休生活的同时兼顾家庭。大力发展退休产业，并与医疗、养老相结合，激发老年人的消费潜力，促进老年人消费。

第五，均衡教育资源，提高平均人口素质。根据"七普"数据，呼包鄂乌人口总体学历层次较低，素质不高，每 10 万人中初中及小学文化的占 57.49% 之多。要提高劳动生产率，拉动经济增长，必须坚持科教战略，重视人才培养，不断提高教育质量，加快人口资源向人力资源转化。首先，加强成人教育投资力度。成人在工作岗位具备丰富的实践经验，应根据职业以及岗位需要进行成人教育和继续教育，改善知识结构，提高创新能力，掌握新技能，扩展新视野，为现代化建设需要培养理论知识和实践经验均具备的高层次人才。其次，均衡教育资源。呼包鄂乌城市群内部教育投资发展不均衡，2019 年财政教育支出增长率除鄂尔多斯为 18.24% 外，其余三市均为负值。应继续加大教育投资和补贴，同时，各市应发挥自己的教育优势，促进交流，优势互补。将注意力更多转向农村，加大教育资源向农村倾斜，推进教育均衡协调发展，为城市群创造更多人才储备，服务未来经济发展建设。

第六，稳定房价、物价，控制其上涨速度。政府等有关机构要控制房价和其他物价的上涨速度，稳定居民对未来物价的预期。过高的房价和上涨速度不利于人口规模的提升，若房价的上升速度高于收入的增加速度，会引发一定的人口流失，高质量的人才不会在此定居，不利于人口规模与人口质量的发展。

第三篇　内蒙古人口老龄化

第十一章　内蒙古人口老龄化的研究基础

一　研究背景

  人口老龄化目前成为全球各国关注的焦点，其与国际经济的增长有着密切的联系。截至 2020 年，全球 65 岁及以上老年人口数为 7.23 亿，占世界人口的 9.32%。人口老龄化现已成为世界各国人口年龄结构发展的必然趋势。2021 年中国 60 岁及以上人口为 26736 万人，比上年增加 992 万人，占全国人口的 18.9%。中国正处于经济发展的重要转折期，老龄化对中国的影响是多方面的。

  内蒙古正处在老龄少子化浪潮中，据"七普"数据显示，2020 年内蒙古 60 岁及以上人口为 4757233 人，占 19.78%；其中 65 岁及以上人口为 3138918 人，占 13.05%。内蒙古人口老龄化现象对内蒙古社会发展和经济增长的影响得到了学者的关注，人口老龄化的加剧，减少了内蒙古适龄劳动力的供给数量，降低了劳动力的生产效率，阻碍着经济的健康、持续增长。一个国家或地区的经济增长决定了地区经济发展的长期实力，所以保持经济持续增长是各地区为之奋斗的目标之一。许多研究表明，中国过去所取得的经济增速很大程度上取决于"人口红利"，伴随着人口红利的消失，推动经济发展的因素转变为"改革红利"，如今如何继续挖掘人口红利、促进经济发展，内蒙古如何应对人口老龄化的现状，是值得深思和研究的课题。

二 研究对象及内容

本篇主要研究内蒙古地区人口老龄化现状及其对经济发展的影响，寻找缓解老龄化对内蒙古经济增长压力的因素，提出政策建议，改善内蒙古老龄化现状。文章基于第五次、第六次和第七次人口普查与《内蒙古统计年鉴》等数据，采用时间数列模型、面板数据模型、线性回归等计量模型研究内蒙古人口老龄化问题。

将内蒙古老龄化人口按照地区、性别、城乡、学历等因素进行分类，分别研究内蒙古人口老龄化对就业和经济增长的影响。通过研究发现，内蒙古老年人口的不断增加，社会养老负担加重，势必会挤占政府财政支出中对年轻后代教育的投资，即老年人口占比每增加1%，居民的平均受教育年限减少13.9个百分点。随着城镇化率的提高，大量农村剩余劳动力开始向城市迁移，城镇就业人数的比重逐渐增加。从就业的整体地区分布来看，绝大多数盟市的就业人数呈现出稳定上升的趋势。随着老龄化程度的进一步加剧，城镇就业人数规模逐渐扩大，城乡就业结构将发生转变，城乡之间的差距并没有缩小。内蒙古自治区人口老龄化对城市化进程有正负两种关系，农村人口老龄化会抑制城市化进程，城镇人口老龄化会推进城市化进程。

三 研究意义

人口老龄化成为一种必然趋势，最早出现在经济发达的西方国家，成为困扰经济发展的不利因子。随着人口老龄化现象在内蒙古地区逐步加深，研究内蒙古地区人口老龄化问题也日趋重要。人口老龄化意味着人口年龄结构的不平衡，这种年龄结构分布不适于经济增长的要求，不利于内蒙古经济发展。所以研究内蒙古人口老龄化问题对正处于转型和产业优化升级的内蒙古地区尤为重要。

四　国内外研究现状

（一）国内研究综述

人口老龄化趋势随经济发展不断显现，国内一些学者对二者的关系进行了深入研究。胡鞍钢通过索洛增长模型发现，人口老龄化对于降低中国的储蓄率、人均 GDP 及其增长率的作用较温和。[①] 郑伟研究发现，在世界范围内中国人口老龄化对经济增长的负向抑制作用较大。[②] 汪伟依据三期世代交叠模型发现，人口老龄化主要通过影响储蓄等三方面进而影响经济增长。[③] 徐瑾认为，人口老龄化的不断加深对经济增长和产业结构变动分别产生负向和正向影响，人口老龄化对带动产业结构优化升级起到减缓其抑制经济增长的作用。[④] 谢雪燕发现，目前中国老龄化的创新效应大于劳动力效应，两种效应相中合并未对经济增长产生阻碍作用，技术创新和劳动生产率提高对缓解老龄化负向影响、促进经济持续增长有积极作用。[⑤] 符建华基于中国 2009—2018 年省级面板数据阐述人口老龄化对经济高质量发展的作用机制，结果表明人口老龄化是中国经济高质量发展的催化剂但存在区域异质性，从影响渠道来看，正向促进渠道通过增加人力资本积累、加快技术创

---

① 胡鞍钢：《人口老龄化、人口增长与经济增长——来自中国省际面板数据的实证证据》，《人口研究》2012 年第 3 期。

② 郑伟：《中国人口老龄化的特征趋势及对经济增长的潜在影响》，《数量经济技术经济研究》2014 年第 8 期。

③ 汪伟：《人口老龄化、生育政策调整与中国经济增长》，《经济学（季刊）》2017 年第 1 期。

④ 徐瑾：《产业结构优化视角下的人口老龄化与我国经济增长》，《经济问题》2020 年第 9 期。

⑤ 谢雪燕：《人口老龄化、技术创新与经济增长》，《中国软科学》2020 年第 6 期。

新促进经济发展，负向抑制渠道通过减少劳动力供给阻碍经济发展。[1] 都阳认为，老龄化增速存在界限，超此界限将影响经济增速。[2] 苏剑结合联合国有关中国人口预测数据来研究中国人口年龄结构变化与经济中长期增长的关系，研究发现中至长期的经济增长率会随少年抚养比和老年抚养比的递减和递增而递减。[3] 马骏运用"七普"数据得出，中国人口老龄化的四大特征并发现人口老龄化通过影响劳动力供给、社会资本形成以及技术创新而影响经济发展。[4]

经济增长与产业结构变动不可分割，产业结构变动影响经济增长进而影响老龄化。汪伟运用省际面板数据构建多维产业指标分析人口老龄化对产业结构升级的影响，结果显示其净效应为正，但存在中西部地区表现较强而东部地区表现较弱的异质性。[5] 刘玉飞发现，人口老龄化和产业结构升级存在前者促进后者向更高级的方向转变的相关关系。[6] 何凌霄基于2003—2013年的中国省级面板数据，以服务性消费为渠道研究二者的关系，结果表明老龄化会抑制第三产业发展，但其通过服务性消费比重提高的渠道效应可显著降低所产生的抑制作用。[7] 逯进认为，老龄化加快人力资本积累，提高人力资本代替劳动、物质资本的比率，促进产业结构升级，但社保负担的增加会产生阻碍作用，

---

① 符建华：《人口老龄化对中国经济高质量发展的影响研究》，《经济问题探索》2021年第6期。

② 都阳：《人口快速老龄化对经济增长的冲击》，《经济研究》2021年第2期。

③ 苏剑：《人口老龄化如何影响经济增长——基于总供给与总需求的分析视角》，《北京工商大学学报》（社会科学版）2021年第5期。

④ 马骏：《中国人口老龄化对经济发展的影响机制及对策研究》，《浙江工商大学学报》2021年第4期。

⑤ 汪伟：《人口老龄化的产业结构升级效应研究》，《中国工业经济》2015年第11期。

⑥ 刘玉飞：《人口老龄化会阻碍产业结构升级吗——基于中国省级面板数据的空间计量研究》，《山西财经大学学报》2016年第3期。

⑦ 何凌霄：《老龄化、服务性消费与第三产业发展——来自中国省级面板数据的证据》，《财经论丛》2016年第10期。

整体上净效应为正。① 刘成坤通过研究人口老龄化和产业结构升级的双向关系发现其短至长期的不同影响，短期内老龄化阻碍产业结构升级，产业结构升级的反向作用较小；长期内二者存在双向促进效应。② 王欣亮通过研究发现，人口老龄化对产业结构产生两大影响，分别为抑制了其协调型转型和促进三次产业比例调整，产业升级引起的技术创新会再次促进产业升级。③ 赵春燕认为，人口老龄化对产业结构升级产生正负效应中和的净负效应不利于产业结构升级。④ 宋晓莹认为，老龄化显著促进服务业的优化升级，其产生的区域异质性使得优化效应由东向西逐渐弱化，且在突破发展水平和人力资本水平门槛后，其促进作用明显跃升。⑤ 张桂文通过实证研究发现，从长期动态看，制造业转型升级指数随老龄化的提高而提高。⑥

　　随着中国人口老龄化的不断加深，老年人的照料对社会和家庭都会产生一定的影响，逐渐成为学界在老龄化研究方面重点关注的问题。蒋承着重关注家庭老年照料的机会成本，得出了老年照料负向抑制成年子女的就业概率和工作时间的结论。⑦ 黄枫认为，长时间高强度的照料尤其会显著降低女性的就业率。⑧ 刘柏惠发现，子女劳动照料会使工

---

① 逯进：《中国人口老龄化对产业结构的影响机制——基于协同效应和中介效应的实证分析》，《中国人口科学》2018 年第 3 期。

② 刘成坤：《人口老龄化与产业结构升级的互动关系研究》，《统计与决策》2020 年第 12 期。

③ 王欣亮：《人口老龄化、需求结构变动与产业转型升级》，《华东经济管理》2020 年第 7 期。

④ 赵春燕：《人口老龄化对产业结构升级的双边效应》，《西北人口》2021 年第 3 期。

⑤ 宋晓莹：《人口老龄化对服务业优化升级的影响——基于结构与效率的双重视角》，《中国人口科学》2021 年第 2 期。

⑥ 张桂文：《中国人口老龄化对制造业转型升级的影响》，《中国人口科学》2021 年第 4 期。

⑦ 蒋承：《中国老年照料的机会成本研究》，《管理世界》2009 年第 10 期。

⑧ 黄枫：《人口老龄化视角下家庭照料与城镇女性就业关系研究》，《财经研究》2012 年第 9 期。

资水平更低、机会成本更高。[①] 范红丽实证检验了老年照料负向替代女性就业。[②] 陈璐采用工具变量法发现，女性劳动供给随家庭老年照料的增多而下降。[③] 吴燕华基于 1993—2011 年相关数据发现，照料老人会使女性劳动参与率及时间出现不同程度的下降，且在区域、居住方式、家庭结构等方面存在一定的异质性。[④] 严成樑发现，照料老人的自我和利他偏好对人口出生率的影响不同，为提高社会福利水平和人口出生率应选择市场照料。[⑤] 袁笛认为，老年照料通过多渠道不利于子女心理健康，其会通过不同的中介效应对不同性别的照料者产生不同的影响。[⑥] 景鹏发现，市场提供照料时，延长预期寿命和增强家庭照料偏好分别降低和提高劳均产出和老年照料规模；当其由政府提供时，预期寿命延长的效果相同，而家庭照料偏好增强对老年照料规模有正向影响但不影响劳均产出。[⑦]

在中国迈入老龄化社会的进程中，会引起相关产品及产业消费关系的变化，通过分析二者的相关关系可以对居民消费倾向的变化有更加准确的判断，进一步为相关产品及产业的发展提供方向。李文星定量分析老龄化对消费的影响并发现该影响并不显著。[⑧] 王霞通过实证检验发现，老年抚养抑制消费，从全国分区域来看，东、中、西部消费受其影响分别为负、负、正。[⑨] 王宇鹏在控制相关变量后的实证结果表

---

① 刘柏惠：《我国家庭中子女照料老人的机会成本——基于家庭动态调查数据的分析》，《人口学刊》2014 年第 5 期。

② 范红丽：《替代效应还是收入效应？——家庭老年照料对女性劳动参与率的影响》，《人口与经济》2015 年第 1 期。

③ 陈璐：《家庭老年照料对女性劳动就业的影响研究》，《经济研究》2016 年第 3 期。

④ 吴燕华：《家庭老年照料对女性就业影响的异质性》，《人口与经济》2017 年第 5 期。

⑤ 严成樑：《老年照料、人口出生率与社会福利》，《经济研究》2018 年第 4 期。

⑥ 袁笛：《老年照料对子女心理健康的影响——基于时间、收入的中介效应分析》，《南方人口》2019 年第 6 期。

⑦ 景鹏：《预期寿命、老年照料与经济增长》，《经济学动态》2021 年第 2 期。

⑧ 李文星：《中国人口年龄结构和居民消费：1989—2004》，《经济研究》2008 年第 7 期。

⑨ 王霞：《人口年龄结构、经济增长与中国居民消费》，《浙江社会科学》2011 年第 10 期。

明老龄化因素和城镇居民平均消费倾向间存在正相关关系。①于潇发现，人口老龄化对不同时期消费产生的影响分为初期正效应、中期负效应、晚期零效应。②毛中根认为，居民消费倾向降低的一个重要原因是老年抚养比的提高，分城乡及区域来看，城镇居民及东部区域受影响更大。③代金辉从城镇居民平均消费倾向等方面实证分析二者的动态关系，结果表明居民消费行为会受到老龄化加深的负相关影响，但其对各类消费率的影响存在大小和方向上的差异。④刘利发现，农村地区食品、居住和家庭设备支出等消费结构受老龄化的影响较城镇地区而言更广泛。⑤徐贵雄通过研究发现，家庭平均消费支出和家庭老年人口存在负向关系，不同家庭结构在消费结构方面存在不同。⑥蔡昉认为，老年人口的劳动参与率低是其劳动收入及消费水平下降的重要原因。⑦江海旭研究发现，人口年龄结构对不同消费群体存在不同溢出效应，主要通过医疗保健类驱动老年群体消费升级。⑧

老年抚养比和儿童抚养比是人口年龄结构的重要组成部分，人口老龄化及低生育率会对社会经济发展产生重要影响，因此，人口老龄化和生育的关系问题也引起了学界的广泛关注。汪伟认为，在老龄化

---

① 王宇鹏：《人口老龄化对中国城镇居民消费行为的影响研究》，《中国人口科学》2011 年第 1 期。

② 于潇：《中国人口老龄化对消费的影响研究》，《吉林大学社会科学学报》2012 年第 1 期。

③ 毛中根：《中国人口年龄结构与居民消费关系的比较分析》，《人口研究》2013 年第 3 期。

④ 代金辉：《人口老龄化对居民消费行为影响效应的实证检验》，《统计与决策》2017 年第 21 期。

⑤ 刘利：《人口老龄化与居民消费结构：基于 CFPS2016 数据验证》，《统计与决策》2020 年第 14 期。

⑥ 徐贵雄：《家庭老龄人口结构对居民消费的差异性影响研究》，《西北人口》2021 年第 2 期。

⑦ 蔡昉：《如何解除人口老龄化对消费需求的束缚》，《财贸经济》2021 年第 5 期。

⑧ 江海旭：《双循环视角下人口年龄结构对消费的溢出效应研究——基于老龄化和少子化不同群体的比较》，《商业经济研究》2021 年第 13 期。

的背景下，生育政策调整可以缓解但无法消除经济增长的下滑趋势。①
於嘉通过分析人口普查等相关数据，全面评估中国第二次人口转变的
主要指标，最终得出进入婚姻时间推迟的现象在性别间不存在差异、
早婚普婚这一中国家庭的传统特征已经发生了很大变化的结论。② 陈卫
民在比较两类婚姻模式特征及日韩婚姻模式转化的基础上，分析不同
婚姻模式下个人婚姻决策行为的差异及婚姻模式的转变，研究认为就
当前现实来说中国存在结婚年龄推迟、未婚年龄段升高、低生育率问
题严重等问题。③ 曹园认为，不同养老金制度下的生育率不同，养老保
障有助于子女增加生育数量、提高生育率。④ 于也雯发现，在老龄化社
会，鼓励隔代抚养等生育及养老政策可在一定程度上有效缓解老龄化
的负面影响。⑤

关于人口老龄化与商品进出口间的关系研究有如下结论。田巍指
出，人口抚养比推动双边贸易增强，较低抚养比下更丰裕的劳动力有
利于产品生产、出口及进口收入的提高。⑥ 王秋红通过实证分析认为，
年龄结构与出口结构高度相关。⑦ 蔡兴的实证分析结果表明，人口老龄
化存在削弱劳动力优势及促进出口结构优化的"双刃剑"效果。⑧ 王
有鑫认为，人口结构变动在规模上对贸易收支和出口结构分别有负向
抑制和正向促进作用。⑨ 崔凡运用动态空间滞后面板模型得出人口老龄

① 汪伟：《人口老龄化、生育政策与中国经济增长》，《社会科学文摘》2017 年第 3 期。
② 於嘉：《中国的第二次人口转变》，《人口研究》2019 年第 5 期。
③ 陈卫民：《晚婚还是不婚：婚姻传统与个人选择》，《人口研究》2020 年第 5 期。
④ 曹园：《养老保险制度、家庭生育决策与社会福利》，《南方金融》2021 年第 10 期。
⑤ 于也雯：《生育政策、生育率与家庭养老》，《中国工业经济》2021 年第 5 期。
⑥ 田巍：《人口结构与国际贸易》，《经济研究》2013 年第 11 期。
⑦ 王秋红：《我国人口年龄结构与出口商品结构变动的灰色关联分析》，《西北人口》2014 年第 4 期。
⑧ 蔡兴：《人口老龄化倒逼了中国出口结构的优化升级吗》，《当代经济研究》2016 年第 8 期。
⑨ 王有鑫：《人口年龄结构与出口比较优势——理论框架和实证经验》，《世界经济研究》2016 年第 4 期。

化与进口需求在空间上正相关的结论。① 陈继勇利用面板数据进行实证分析，发现人口老龄化显著抑制 FDI 流入且存在区域异质性。② 吴莹提出，随着贸易水平的提升，老龄化以逐渐趋缓的速度抑制经济增长。③ 敖洁通过分析发现，老龄化对出口产品质量产生的抑制作用存在异质性。④ 张明志认为，由于不同行业对年龄结构的反应不同，故老龄化会对不同行业产生不同影响。⑤ 袁辰认为，在一般贸易和加工贸易中老龄化分别起抑制和促进制造业竞争力的作用。⑥ 赵乐祥运用两种空间面板模型、三种空间计量方法进行实证研究，发现中国贸易顺差会随老龄化的加深而收紧。⑦

中国就业率及工作时间会受老龄化的影响。郭瑜认为，老龄化不会给劳动力供给带来难以挽回的恶劣影响。⑧ 童玉芬认为，老龄化以不同速度影响劳动年龄人口占比和年轻劳动力规模下降。⑨ 魏下海指出老龄化是导致各国劳动力在倒"U"形变化过程中劳动参与率下降的重

① 崔凡：《人口老龄化对中国进口贸易的影响分析——基于静态与动态空间面板模型的实证研究》，《国际经贸探索》2016 年第 12 期。
② 陈继勇：《人口老龄化、外商直接投资与金融发展——基于中国省际面板数据的门槛模型分析》，《商业研究》2017 年第 10 期。
③ 吴莹：《老龄化、对外贸易与经济增长——基于我国省域数据的实证分析》，《西北人口》2019 年第 5 期。
④ 敖洁：《人口老龄化会影响企业出口产品质量吗?》，《财经理论与实践》2019 年第 4 期。
⑤ 张明志：《人口老龄化对中国制造业行业出口的影响研究》，《国际贸易问题》2019 年第 8 期。
⑥ 袁辰：《人口老龄化对中国制造业国际竞争力的影响研究——基于贸易增加值的视角》，《上海经济研究》2021 年第 11 期。
⑦ 赵乐祥：《人口结构对中国贸易收支的影响研究——基于空间计量模型的实证分析》，《当代经济管理》2021 年第 10 期。
⑧ 郭瑜：《人口老龄化对中国劳动力供给的影响》，《经济理论与经济管理》2013 年第 11 期。
⑨ 童玉芬：《人口老龄化过程中我国劳动力供给变化特点及面临的挑战》，《人口研究》2014 年第 2 期。

要原因。① 王莹莹定量分析的结果表明，劳动参与率会随人口年龄结构趋老而下降。② 周浩认为，劳动参与率及劳动供给量必随劳动年龄人口老龄化而降低。③ 朱勤基于 CGE 模型进行分析，认为在进行老龄化研究时必须考虑不同年龄劳动者劳动率方面的差异。④ 冯剑锋经研究发现，人口老龄化与劳动参与率在空间上相互促进，其对本地人口和相邻地区分别产生负向和正向影响。⑤ 呼倩基于中国 1987—2017 年省际面板数据得出人口老龄化程度每加深一个百分点，潜在劳动供给和真实劳动供给下降约两个百分点的结论。⑥ 张瑞红根据多元回归结果发现，人口老龄化抑制劳动参与率，劳动人口规模速度下降随人口年龄结构的加速老化而由温和转为激烈。⑦

（二）国外研究动态

世界经济飞速发展，但各国生育率也逐渐下降，老龄少子化问题成为学者研究的重点，国外学者从人口老龄化与经济增长、各项支出、劳动力市场变动及家庭老年照料关系的角度进行了相关研究。

一些学者重点关注人口老龄化与经济增长间的关系。Jones 提出，日本正处于快速人口转型过程中，至 2025 年将成为世界上人口平均年

---

① 魏下海：《人口老龄化及其对劳动力市场的影响——来自 G20 的经验证据》，《社会科学辑刊》2015 年第 2 期。

② 王莹莹：《中国人口老龄化对劳动参与率的影响》，《首都经济贸易大学学报》2015 年第 1 期。

③ 周浩：《中国人口老龄化对劳动力供给和劳动生产率的影响研究》，《理论学刊》2016 年第 3 期。

④ 朱勤：《老龄化背景下中国劳动供给变动及其经济影响：基于 CGE 模型的分析》，《人口研究》2017 年第 4 期。

⑤ 冯剑锋：《空间关联视野下人口老龄化对劳动参与率的影响分析》，《江淮论坛》2018 年第 6 期。

⑥ 呼倩：《中国人口老龄化的劳动供给效应——基于省级面板数据的分析》，《广东财经大学学报》2019 年第 4 期。

⑦ 张瑞红：《人口老龄化对我国劳动参与率影响研究》，《价格理论与实践》2021 年第 6 期。

龄最大的国家之一，日本人口老龄化将会对劳动实践和政府社会支出的需求等产生重大影响。[1] Bloom 等经计算表明，人口老龄化会使经合组织国家的经济增长率降速趋缓，行为反应和政策改革可以减轻该负向影响，发展中国家受其影响较小。[2] Prettner 经研究表明，寿命增加对人均产出有积极影响，生育率下降对人均产出有消极影响，但在内生增长框架、半内生增长框架下效果不同。[3] Momota 从理论上研究了人口老龄化对养老服务业就业份额的影响，发现养老服务需求存在收入弹性阈值，超过该阈值，人口老龄化对经济增长有促进作用。[4] Goldstein 和 Lee 认为，年龄结构变化对总体不平等的影响较小，资本深化和储蓄对总体不平等的影响较大，综合来看老龄化对经济不平等有重大影响。[5] Muto 等通过构建世代交叠模型探讨日本人口老龄化的宏观经济影响，研究发现日本人口老龄化整体上通过抑制要素投入而对国民生产总值增长和财政变量产生不利影响。[6] Acemoglu 和 Restrepo 认为，与一系列基于人口统计学的长期停滞理论相反，技术内源性可能是老龄化与经济增速放缓非负相关的反映。[7] Brendan 和 Sek 认为，亚洲总生育率下降、预期寿命延长、出生和死亡模式不断变化、老年人

[1] Jones R. S. , "The Economic Implications of Japan's Aging Population", *Asian Survey*, 28 (9), 1988: 958 – 969.

[2] Bloom D. E. , Canning D. , Fink G. , "Implications of Population Ageing for Economic Growth", *Oxford Review of Economic Policy*, 26 (4) 2010: 583 – 612.

[3] Prettner K. , "Population Aging and Endogenous Economic Growth", *Journal of Population Economics*, 26 (2), 2013: 811 – 834.

[4] Momota A. , "Population Aging and Sectoral Employment Shares", *Economics Letters*, 115 (3), 2012: 527 – 530.

[5] Goldstein J. R. , Lee R. D. , "How Large are the Effects of Population Aging on Economic Inequality?", *Vienna Yearbook of Population Research*, 20 (2), 2014: 193 – 209.

[6] Muto I. , Oda T. , Sudo N. , "Macroeconomic Impact of Population Aging in Japan: A Perspective from an Overlapping Generations Model", *IMF Economic Review*, 64 (3), 2016: 408 – 442.

[7] Acemoglu D. , Restrepo P. , "Secular Stagnation? The Effect of Aging on Economic Growth in the Age of Automation", *American Economic Review*, 107 (5) 2017: 174 – 79.

口在年龄分布中的比例不断上升等给亚洲经济带来了巨大压力，从长远来看，老龄化会对经济产生负面影响。[1]

从人口老龄化和各项支出的关系上来看，Erlandsen 和 Nymoen 研究了挪威总消费和人口年龄结构之间的关系，结果显示，人口年龄结构的变化对挪威的综合消费有显著影响，总消费由中年人在总人口中占比的增加而减少。[2] Du 和 Wang 利用城市家庭数据分析人口老龄化对城市家庭消费模式的影响，实证结果显示老年家庭在工作相关项目上的支出显著减少，与此同时在医疗保健方面的花费多于年轻家庭。[3] Kye 等认为，教育水平的提高改变了老年人及其后代的结构，减轻了老龄化带来的诸如养老负担增加等负面影响。[4] Mao 和 Xu 经评估发现，个人消费支出构成有稳健的年龄特征，年龄是消费预算分配的一个基本驱动因素，随着人口老龄化，食品、家庭设施、医疗服务等在国内消费总额中比重上升，服装、教育、文化等所占比例趋于下降。[5] Globerman 聚焦公共支出，认为人口老龄化的重要经济和社会后果之一是其对医疗保健支出产生的影响，决策者所面临的挑战是在不牺牲效能的情况下为老年人提供更经济的卫生保健服务以预防或推迟老年人特有的健康问题。[6]

---

[1] Brendan L. R., Sek S. K., "The Relationship Between Population Ageing and the Economic Growth in Asia", *AIP Conference Proceedings*, 1750 (1), 2016: 060009.

[2] Erlandsen S., Nymoen R., "Consumption and Population Age Structure", *Journal of Population Economics*, 21 (3), 2008: 505 – 520.

[3] Du Y., Wang M., "Population Ageing, Domestic Consumption and Future Economic Growth in China", *Rising China: Global Challenges and Opportunities*, 2011: 301 – 314.

[4] Kye B., Arenas E., Teruel G., et al., "Education, Elderly Health, and Differential Population Aging in South Korea: A Demographic Approach", *Demographic Research*, 30 (2), 2014: 753 – 794.

[5] Mao R., Xu J., "Population Aging, Consumption Budget Allocation and Sectoral Growth", *China Economic Review*, 30 (3), 2014: 44 – 65.

[6] Globerman S., "Aging and Expenditures on Health Care", *Fraser Institute*, 16 (3), 2021: 40 – 60.

　　在研究老龄化问题时，一些国外学者聚焦于其与劳动力市场的关系。Ashworth 认为，由退休而引起的离职潮所导致的积累知识的丧失对电力工业提高效率造成了潜在威胁，调查结果显示劳动力老龄化确实是关键的人力资源问题。[①] Siliverstovs 等认为，老龄化会抑制农业、制造业等发展，与此同时会对社会和个人服务部门、金融部门的就业份额产生积极影响。[②] Hashimoto 和 Tabata 通过世代交叠模型研究人口老龄化通过卫生保健需求渠道进而影响经济就业结构和人均收入增长率，结果表明人口老龄化构建了劳动力从非卫生保健部门向卫生保健部门转移的渠道，并降低人均收入增长率。[③] Dostie 指出，平均而言工资和生产率之间没有显著偏离，但对于诸如拥有本科以上学历的年长员工等子群体而言存在偏离。[④] Mahlberg 等并没有发现年龄较大的员工薪酬过高的证据，此外，年轻雇员比例与劳动生产率和工资之间负相关，该现象在工业和建筑部门更为普遍。[⑤] Lukyanets 等通过对俄罗斯当前人口问题、人口年龄构成及变化的分析，提出了俄罗斯联邦养老金制度改革的建议，即让退休人员更积极参与劳动力市场活动，创造有利的商业环境防止人才流失，降低未充分利用的劳动力比率。[⑥]

　　随着人口老龄化进程的推进，家庭老年照料问题逐渐进入学者视

①　Ashworth M. J. , "Preserving Knowledge Legacies: Workforce Aging, Turnover and Human Resource Issues in the US Electric Power Industry", *The International Journal of Human Resource Management*, 17 (9), 2006: 1659 – 1688.

②　Siliverstovs B. , Kholodilin K. A. , Thiessen U. , "Does Aging Influence Structural Change? Evidence from Panel Data", *Economic Systems*, 35 (2), 2011: 244 – 260.

③　Hashimoto K. , Tabata K. , "Population Aging, Health Care, and Growth", *Journal of Population Economics*, 23 (2), 2010: 571 – 593.

④　Dostie B. , "Wages, Productivity and Aging", *De Economist*, 159 (2), 2011: 139 – 158.

⑤　Mahlberg B. , Freund I. , Cuaresma J. C. , et al. , "Ageing, Productivity and Wages in Austria", *Labour Economics*, 22 (1), 2013: 5 – 15.

⑥　Lukyanets A. , Okhrimenko I. , Egorova M. , "Population Aging and Its Impact on the Country's Economy", *Social Science Quarterly*, 102 (2), 2021: 722 – 736.

野。Montgomery 等探讨了照顾老人与所承担的负担的关系并将负担分为主观负担和客观负担，结果表明主观负担与照护者的特质有关，客观负担与照护者工作类型有关。[①] Pearlin 等指出，在照顾者的精神和身体健康状况都恶化的情况下更有可能出现减少或不愿提供照顾的情况，但主动脱离护理是否有助于从消极情绪和身体影响中恢复还有待观察，且上述结果只有在持续、长期压力条件下才会形成。[②] Cicirelli 分析了依恋和义务对成年子女照顾行为动机的综合效应，依恋越强，主观负担越低；而义务越强，主观负担越重。[③] Romoren 运用挪威纵向数据分析作为 80 岁及以上主要照顾者的子女的照顾活动，研究结果表明，在现代社会中儿子为年老体衰的父母提供非正式照料的能力被低估。[④] Pinquart 和 Sörensen 指出，由于不同性别的照料角色与经历不同，更加沉重的照料负担更易使女性照料者面临更大压力。[⑤]

（三）文献评述

在人口老龄化方面，国内外学者均把焦点放在人口老龄化与各种不同因素的关系及其对各种不同因素的影响之上。比如探究人口老龄化与经济增长的关系时，国内外多数学者认为人口老龄化会负向抑制经济增长；对于人口老龄化与支出之间的关系，普遍结论认为其对不同的支出项目有不同的影响，且对医药支出的影响较大；就人口老龄

---

① Montgomery R. J. V., Gonyea J. G., Hooyman N. R., "Caregiving and the Experience of Subjective and Objective Burden", *Family Relations*, 1985：19 – 26.

② Pearlin L. I., Mullan J. T., Semple S. J., et al., "Caregiving and the Stress Process：An Overview of Concepts and Their Measures", *The Gerontologist*, 30 (5), 1990：583 – 594.

③ Cicirelli V. G., "Attachment and Obligation as Daughters' Motives for Caregiving Behavior and Subsequent Effect on Subjective Burden", *Psychology and Aging*, 8 (2), 1993：144.

④ Romoren T. I., "The Carer Careers of Son and Daughter Primary Carers of Their Very Old Parents in Norway", *Ageing & Society*, 23 (4), 2003：471 – 485.

⑤ Pinquart M., Sörensen S., "Gender Differences in Caregiver Stressors, Social Resources, and Health：An Updated Meta – Analysis", *The Journals of Gerontology Series B：Psychological Sciences and Social Sciences*, 61 (1), 2006：P33 – P45.

化与老年照料的关系而言，其会对照料者的劳动参与率及心理状况产生一定影响。更早进入老龄化的现实使国外研究体系较成熟，而中国于 21 世纪初迈入人口老龄化国家行列，较国外而言研究起步较晚，故早期研究较少。随着中国老龄化程度的不断加深，以规范分析为主的老龄化研究逐渐加入更多的实证分析，且分析层面更加细致，为相关政策的制定提供了更加充足的素材以更好应对中国的老龄化问题。在地区层面，内蒙古全区存在老龄化进程快、老龄人口规模大的问题，需深刻认识并正确把握其产生的影响，制定合理的经济发展战略以促进人口经济高质量发展。

第十二章 内蒙古老龄化发展现状

一 内蒙古老龄化人口变化趋势

学者们对人口问题的探讨主要集中在人口数量快速增长领域。研究者们对人口总量及其增长进行探讨，同时其作为人口研究中最基础的内容理应成为人口转变过程中被关注的核心问题。但在1990年前后计划生育政策颁布后，中国生育水平逐渐下降直至低于更替水平，随后中国生育率长期在低位徘徊，低生育率导致的人口负增长和抚养比上升等人口问题逐步凸显。

低生育率、人口负增长及人口老龄化三个人口学现象存在天然的内在联系，人口老龄化的过程往往也是人口负增长的过程，因此人口老龄化不仅是数量问题，也是结构问题。① 从中国人口结构现状来说，中国可能面临人口负增长以及老龄人口持续增长这种前所未见的局面，这也必将给中国带来新的人口问题以及人口机遇。因此，针对中国老龄化问题发展态势的探究具有十分重要的现实意义。

研究地区人口结构对完善与调整当地人口发展战略具有积极作用。当前内蒙古地区人口老龄化处于高速增长时期，随着人口进一步老龄化以及出生率进一步下降，对内蒙古地区的人口结构将产生长远

---

① 张现苓：《中国人口负增长：现状、未来与特征》，《人口研究》2020年第3期。

影响。深入探究内蒙古地区人口老龄化问题，对改善人口结构，提高人口规模和人口质量，为内蒙古地区可持续发展注入人口动力具有重要意义。

（一）中国老龄化现状

老龄化问题是中国在百年未有之大变局下所面临的挑战之一，老龄化问题的具体表现为，中国老龄人口由 1982 年的 4991 万增到 2020 年的 1.9 亿。同时中国老龄化问题具有以下三个特点。第一，老龄人口数量增速快；第二，现已进入老龄化社会；第三，不同区域老龄化程度差异大。[①] 了解中国老龄化现状有利于在一个更完整的框架下考察内蒙古人口老龄化问题，见表 12 - 1。

表 12 - 1 人口老龄化程度和速度分类

阶段	平均人口老龄化率（%）	速度	平均增长率（%）	等级
未老龄化社会	$x \leq 7$	超慢	$v \leq 1$	1
轻度老龄化社会	$7 < x \leq 10$	中慢速	$1 < v \leq 3$	2
深度老龄化社会	$10 < x \leq 14$	中快速	$3 < v \leq 4$	3
老龄社会	$14 < x \leq 20$	快速	$4 < v \leq 5$	4
超老龄社会	$x > 20$	超快	$v > 5$	5

数据来源：王志宝：《人口老龄化区域类型划分与区域演变分析——以中美日韩四国为例》，《地理科学》2015 年第 7 期。

（二）内蒙古老龄化现状

1. 人口普查视角

从历次全国人口普查内蒙古人口基本情况来看，如图 12 - 1 与

---

① 胡晓宇：《中国深度老龄化社会成因及应对策略》，《学术交流》2018 年第 12 期。

图 12 - 2 所示，内蒙古老龄人口数量处于不断增长的状态。随着人口结构不断变化，内蒙古老龄人口数量呈指数增长，具体而言分为三个阶段，缓慢增长、加速增长、快速膨胀。

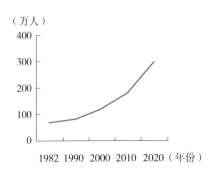

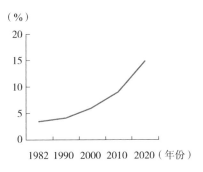

图 12 - 1　内蒙古人口普查 65 岁
　　　　　　　及以上人口数量

数据来源：笔者绘制。

图 12 - 2　内蒙古人口普查
　　　　　　　老龄化率

数据来源：笔者绘制。

以老年人口增长速度视角看，内蒙古老龄人口数量增长可分为以下四个时期。第一时期为缓慢增长时期，大约是 1982—1990 年，1982 年内蒙古老龄人口总量为 69.62 万人左右，发展至 1990 年老龄人口数量增长至 85.99 万人左右，增长速度较为缓慢；第二时期为 1990—2000 年，这一时期内蒙古老龄人口增长的速度逐步加快，且老龄人口总量在此期间突破了百万级；第三时期为 2000—2010 年，这一时期内蒙古老龄人口增速明显加快，由原来每十年增长 40 万人上升到每十年增长 60 万人；第四时期为 2010—2020 年，是内蒙古老龄人口规模快速膨胀的时期，经过十年的发展，老龄人口总量增长至 313 万人左右。

影响地区人口老龄化的因素众多。第一，21 世纪以来城镇化率逐渐上升，大量年轻人口的迁移导致地区性人口老龄化现象；第二，由于低生育率、人口内在自然增长率等原因导致了人口老龄化问题在短期内难以解决，其影响相比前一种影响也将更为深远和复杂。①

自 1982 年以来，内蒙古老龄人口总量一直维持不断增长的态势。1982 年，全内蒙古地区老龄人口为 69.62 万人；2000 年增长至 127.13 万人，净增加 57.51 万人，年均老龄人口增长为 3.195 万人。进入 21 世纪以后，内蒙古老龄人口增速与之前相比明显加速，人口结构已然改变。据内蒙古自治区统计数据，1982—2000 年，内蒙古自治区老龄人口增长率基本维持在 10‰左右，特殊年份甚至高达 15.5‰，在此期间内蒙古地区老龄人口数量增长缓慢。在 2000 年以后，内蒙古地区人口自然增长率逐步下降至 10‰左右甚至更低，在最近 3 年内人口自然增长率更是下降至 5‰以下。随着生育政策的放开，出生人口增加，内蒙古地区人口自然增长率略有上升，但增长幅度难以改变人口结构现状。在此背景之下，由于内蒙古地区经济发展较为落后及迁入人口规模有限，地区内净增人口数也同步下降。综上，认为未来内蒙古地区人口老龄化问题将会更严重。

从过去几十年内蒙古人口发展状况不难看出。第一，内蒙古老龄人口不断增长的态势已成事实且难以逆转；第二，内蒙古地区老龄人口增长阶段性较强，2010—2020 年为增长最迅速的时期；第三，内蒙古地区人口增速放缓，随着人口自然增长率降至 5‰以下，人口结构已悄然发生变化；第四，内蒙古地区老龄人口呈现指数增长。内蒙古地区将面临严重的人口老龄化问题。

2. 统计年鉴视角

自 2000 年起历年内蒙古老年人口情况，如表 12-2 和图 12-3 所示。首先，以老年人口数量的绝对值视角来看，自 21 世纪起，内蒙古地区老龄人口数量逐年上升，在 2012—2013 年有下降现象出现，到

---

① 陆杰华：《中国老龄社会新形态的特征、影响及其应对策略——基于"七普"数据的解读》，《人口与经济》2021 年第 5 期。

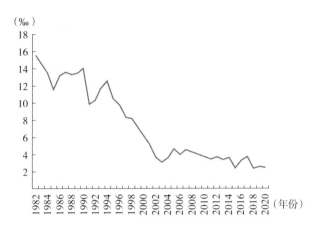

图 12 - 3　内蒙古人口自然增长率

数据来源：笔者绘制。

2020 年达 313 万，经过 20 年的发展内蒙古老年人口数量增加至 21 世纪初的 3 倍。其次，以老年人口占总人口比例的视角来看，该增长态势与老年人口数量结论类似。2002 年，内蒙古地区老年人口数量占总人口的比例为 7%，这反映内蒙古地区已经进入老龄化社会；自 2002年以后，内蒙古地区老龄化率持续上升，在短短 20 年间，老年人口占总人口比例达到 13.05%，与 2002 年相比，该比例几乎增长了百分之百。上述两个指标一直保持着快速增长态势，这意味着内蒙古地区老龄化问题的发展速度明显超出预期。

表 12 - 2　　　　　　　　　内蒙古老龄人口数量及占比

年份	65 岁及以上人口数量	65 岁及以上人口占比
2000	127.00	0.053532288
2001	142.24	0.059729571
2002	170.34	0.071450077
2003	182.89	0.076658587

年份	65 岁及以上人口数量	65 岁及以上人口占比
2004	179. 71	0. 07510768
2005	189. 10	0. 078690811
2006	190. 52	0. 078886254
2007	200. 22	0. 082436686
2008	199. 44	0. 0815924
2009	208. 01	0. 084618482
2010	187. 00	0. 075641129
2011	171. 88	0. 06958518
2012	196. 87	0. 079902285
2013	214. 36	0. 087303071
2014	234. 67	0. 095819498
2015	240. 57	0. 098577177
2016	238. 35	0. 09783731
2017	251. 09	0. 103184844
2018	265. 05	0. 109425316
2019	280. 11	0. 115973171
2020	313. 64	0. 130531047

数据来源:《内蒙古统计年鉴》。

同样，从内蒙古地区老年人口年增长率的视角来考察该地区老龄化现状也可以发现类似规律。2000—2010 年，内蒙古地区老年人口数量的年增长率不断上升，但增长幅度相对往后年份较小，均值处于 5%以下；但出乎意料的是，经过 2010—2020 年十年的发展，老龄人口数量的年均增长率均值上升至5%以上，这远远大于2000—2010年的年增长率。

统计年鉴视角与人口普查视角均反映出类似现象，内蒙古地区人口老龄化已进入加速发展时期。总体而言，人口老龄化问题已成为内蒙古地区难以回避的问题之一。

（三）内蒙古各盟市老龄化状况

由于内蒙古地区地域辽阔，不同地区有着不同的经济、地理和文化背景，可能会对人口老龄化产生不同影响。为有效研究内蒙古不同区域老龄化现状，可以按照盟市的行政区域划分并结合第六次全国人口普查和第七次全国人口普查阐述现阶段内蒙古自治区人口老龄化的特征，以行政区位划分方式下"七普"内蒙古自治区65岁及以上老龄人口占总人口的比重情况，见表12-3。

内蒙古人口老龄化存在明显的区域差异。根据第六次全国人口普查和第七次全国人口普查数据可得，考察内蒙古自治区各盟市在两次人口普查期间老龄人口的变动情况。根据表12-3描述可以看出，乌兰察布市老龄化问题最为严重，65岁及以上人口占该市总人口比重为20.81%，根据国际标准已经属于中度老龄化社会；呼和浩特、包头、赤峰、通辽、呼伦贝尔、巴彦淖尔、兴安盟、锡林郭勒、乌海市所面临的老龄化问题较为类似，65岁及以上人口占该地区总人口比重分别为11.96%、13.7%、13.24%、12.02%、13.72%、14.39%、11.53%、11.53%、11.48%；鄂尔多斯和阿拉善盟所面临的老龄化问题最轻，65岁及以上人口占总人口比重分别为9.8%和9.83%。根据国际老龄化标准，轻度老龄化和中度老龄化的定义分别为65岁及以上人口占总人口比例达7.0%以及65岁及以上人口占总人口比例达14.0%。除乌兰察布属于中度老龄化外，内蒙古自治区其他盟市均处于轻度老龄化。与第六次人口普查数据相比，内蒙古地区各盟市老龄化率平均水平有所上升。由人口负增长和人口自然增长率推理可得，部分地域人口结构的变化并不是自然变动导致的，而是人口机械变动（迁移流动）的结果，即因为青年人口流出大余流入而导致的人口老龄化现象。

表 12 - 3　　　第七次全国人口普查内蒙古各盟市老龄化水平　　　（单位:%）

盟市	65 岁及以上人口占比
呼和浩特	11.96
包头	13.70
赤峰	13.24
通辽	12.02
呼伦贝尔	13.72
鄂尔多斯	9.80
乌兰察布	20.81
巴彦淖尔	14.39
兴安盟	11.53
锡林郭勒	11.53
乌海	11.48
阿拉善	9.83

数据来源：笔者自制。

目前内蒙古自治区不同盟市所面临的老龄化问题差异较大，不同盟市人口老龄化程度分别处于不同阶段，具体而言，12 个盟市中老龄化程度可大致分为尚未老龄化、轻度老龄化以及中度老龄化这三种阶段。因此，针对不同盟市所面临的差异化老龄问题，我们可以对老龄化问题较轻的盟市做好防微杜渐；对老龄化问题较重的盟市尽早采取应对措施，例如完善公共养老机构等。

虽然两次普查数据时效性较差，不能反映内蒙古地区的最新状况，但是，从普查数据依然可以判断，内蒙古地区人口发展具有区域不均衡特征，特别是老龄人口增长。各盟市由于老龄人口增长的速度、方向存在显著差异，这势必导致未来各盟市进入老龄化社会的时间和速度不尽相同。目前，内蒙古自治区部分地区出现的人口老龄化是由人口迁移流动造成的，未来以低生育率为发动机的人口学机制将逐渐发挥越来越重要的作用。

由分析结果可知，无论是从历次全国人口普查视角还是历年统计年鉴视角，内蒙古地区在进入 21 世纪后，老龄人数量和占比均进入加速发展时代，如从 2000 年的 127 万人到 2020 年的 313 万人。以各盟市视角观察老龄化程度发展发现，"七普"相比较"六普"各盟市老龄化平均水平均有所上升，这也侧面反映了内蒙古地区老龄化程度加深的事实。同时在老龄化背景下，内蒙古地区的人口结构呈现出明显变化，如高龄化和少子化特征，总和生育率显著低于更替水平，等等。

二 老龄化背景下内蒙古人口年龄构成现状

社会经济的可持续发展离不开人口支撑。人口年龄结构对一地区的发展影响广泛。具体而言，劳动力供给和经济发展等一系列问题均受限于人口年龄结构，而且其直接影响未来人口发展的态势。内蒙古地区在已经进入老龄化社会的新环境之下，抚养比不断加深，劳动力人口数量不断减少，老年人口规模快速扩张。在此新局面下，经济社会正发生着显著的变化。与此同时，内蒙古地区也面临着百年未有之大变局下的诸多问题，特别是人口问题。因此，探论在百年未有之大变局下内蒙古地区的年龄结构现状对深入认识及积极应对内蒙古人口老龄化问题具有非常重要的理论与现实作用。

"七普"资料显示，内蒙古地区 0—14 岁的常住人口数量为 3377673 人，占该地区总人口的 14.04%；内蒙古地区 15—59 岁的常住人口数量为 15914249 人，占总人口的 66.17%；内蒙古地区 60 岁及以上的常住人口数量为 4757233 人，占总人口的 19.78%；内蒙古地区 65 岁及以上的常住人口数量为 3138918 人，占总人口的 13.05%。与十年前第六次全国人口普查相比，内蒙古地区 0—14 岁（14.09%）、15—64 岁（78.34%）、65 岁及以上人口（7.6%）占总人口的比重分别下降了 0.05 个百分点、5.43 个百分点以及上升了 5.45 个百分点。同全国相比，内蒙古 65 岁及以上人口比重比全国平均水平（13.50%）高了 0.49 个百分点。

下面本节将根据国际标准的人口年龄结构类型对内蒙古地区人口年龄结构进行评判，以此研究内蒙古自治区人口年龄结构类型的变化。

根据国际标准，不同人口年龄结构所对应的社会见表 12 - 4，内蒙古历年统计年鉴中年龄结构指标见表 12 - 5。按表 12 - 4 的标准划分，少儿人口的年龄范围为 0—14 岁，劳动年龄人口的年龄范围为 15—64 岁，老年人口的年龄范围为 65 岁以上。少儿抚养比 = 少儿人口数/劳动年龄人口数；老年抚养比 = 老年人口数/劳动年龄人口数；总抚养比 = 少儿抚养系数 + 老年抚养系数 = （少儿人口数 + 老年人口数）/劳动年龄人口数；老少比 = 老年人口数/少儿人口数。通过以上指标分析，2000 年内蒙古自治区老年抚养系数 7.29%，大于 7%，属于老年型指标，这表明早在进入 21 世纪之初，内蒙古地区老龄化趋势就已经开始形成。在此期间，内蒙古地区少儿抚养比为 29.03%，小于国际指标 30%，属于老年型社会；老少比 25.10%，介于 15%—30%，属于成年型指标。同时，内蒙古地区老年抚养比以及少年抚养比属于老年型指标，老少比属于成年型指标，由此本节认为，在 21 世纪之初，内蒙古自治区人口年龄结构类型标志其基本进入老年型社会。由于统计技术不够发达以及缺乏完整的人口数据，2000 年以前的人口数据难以测量和推测。因此，本节假设在 2000 年以前内蒙古自治区的人口年龄结构类型属于成年型，在 2000—2010 年人口年龄结构类型由成年型向老年型转变。随着 10 年时间的推移，到 2010 年后，老年抚养系数为

9.66%，大于7%且较2000年上升了2.33个百分点，延续并且加深了老年型指标；少儿抚养系数为17.98%，小于30%且较2000年下降了11.14个百分点，属于老年型指标；老少比为53.73%，大于30%且较2000年上升了28.63个百分点。十年时间过去后，全部评判指标均已进入老年型，我们可以判定，2010年后内蒙古自治区已经完全进入了老龄化社会。到2020年，少儿抚养系数在持续下降后略有回升，为19.27%，小于30%，属于老年型指标；老年抚养系数持续上升，达到17.9%，远大于7%，属于典型的老年型指标。三项评判指标进一步向老龄型倾斜，这表明在2010—2020年这十年间属于内蒙古自治区人口老龄化问题日益强化的阶段。

表12-4   国际通用的人口年龄结构类型指标数值

指标	年轻型	成年型	老年型
老年系数	<4%	4%—7%	>7%
少儿系数	>40%	30%—40%	<30%
老少比	<15%	15%—30%	>30%
年龄中位数	<20岁	20—30岁	>30岁

数据来源：笔者自制。

表12-5   内蒙古历年统计年鉴年龄结构基本指标   （单位：%）

年份	总人口抚养比	少儿抚养比	年老抚养比
2000	36.29	29.03	7.29
2002	36.29	26.56	9.72
2003	29.01	20.44	8.58
2004	32.61	22.7	9.91
2005	33.32	22.74	10.57
2006	31.61	21.35	10.26

续表

年份	总人口抚养比	少儿抚养比	年老抚养比
2007	31.33	20.61	10.73
2008	29.89	19.36	10.53
2009	29.35	18.41	10.94
2010	27.64	17.98	9.66
2011	25.89	17.22	8.67
2012	27.76	17.7	10.06
2013	28.67	17.67	11
2014	29.69	17.58	12.1
2015	29.24	16.89	12.35
2016	28.6	16.46	12.14
2017	32.25	17.91	14.33
2018	30.08	17.27	12.81
2019	30.25	16.97	13.28
2020	37.17	19.27	17.9

数据来源:《内蒙古统计年鉴》。

综上,按照上述国际通用的指标核算,在进入 21 世纪后,内蒙古自治区已经脱离成年型社会进入老年型社会;在 2000—2010 年,内蒙古自治区已经正式进入老龄化社会;在 2010—2020 年,为内蒙古自治区老龄化快速发展时期。内蒙古在 2010 年后正式进入老年型阶段,一方面与中国多年实行计划生育政策使得出生率下降有关;另一方面在新中国成立后生育高峰时期出生的婴儿,在 2010 年后陆续进入老龄阶段,加重了内蒙古地区的老年抚养负担。不过从另一个角度来看,老龄化催生的"银发经济"又为社会经济发展带来新的机遇。

三 老龄化对内蒙古劳动力供给及社会保障的影响

（一）老龄化对内蒙古社会保障的影响

由于内蒙古人口老龄化进程的不断推进，在一定程度上也促进了内蒙古社会保障支出水平提高。为了深入研究两者之间的关系，我们从以下视角进行考察。如果将社会保障支出看作一条"管道"，那么它有其"输入端"与"输出端"。内蒙古地区的人口老龄化既从社会保障支出的"输入端"影响着供给，又从其"输出端"形成需求。

1. 社会保障支出的"输入端"

从地区性社会保障支出的"输入端"来看，社会保障的供给水平主要取决于该地区经济的发展水平。人口老龄化会从劳动力、技术水平、资本积累等多方面对经济增长发挥作用，进而影响该地区的社会保障支出。

首先，内蒙古地区老龄化程度的加深会对内蒙古地区劳动者的数量和质量两方面造成影响。一方面，老龄人口数量的增长，优质劳动供给下降或者外流，劳动力供需不匹配，由供求关系原理可知，劳动力的成本上升；另一方面，劳动生产率下降，造成内蒙古地区产出增长率下降，从二元经济转换角度来看，传统的生产模式竞争力逐渐削弱，产业结构转型升级，理论上有利于经济的发展。

其次，从老龄化速度方面来看，老年人的大脑机能和认知能力等各方面会逐步衰弱，阻碍了内蒙古地区技术水平的增长速度。且老年人对高科技产品接受程度较低而内蒙古地区主要生产初级产品，获利较少，因此，抑制了地区经济发展。同时不应该忽视的是，根据经济学的供需理论，老年人对高质量服务的特殊需求助长了"银发产业"的发展势头，这在一定程度上促进了内蒙古地区的经济发展。

最后，从地区的负担方面来看，老年人口数量的增加会通过影响该地区投资、储蓄等方面对社会保障形成冲击。随着内蒙古地区退休人员的增多，企业需要支付的离退休金增加，导致企业投资资金减少，阻碍了企业发展。同时保障老龄人口的财政支出日益增多，挤占了其他资源所需要的资金，从而不利于人力资本的积累。

2. 社会保障支出的"输出端"

从社会保障支出的"输出端"来看，老年人口是社会保障所覆盖人群的最迫切需求群体。一方面，人口老龄化的快速发展增加了内蒙古地区诸多项目的养老费用，其中对财政预算内的离退休费以及社会保障补助支出的影响较大，这两者之和占内蒙古地区社会保障预就业支出的比例接近一半；另一方面，老人群体在医疗保健方面的支出比较集中，医疗保险支出相应增加，并且由于有老年人口的收入来源主要是养老保险，因此，地区对养老保险的需求大幅增加。

由此可见，内蒙古地区劳动力的减少和退休人员的增加对养老金、退休金等支出带来了挑战，造成了财政收不抵支。政府将更多的资金投入到养老领域，使得养老医疗卫生支出、老年福利设施和老年服务支出等大幅上升。因此，享受社会保障的老年人口从需求方面对社会保障支出影响深远。

（二）老龄化对内蒙古劳动力供给的影响

由宏观经济增长模型可知，一个国家和地区经济发展需要依靠生产要素的投入，而劳动力资源作为最重要的生产要素之一，必须保持充足有效的供给，即既要保障劳动力的数量也要保证劳动力的质量。在内蒙古地区人口老龄化加速的背景下，人口结构的变化正在悄然发生。[1]

---

[1] 乌达巴拉：《内蒙古人口老龄化对劳动力供给的影响研究》，硕士学位论文，内蒙古财经大学，2021年。

15—65 岁的劳动人口数量以及占总人口比例又发生了什么样的变化呢？

由第六次全国人口普查数据和第七次全国人口普查数据可知，2010—2020 年十年间劳动年龄人口规模（15—65 岁）占内蒙古地区总人口比例下降了5.43 个百分点。

由内蒙古地区历年统计年鉴人口年龄结构数据可知，内蒙古15—65 岁劳动年龄人口增长率变化如下。第一，在 2000—2010 年的十年间，内蒙古地区劳动年龄人口的增长率保持着相对稳定的增长状态，但是增长速度缓慢；第二，在 2011—2013 年的三年间，内蒙古地区劳动年龄人口增长率开始出现下降，随后便出现波动变化；第三，到 2020 年内蒙古 15—65 岁人口增长率出现断崖式的下降。

综上所述，随着内蒙古地区人口老龄化程度不断加深，影响该地区劳动年龄人口的负向动能逐渐累积，随着 2000—2010 年劳动力增长速度开始放缓，2011 年增长率出现下降直至 2020 年出现断崖式下降。由此，可以推断老龄化快速发展的时期，内蒙古地区劳动年龄人口随着时间的推移也会出现下降趋势。

随着老年人口数量的增长，老年人口抚养比由 2000 年的 7.29 上升至 2020 年的 17.9。有效劳动力供给呈现缓慢趋势，劳动年龄人口规模于 2020 年出现断崖式下降，导致人口结构明显的高龄化、少子化。同时，老龄化加速发展时代对劳动力市场供给有利有弊，具体情况需要参考老龄化程度以及发展速度。

四　内蒙古老龄化人口趋势预测

人口预测是在考虑人口因素的基础上进行一定假设，对一个国家或者地区未来人口数量进行估计。人口预测的方法种类繁多，主要有数学方法、队列预测法、多区域预测法、社会经济模型法以及一些其他方法。[①]

(一) 队列要素法模型

在现实的人口预测中，遵循人口本身变动要素和人口学原理的队列预测法应用得比较广泛，并且能够在预测中取得良好的契合结果。队列预测法（同批人预测法），主要包括队列要素法和队列变化率法。预测的基本假设如下，预测地区总有出生、死亡、迁移人口的存在，即人口状况处在不断地变化发展中。但人口学基本理论和大量的人口变动事实表明，当一个地区的人口规模比较大的时候，其不同性别、年龄组人口随时间的变化一般都具有比较稳定的特征。队列要素法进行人口预测的基本原理和思路，就是利用以上基本理论，对预测地区的每一年龄组的人口，设定其将来某一时期的变化率，根据分别计算其将来在该期间内的死亡数和净迁移数，将其余基准期的人口数相加相减，从而得出预测的期末的高一年龄组的人口。

应用队列要素法来进行人口预测，一般需要一下基础数据，基年人口、将来预测期间的生存概率、将来预测期间的生育率、将来预测期间的净迁移率、将来预测期间的出生性别比。

在对以上基础数据进行预测后，就可以根据队列要素法进行人口预测。现以年龄按 5 岁组距分组（最高年龄划分到 85 岁以上），时间按 5 年间隔预测为例，说明模型如下。

设 $M_{x,t}$ 为 t 年 x—$x+4$ 岁年龄组的男性人口；$F_{x,t}$ 为 t 年 x—$x+4$ 岁年龄组的女性人口；其中，$x=0$，5，10，…，80，$M_{85,t}$ 以及 $F_{85,t}$ 分别表示 85 岁及以上的男女高龄人口；Bt 为 $t\sim t+5$ 年间出生的婴儿数；r 为出生性别比；$B_{t,m}$ 为 $t\sim t+5$ 年间出生的男性婴儿数；$B_{t,f}$ 为 $t\sim t+5$

---

① 杨朝勇：《队列要素法与浙江省人口预测》，硕士学位论文，浙江大学，2003 年。

年间出生的女性婴儿数；$P_{x,t}^m$ 为 t 年 $x-5 \sim x-1$ 岁年龄组的男性人口到 $t+5$ 年 $x \sim x+4$ 岁年龄组男性人口的生存概率；$P_{x,t}^f$ 为 t 年 $x-5 \sim x-1$ 岁年龄组的女性人口到 $t+5$ 年 $x \sim x+4$ 岁年龄组女性人口的生存概率；其中，$P_{0,t}^m$ 和 $P_{0,t}^f$ 分别表示在 $t \sim t+5$ 年间出生的婴儿到 $t+5$ 年成为 $0 \sim 4$ 岁年龄组人口的生存概率；$P_{85,t}^m$ 和 $P_{85,t}^f$ 分别表示在 t 年 80 岁以上人口到 $t+5$ 年成为 85 岁以上年龄组人口的生存概率；$b_{x,t}$ 为 $t \sim t+5$ 年间 $x \sim x+4$ 岁年龄组女性人口的生育率；为了计算简便，本节预测设定期内的迁移人数为 0；在以上定义下，到 $t+5$ 年的年龄别人口，可根据 t 年的人口，如公式（12-1）所示。

$$M_{x,t+5} = (P_{x,t}^m) \cdot (M_{x-5,t})$$

$$F_{x,t+5} = (P_{x,t}^f) \cdot (F_{x-5,t})$$

$$B_t = \sum (F_{x,t} + F_{x,t+5}) \cdot b_{x,t} \times 5/2$$

$$B_{t,m} = B_t * (r/100 + r)$$

$$M_{0,t+5} = (P_{0,t}^m) \cdot B_{t,m}$$

$$F_{0,t+5} = (P_{0,t}^f) \cdot B_{t,f}$$

$$M_{x,t+5} = (P_{85,t}^m) \cdot (M_{80,t} + M_{85,t})$$

$$F_{x,t+5} = (P_{85,t}^f) \cdot (F_{80,t} + F_{85,t}) \tag{12-1}$$

综合上述的基础数据和方程组，就可以求得 $t+5$ 年的男女、年龄别人口数和人口总数，还可以求得在 $t+5$ 年男女、年龄别出生数、死亡数。根据预测的年份，重复以上步骤，即可分别得出个预测年份的男女、年龄别人口数和人口总数以及分性别、年龄组的出生数和死亡数。根据以上公式以及假设，可以得到一个根据队列要素法预测将来人口的程序框图，如图 12-4 所示。由于本节主要探究内蒙古地区人口老龄化状况，所以本节的预测主要针对 65 岁及以上人口数量的预测。

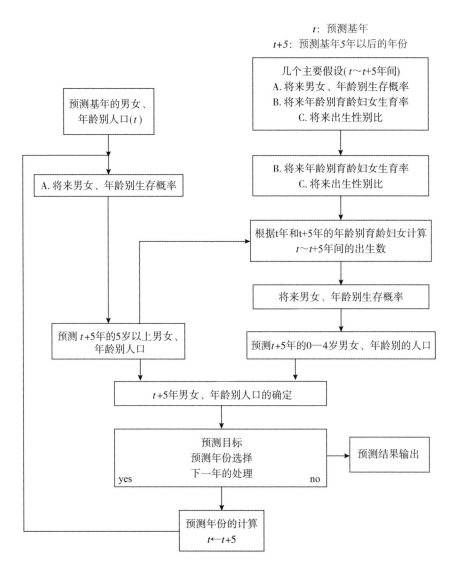

图 12 - 4 队列要素法程序

数据来源：笔者绘制。

（二）关于内蒙古老龄人口数量预测的几个重要假设

本节以2010年全国第六次人口普查内蒙古情况作为基准年，年龄按 5 岁组距分组，时间按 5 年间隔预测①，所用数据资料主要来源于全国人口普查数据、中国统计年鉴数据以及内蒙古自治区统计年鉴数据。对以上几个基础数据分别进行预测或设定。内蒙古 2010 年全国第六次人口普查分年龄、分性别人口数，见表 12 - 6。

表 12 - 6　　　　　　　第六次全国人口普查年龄金字塔　　　　　（单位：人）

年龄范围	男	女
0 岁	107837	96314
1—4 岁	479554	435121
5—9 岁	571128	521621
10—14 岁	658767	606089
15—19 岁	859999	804925
20—24 岁	1074514	1009309
25—29 岁	1078398	981363
30—34 岁	1041581	926197
35—39 岁	1335067	1205577
40—44 岁	1324061	1184598
45—49 岁	1173609	1065925
50—54 岁	941694	871966
55—59 岁	770719	743945
60—64 岁	488645	479591
65—69 岁	326461	337485

---

① 隋澈：《中国未来人口老龄化水平变化趋势对经济增长的影响——以"全面两孩"政策为背景》，《河北经贸大学学报》2018 年第 3 期。

续表

年龄范围	男	女
70—74 岁	296727	293566
75—79 岁	188701	183859
80—84 岁	85147	81668
85 岁及以上	35634	38929

数据来源：笔者自制。

第一，设定时期年龄别生育率的变化趋势。为了预测内蒙古地区育龄妇女设定时期的年龄别生育率，需要对未来地区综合生育率变化作出合理假定并计算出生系数。在此本节以第六次人口普查以及《"十三五"卫生与健康规划》为参考，设计以下三种方案预测。方案一假设内蒙古自治区总和生育率保持低水平，为1.07—1.4。方案二假设其生育率为中水平，在1.5—1.8；方案三的生育率设置为1.9—2.1，为高水平。其余年份采用线性内插方法对数据进行推算。

第二，预期寿命以第六次全国人口普查内蒙古情况为基础，参照联合国《世界人口展望》对内蒙古地区人口预期寿命进行预测。根据联合国发布的预期寿命预测方案，推算出内蒙古2020年、2025年、2030年、2035年、2040年、2045年、2050年分性别预期寿命。分别为2020年男性预期寿命为74.44岁，女性预期寿命为80.23岁；2025年男性预期寿命为75.24岁，女性预期寿命为80.73岁；2030年男性预期寿命为75.74岁，女性预期寿命为81.23岁；2035年男性预期寿命为76.24岁，女性预期寿命为81.73岁；2040年男性预期寿命为76.74岁，女性预期寿命为82.23岁；2045年男性预期寿命为77.14岁，女性预期寿命为82.73岁；2050年男性预期寿命为77.54岁，女性预期寿命为83.13岁。

第三，设定死亡模式。本节死亡模式采用Coale – Demeny 模型生命表"西区模式"。

第四，设定内蒙古地区出生性别比的变化趋势始终保持105 的水平不变。

（三）内蒙古老龄人口数量预测结果

65 岁及以上老年人口占总人口的比重是衡量一个国家或地区的人口老龄化水平的重要指标。根据预测结果，2022—2050 年内蒙古地区65 岁及以上人口占比在假设的三种方案下，均呈现出增长的趋势，老龄化的变化趋势，见表12 – 7。

表 12 – 7　　　　　　　内蒙古 65 岁及以上人口占比预测　　　　（单位：%）

年份	低方案	中方案	高方案
2022	14.4	13.9	13.5
2023	15.2	14.6	14.1
2024	15.9	15.3	14.7
2025	16.6	15.9	15.3
2026	17.6	16.8	16.1
2027	18.5	17.6	16.9
2028	19.5	18.5	17.7
2029	20.4	19.3	18.4
2030	21.2	20.1	19.1
2031	22.3	21.0	19.9
2032	23.3	21.9	20.7
2033	24.3	22.7	21.5

年份	低方案	中方案	高方案
2034	25.3	23.6	22.3
2035	26.2	24.4	23.0
2036	27.2	25.2	23.7
2037	28.1	26.0	24.3
2038	29.0	26.8	25.0
2039	29.9	27.5	25.6
2040	30.8	28.2	26.2
2041	31.2	28.5	26.4
2042	31.6	28.8	26.5
2043	32.0	29.0	26.7
2044	32.4	29.2	26.8
2045	32.8	29.4	26.9
2046	33.2	29.7	27.1
2047	33.6	29.9	27.2
2048	34.0	30.2	27.3
2049	34.4	30.4	27.4
2050	34.8	30.6	27.5

数据来源：笔者自制。

在第一种方案之下（低生育水平），内蒙古地区 65 岁及以上人口占比自 2021 年的 13.7% 上升至 2050 年的 34.8%，增长幅度超过两倍；在第二种方案之下（中生育水平），内蒙古地区 65 岁及以上人口占比自 2021 年的 13.2% 上升至 2050 年的 30.6%，同样增长幅度超过两倍；在第三种方案之下（高生育水平），内蒙古地区 65 岁及以上人口占比自 2021 年的 12.8% 增长至 2050 年的 27.5%，增长幅度也超过两倍。这说明无论在哪种生育假设情况下，内蒙古地区人口老龄化情况均呈现出一个指数级增长。

综上所述，未来 30 年间内蒙古地区不同的生育水平只能缓解老龄化的程度，而无法逆转人口老龄化的趋势。这会给内蒙古地区未来人口结构带来很大的挑战。因而，准确把握未来内蒙古人口老龄化趋势，对内蒙古地区人口安全以及社会经济发展是必要的。

五　小结

对内蒙古地区人口分析所揭示的人口老龄化，是多因素共同作用的结果，但就目前看来，其主要受生育率以及预期寿命的影响。广大专家学者已经从低出生率和人均寿命延长导致的低死亡率视角进行了深入研究。

随着内蒙古地区人口自然增长率以及生育率长期维持在低位徘徊，这导致人口老龄化问题逐渐显著，其特征也愈趋明朗。同时，由于科学技术的进步与应用范围不断扩大推动了医疗、卫生技术的改善，很大程度上增加了内蒙古地区居民的预期寿命。这两个因素是直接导致内蒙古地区人口老龄化的原因。

本章从内蒙古地区历史老龄化发展趋势、人口年龄结构、社会保障变化以及未来老龄人口数量及占比等多个维度对内蒙古地区老龄化发展进行描述，为内蒙古地区改善人口结构，调高人口规模和人口质量，促进内蒙古地区可持续发展提供数据支持，以供参考。

第十三章　内蒙古人口老龄化对经济
发展的影响

一　内蒙古人口老龄化对经济增速的影响

在影响宏观经济变化的诸多因素当中，人口因素无疑是重要的原因，它对经济增长的速度产生影响。目前，全世界各国各地区均发生一定程度上的人口老龄化，这一变化势必会影响世界经济的发展。虽然，自改革开放中国经济始终处于健康发展，不过，随着平均寿命的逐渐上升，社会经济发展稳定增长的状态势必会受到冲击，所以探究人口老龄化影响经济增长的机制路径对未来经济增长战略的制定十分关键。目前，人口老龄化问题已经逐渐上升为社会热点问题，客观分析人口老龄化对经济增长的影响路径是必要的。

根据《内蒙古自治区统计年鉴》数据显示，近20年来自治区 GDP 指数连年下降，经济增长速度逐渐降低。目前，更多的的研究成果表明，人口老龄化是经济增长速度放缓的原因之一，其影响机制人口老龄化使得有效劳动力供给放缓甚至减少，并且对全要素增长率的不利影响使得人均产出的增长速度放缓。

某些发达国家的老龄化进程，可以帮助我们更好地理解老龄化与经济增长之间的关系。但有两个特征是内蒙古自治区乃至全国较为独特的情形。一是未富先老。当前，中国在处于中等收入水平国家时便发生了人口老龄化，与发达国家不同，中国需要适度的经济增长用以积累养老资源来应对人口老龄化。二是中国的人口转变过程是独一无二的。在人口政策与经济快速发展共同作用之下，中国在进入老龄化社会之后，其老龄化进程更为迅速。快速老龄化会对经济增长产生额外的冲击。第一，人口的快速老龄化会导致有效劳动力供给的迅速减少，随之劳动密集型产业逐渐丧失优势，如果产业结构转型不能顺利完成，可能导致经济速度的大幅下降；第二，人口快速老龄化会增加社会负担，引起宏观经济结构失衡；第三，随着人口老龄化，劳动节约型技术进步将得到长足发展，但该过程需要较长的时间，其间假如劳动力供给不足对经济增长产生的负面影响不能被技术进步代替，便会对经济增长有所拖累。

（一）变量选取、数据来源与模型设计

1. 变量选择

第一，被解释变量。本节的被解释变量为经济增长速度。历年GDP指数可以很好地衡量一个地区GDP的增长速度也就是经济增速。GDP指数是指以上一年度的GDP总额为100所换算成的今年的GDP总额。如果指数大于100则说明GDP在增长，反之则为减少。GDP指数越大说明经济增长速度越快。因此本节选取内蒙古自治区2005—2019年每年的GDP指数作为指标，代表经济增长速度的变化情况。

第二，核心解释变量。本节的核心解释变量为人口老龄化。用来衡量人口老龄化的指标为人口老龄化系数，通常是指本地区超过65岁以上的人口占该地区总人口的比率，因而常常使用百分比表示，它可以从经济角度反映人口老龄化的社会后果。

第三，控制变量。由于考虑到本节模型估计可能因为缺失某些解释变量，从而带来一定程度上的模型估计误差，所以在选取核心

解释变量之外，本节模型估计又增加了六个影响经济增长速度的控制变量以达到加强模型解释能力与估计准确度的作用。一是经济发展水平。本节使用人均生产总值用来衡量该地区的经济发展水平，一个国家或者地区的社会经济发展水平和宏观经济运行情况可以通过人均生产总值展现出来，是非常关键的宏观经济指标。二是消费。消费是拉动经济增长的三驾马车之一，一个地区的消费程度越高表明该地区的居民生活水平越高，这一变量通常使用人均消费支出来刻画。三是城市化。城市化率是衡量社会经济发展水平的重要变量，城市化对经济发展的影响包含正负两种效应，但大规模的城市化对经济增长速度有着重大影响。四是房价。房价一般用商品房价格来表示，商品房价格是指将各单位的销售价格的和除以单位建筑面积的和，即得出每平方米的均价。五是居民生活水平。该变量使用人均可支配收入作为统计指标。六是受教育程度。受教育程度采用高等院校毕业生人数来衡量。在研究分盟市老龄化对人民生活水平的影响过程中，由于每个地区的居民受教育程度不一致，但高校毕业生人数却是地区经济发展的关键动能，所以控制该变量的作用非常重要，描述性统计结果见表 13 – 1。

表 13 – 1　　　　　　　　　　描述性统计

变量	指标	符号	单位	指标及其定义
经济增长速度	GDP 指数	GDP	%	GDP 总额占上一年度份额
居民生活水平	人均可支配收入	Living	元	每人每年的可支配收入
人口老龄化	人口老龄化系数	Aging	%	65 岁以上老人占比
城市化水平	城市化率	City	%	城镇人口占比

变量	指标	符号	单位	指标及其定义
经济发展水平	人均 GDP	PGDP	元	地区 GDP 除以总人口
消费	人均消费支出	Consumption	元	满足家庭日常消费的总支出
房价	年平均房价	Hprice	元	商品房平均价格
受教育水平	高校毕业生人数	stu	人	高校毕业生人数不包括成人教育

数据来源：笔者自制。

2. 数据来源

为了使研究具有较好的可比较性，研究采用 2005—2019 年内蒙古自治区、呼和浩特市、包头市、鄂尔多斯市、乌海市和呼伦贝尔市的面板数据为样本，所有变量指标数据均来自《内蒙古自治区统计年鉴》、各盟市统计年鉴。

3. 模型设计

基于以上数据设定以下回归模型，如公式（13 -1）和公式（13 -2）所示。

$$GDP = b_1 + b_2 aging + b_3 Consumption + b_4 city + b_5 PGDP$$
$$+ b_6 living + \varepsilon_1 \tag{13 - 1}$$

$$GDP = b_1 + b_2 aging + b_3 Consumption + b_4 city + b_5 PGDP$$
$$+ b_6 hprice + b_7 stu + b_8 cliving + \varepsilon_2 \tag{13 - 2}$$

其中 GDP 表示经济增长速度，living 表示居民生活水平，Cliving 表示城镇居民生活水平，aging 表示人口老龄化，City 表示城市化率，PGDP表示经济发展水平，consumption 表示人均消费支出，Consumption 表示城镇人均消费支出，hprice 表示房价，stu 表示受教育程度，ε 表示随机干扰项。公式（13 -1）为内蒙古自治区老龄化对经济增长速度的影响，采用 OLS 回归，公式（13 - 2）为分盟市老龄化对经济增长速度的影响，采用固定效应模型。

（二）实证过程

本节利用 Stata16.0 软件，估计结果见表 13 - 2 与表 13 - 3。其中，公式（13 - 1）采用普通最小二乘法，公式（13 - 2）式采用固定效应模型。

表 13 - 2　　　　　　人口老龄化对 GDP 增速的影响（内蒙古）

	(1)	(2)	(3)	(4)	(5)
老龄化	-0.0278*** (-6.51)	-0.0126*** (-5.15)	-0.00903*** (-4.25)	-0.0110*** (-4.05)	-0.00898*** (-3.36)
ln 人均消费支出	—	-0.0716*** (-8.70)	—	—	—
ln 城市化率	—	—	-0.392*** (-11.38)	—	—
ln 人均生产总值	—	—	—	-0.0733*** (-8.23)	—
ln 人均可支配收入	—	—	—	—	-0.0738*** (-8.98)
常数项	4.962*** (124.50)	5.495*** (86.82)	6.375*** (51.06)	5.582*** (72.33)	5.503*** (88.45)
N	16	16	16	16	16
F	42.40	172.2	280.5	156.3	182.0

注：$^{*}p<0.1$，$^{**}p<0.05$，$^{***}p<0.01$。

表 13 - 3　　　　　　　人口老龄化对 **GDP** 增速的影响（分盟市）

	（1）	（2）	（3）
老龄化	- 0.0357*** (- 9.82)	- 0.00223 (- 0.64)	- 0.0105*** (- 3.41)
ln 城镇人均可支配收入	—	- 0.257*** (- 5.28)	—
ln 城镇人均消费支出	—	0.149*** (3.03)	—
ln 城市化率	—	—	- 0.245* (- 1.98)
ln 人均生产总值	—	—	- 0.0790*** (- 4.58)
ln 平均房价	—	—	0.00503 (0.25)
ln 高校毕业生	—	—	- 0.00803 (- 1.07)
常数项	5.043*** (155.08)	5.889*** (77.96)	6.760*** (15.77)
N	75	75	69
F	96.37	153.5	82.08

注：$*\ p < 0.1$，$**\ p < 0.05$，$***\ p < 0.01$。

　　从表 13 - 2 可以看出，首先，内蒙古自治区的人口老龄化会显著导致该地区经济增长速度下降，当人口老龄化（人口老龄化系数）增加 1% 时，会使经济增长速度（GDP 指数对数）下降 0.0278。其次，内蒙古地区的经济发展水平与经济增长速度呈显著负相关，当经济发展水平（人均 GDP 对数）增加 1 元，经济增长速度（GDP 指数对数）减少 0.0733。再次，内蒙古地区的消费水平与经济增长速度呈显著的负相关，当消费（人均消费支出对数）增加 1 元，会使经济增长速度（GDP 指数对数）减少 0.0716。然后，另一个控制变量，即居民生活水平也与经济增长速度呈显著的负相关。最后，城市化水平与经济增长速度呈显著性的负相关，即城市化水平（城市化率对数）每增加 1%，经济增长速度（GDP 指数对数）减少 0.392。从表 13-3 可以看出，在分盟市固定效应模型当中，核心解释变量老龄化和前文当中的控制变量作用相似，可以验证人口老龄化与经济增长速度呈显著性的负相关。

经过深入分析，发现老龄化导致经济增速下降的原因主要包括以下几点。一是人口老龄化使有劳动能力的人口比例下降，社会经济发展所需要的劳动力不足。人是社会生产力中最具创造力和活力的重要因素，老龄人口的增多会给未来经济社会发展的速度和质量带来一定的不利影响，同时老龄化对社会的创造力产生影响，不利于经济社会的健康持续发展。二是人口老龄化对地方财政和个人消费的"挤出效应"更加明显。随着人口老龄化的加快，家庭可能会逐步减少总教育支出。人口老龄化的快速增长，使地方和个人在赡养老人方面投入更多的资金成本，这在无形中挤压了政府在其他方面的财政支出，对促进社会消费、发展带来不利影响。三是人口老龄化对家庭人口结构和赡养功能产生影响。老龄化使高龄人口日益增多。家庭中需要赡养的老人数量达到 4 人，需要养育的孩子数量为 1—2 人。家庭赡养老人的能力随着劳动人口的减少逐步弱化，所以更加需要加强社会的养老保健功能。四是老年人口比重的上升不利于整个社会创新能力的发展，老龄化使创新思维减弱，进而影响科技创新能力。五是社会养老费用会挤占一定的科技创新资金。在缺少必要的资金支持下，地区科技发展将很难有较大的进步。

　　以下重点分析内蒙古人口老龄化对经济增长的影响。第一，对劳动力市场的影响，人口老龄化对经济发展的影响是通过对劳动力供给、资本配备和劳动生产率三个要素的改变而作用的。人口的快速老龄化导致劳动力市场的人口数量，年龄结构等发生变化，进而对经济发展产生影响。内蒙古自治区的人口老龄化问题会逐步使得适龄劳动人口比率下降与劳动力市场平均年龄上升，势必会减少劳动力的供给与劳动生产率的提高。首先，随着老年抚养比的上升，更多的年轻人有了更加沉重的生活负担。其次，劳动力年龄增大，会使得平均劳动参与率下降。虽然这一变化可能在短期内一定程度上缓解内蒙古地区的就业压力，但是从长远角度来看，太低的劳动生产率会影响经济发展的速度。再次，年轻劳动力占比下降，老年劳动力身体机能下降，体力与脑力的衰退也会降低劳动生产率。最后，工资率的提高使得企业成本上升，劳动力的供给减少使得企业不得不花费更高的成本雇用工人，限制了产业结构的升级，降低了企业的利润。

　　第二，不利于内蒙古自治区消费结构和经济结构转型，消费结构有可能向老年人群体逐步倾斜，但是由于老年人与年轻人在消费观念与消费方向上存在着较大差异，而随着老年人口比重的上升，会使得社会整体的服务能力转型适应老年人群体，特别是某些仅仅适合老年人的特色项目与服务，如养老院等。人口老龄化对扩大社会总需求不利。老年人重储蓄，大多数人的投资意向和消费倾向弱，消费水平低。因而随着老年人口比重的上升会降低社会总需求，不利于扩大内需。

　　第三，影响收入分配格局，内蒙古自治区的人口老龄化可能会导致该地区的社会消费储蓄比例发生变化，收入中将会有更多的部分用于养老，同时减少公共投资，影响经济发展的可持续性。

　　第四，内蒙古自治区的人口老龄化会导致该地区高年龄段的劳动力基数增大，与充满活力的年轻人相比，他们可能缺乏进取心和创业勇气。并且高年龄段劳动力的增多也会导致整个劳动力人口接受先进技术的能力下降，不利于科技进步及其成果在经济生活中的应用，从而降低劳动生产率。

第五，内蒙古自治区的人口老龄化会制约该地区产业结构的优化升级，产业结构的优化升级需要有相互匹配的具有高人力资本的劳动力，而老年人学习新技术的能力较低且培训成本较高，将抑制该地区产业结构的调整，限制各种高新技术产业的发展。

（三）研究结论与政策建议

1. 研究结论

本节基于2005—2019年的面板数据研究了内蒙古人口老龄化对经济增长速度的影响，通过面板设定 F 检验和 Hausman 检验确定使用固定效应模型。结果发现，人口老龄化、经济发展水平、消费、居民生活水平、城市化与经济增长速度呈显著性的负相关。

2. 政策建议

第一，创新经济发展方式。内蒙古自治区应该通过逐步调整产业结构，大力保护该地区生态环境等可持续发展的方式来转变经济发展方式，应该因地制宜发展经济，比如在耕地资源发达的科尔沁右翼前旗大力发展林果产业，在对外口岸如满洲里市、二连浩特市加大对外贸的支持力度。第二，适当调整退休年龄。随着现代医疗技术的发达，人均预期寿命大大延长，这将有利于人力资本在青年时期之外的第二次大量积累。第三，推行社会养老保障模式。内蒙古自治区应该逐步实现城市与乡村的养老保障一体化，与时俱进逐步优化养老模式。第四，高效利用老龄人口人力资本。老年人虽然在精力与活力上不能与年轻人相比，但是其丰富的社会阅历以及多年工作所积累的人力资本是值得借鉴的，可以逐步鼓励老年人口中蕴含较大人力资本的群体来编写工作经验或者直接参与新工人的训练，继续发光发热。

二 内蒙古人口老龄化对居民生活水平的影响

中国的 60 岁以上人口在 2019 年年末已经达到 25388 万人以上，约占总人口的 18.1%，从中可以看到，中国毫无疑问处于老龄化社会。目前，如何促进人口与社会经济共同健康持续发展是当下工作的重点，所以我们必须良好地应对目前人口变化的新情况，积极地应对人口老龄化。美好生活是全体国民的共同愿望，是人民最关心、最直接、最现实的利益问题，不断提高全体中国人民的生活质量和健康水平，才能不断增强全体人民的幸福感。

2020 年第七次全国人口普查数据显示，十年来内蒙古老年人口规模进一步扩大。在今后一段时期，内蒙古人口老龄化进程将明显加快，为高质量发展和人口均衡型社会的构建带来更加严峻的挑战。受人口迁移流动及人口平均预期寿命延长等多重因素影响，内蒙古人口老龄化呈现老年人口规模扩大、人口老龄化程度较高、发展速度快及地区之间发展不均衡等特征。然而内蒙古人口老龄化这一重要的社会经济发展现象和趋势，究竟对居民生活水平产生什么样的影响？人口老龄化日益严峻的情况下如何有效贯彻以人民为中心的发展思想？研究此问题具有重要的理论意义和现实意义。本节将使用计量经济学模型研究内蒙古人口老龄化对该地区居民生活水平的影响，并且为了加强对这一结论的认识，作者还将研究呼和浩特市、包头市、鄂尔多斯市、乌海市和呼伦贝尔市的分盟市情形。

（一）变量选取、数据来源与模型设计

1. 变量选择

第一，被解释变量。本节的被解释变量为居民生活水平。最能够衡量居民生活水平的统计变量就是居民人均可支配收入。人均可支配收入被认为是消费开支最重要的决定因素，因而常被用来衡量一个国家生活水平的变化情况。因此本文选取内蒙古自治区从2005—2019年每年人均可支配收入为指标，代表居民生活水平的变化情况。

第二，核心解释变量。本节的核心解释变量为人口老龄化。用来衡量人口老龄化的指标为人口老龄化系数，通常是指本地区超过65岁以上的人口占该地区总人口的比率，因而常常使用百分比表示，它可以从经济角度反映人口老龄化的社会后果。

第三，控制变量。由于考虑到本节模型估计可能因为缺失某些解释变量，从而带来一定程度上的模型估计误差，所以在选取核心解释变量之外，本节模型估计又增加了五个影响居民生活水平的控制变量以达到加强模型解释能力与估计准确度的作用。一是经济发展水平。本节使用人均生产总值用来衡量该地区的经济发展水平，一个国家或者地区的社会经济发展水平和宏观经济运行情况可以通过人均生产总值展现出来，是非常关键的宏观经济指标。二是消费。消费是拉动经济增长的三驾马车之一，一个地区的消费程度越高表明该地区的居民生活水平越高，这一变量通常使用人均消费支出来刻画。三是城市化。城市化率是衡量社会经济发展水平的重要变量，在现有研究当中城市化对经济发展的影响包含正负两种效应，但总之大规模的城市化对经济增长速度有着重大影响。四是房价。房价一般用商品房价格来表示，商品房价格是指将各单位的销售价格相加之后的和除以单位建筑面积的和，即得出每平方米的均价。五是受教育程度。受教育程度使用高等院校毕业生人数来衡量。在研究分盟市老龄化对人民生活水

平的影响过程中，由于每个地区的居民受教育程度不一致，但高校毕业生人数却是地区经济发展的关键动能，所以控制该变量的作用非常重要。

2. 数据来源

为了使研究具有较好的可比较性，研究采用 2005—2019 年内蒙古自治区、呼和浩特市、包头市、鄂尔多斯市、乌海市和呼伦贝尔市的面板数据为样本，所有变量指标数据均来自《内蒙古自治区统计年鉴》、各盟市统计年鉴。

3. 模型设计

基于以上数据设定以下回归模型，如公式（13 – 3）和公式（13 – 4）所示。

$$living = b_1 + b_2 aging + b_3 consumption + b_4 city + b_5 PGDP + \varepsilon_1$$

$$（13 – 3）$$

$$Cliving = b_1 + b_2 aging + b_3 Consumption + b_4 city$$
$$+ b_5 PGDP + b_6 hprice + b_7 stu + \varepsilon_2 \quad （13 – 4）$$

其中，$living$ 表示居民生活水平，$Cliving$ 表示城镇居民生活水平，$aging$ 表示人口老龄化，$City$ 表示城市化率，$PGDP$ 表示经济发展，$consumption$ 表示消费，$Consumption$ 表示城镇消费，$hprice$ 表示房价，stu 表示受教育水平，ε 表示随机干扰项。公式（13 – 3）为内蒙古自治区老龄化对居民生活水平的影响采用 OLS 回归，公式（13 – 4）为分盟市老龄化对居民生活水平的影响采用固定效应模型。

（二）实证过程

本节利用 Stata16.0 软件，估计结果见表 13 – 4 与表 13 – 5。其中，公式（3 – 3）采用普通最小二乘法，公式（13 – 4）采用固定效应模型。

表 13 - 4　　　　人口老龄化对居民生活水平的影响（内蒙古）

	(1)	(2)	(3)
老龄化	0.256*** (4.75)	0.662 (1.09)	0.0353*** (6.36)
老龄化二次项	—	-0.0206 (-0.67)	—
ln 人均消费支出	—	—	0.502*** (3.59)
ln 城市化率	—	—	0.245 (0.62)
ln 人均生产总值	—	—	0.442** (2.52)
常数项	7.330*** (14.63)	5.391* (1.83)	-1.028 (-1.31)
N	16	16	16
F	22.60	11.08	3067.4

注：$*p < 0.1$，$**p < 0.05$，$***p < 0.01$。

表 13 - 5　　　　人口老龄化对居民生活水平的影响（分盟市）

	(1)	(2)	(3)
老龄化	0.263*** (10.02)	-0.0462 (-0.12)	0.0379*** (5.43)
老龄化二次项	—	—0.0169 (0.83)	—
ln 城镇人均消费支出	—	—	0.711*** (10.39)

续表

	（1）	（2）	（3）
ln 城市化率	—	—	0.360 （1.32）
ln 人均生产总值	—	—	0.160*** （3.63）
ln 平均房价	—	—	0.0250 （0.51）
ln 高等院校毕业人数	—	—	0.0502*** （2.83）
常数项	7.798*** （33.20）	9.182*** （5.44）	−1.089 （−1.17）
N	75	75	69
F	100.4	50.31	869.5

注：$*p < 0.1$，$**p < 0.05$，$***p < 0.01$。

从表 13 - 4 中可以看出，第一，人口老龄化在一定程度上显著地促进了居民生活水平的提升，当人口老龄化（人口老龄化系数）增加 1% 会使得人均收入可支配对数增加 0.256 元，从现实来看，人口老龄化与居民生活水平一定是正相关的，人口老龄化的前提是人均寿命的提高，这是由于日常生活质量的提高与医疗技术的发达带来的。第二，经济发展水平也促进了居民生活水平的上升，从数据来看，总 GDP 的增加必然使得人均 GDP 在人口数量大致不变的基础上增加，人均产值提升表明社会提升了更多商品和服务的供给。第三，消费水平也与居民生活水平呈显著正相关，消费是拉动经济增长的三驾马车之一，消费的增长会使得 GDP 增长产生同上条相似的作用。从表 13 - 5 可以看出，在分盟市固定效应模型当中，核心解释变量老龄化和前文当中的控制变量作用相似，可以验证人口老龄化与居民生活水平呈显著正相关，并且经济发展水平、消费水平也与生活水平正相关。而新加入的控制变量即受教育水平与居民生活水平也呈显著正相关。

以下，重点分析内蒙古人口老龄化对居民生活水平的影响因素及两者之间的相互关系。第一，无论是从分析内蒙古整体情况的表 13 - 4 还是从分盟市分析的表 13 - 5 来看，人口老龄化对提升内蒙古人均可支配收入即居民生活水平有着显著的正向影响，随着老龄化人口的逐步增多，更好地促进了人力资本的积累。第二，随着人口老龄化的进程，越来越多的老人超过退休年龄开始领取社会养老保险金，空缺的岗位马上会有新的劳动力补充。并且由于工资具有刚性，老年劳动力的工资不会下降，而养老保险金则提供了更多的可支配收入，最终整个社会的支配收入增多，居民生活水平得到了提高。第三，从回归结果来看，消费能力对提升人均可支配收入有着显著的正向影响，而开始领取养老保险金的老年人群随着家庭负担的减少，其边境消费倾向势必增加，促使居民生活水平的显著提高。

另外，人口老龄化对社会发展也存在其他效应。人口老龄化会产生直接与间接两类问题，直接问题是养老问题，间接问题是社会负担、社会结构、社会管理等。首先，老年人口比重上升会导致家庭规模发生变化，加大家庭的养老负担，并且中国的传统养老模式为家庭式养老，并非西方国家的社会养老。但是，由于迅速的人口老龄化与现代社会极大的竞争压力导致大多数成年子女自身发展困难，很难对父辈提供高水平的养老保障服务，并且医疗费用与时间成本都会使得目前中国主流的家庭式养老受到冲击。其次，随着老年人口比重的逐步增大，无疑会加大地方财政的压力。同时，老年人口比重的上升，使得抚养结构发生根本变化，缴纳社会养老保险金的人数占比下降，但领取退休金的人占比上升，养老金供需矛盾日益加大。人口老龄化也会给老年人带来一定程度上的心理变化，家庭养老能力逐步弱化，社会养老能力捉襟见肘，老年人的物质生活与精神生活难以得到满足。这体现在适合老年人进行的服务活动种类稀少，服务水平低，服务对象覆盖面窄，更有甚者会侵害老年人的合法权益，这些情况的发生对处于弱势群体的老年人心理带来极大的伤害。并且，近些年高龄老人丧偶率上升，很多老人生活难以自理，以及儿女缺乏陪伴时间使其感到孤独。

（三）研究结论与政策建议

1. 研究结论

本节基于 2005—2019 年的面板数据研究了内蒙古人口老龄化对居民生活水平的影响，通过面板设定 F 检验和 Hausman 检验确定使用固定效应模型。结果发现，人口老龄化、经济发展、消费、受教育水平与居民生活水平呈显著正相关。

2. 政策建议

内蒙古自治区应该随着国家政策逐步调整本地生育政策，慢慢树立人口是资产而不是负债的观念。目前，人口老龄化伴随着生育率的全面降低，提高生育率也是解决人口老龄化的方式之一。年轻人不愿意生育的原因有许多，但究其根本原因来源于经济压力，对于孩子的养育成本、教育成本、婚嫁成本都使得很多适龄生育妇女认为，多生孩子会提高家庭的经济压力从而产生负债。但是新生人口对于社会整体的经济发展是非常重要的，中国 20 年的飞速发展奇迹离不开背后的人口红利，怎样激发第二次人口红利是十分关键的。

三 内蒙古人口老龄化对城市化的影响

2020 年内蒙古自治区 65 岁以上老人为 313 万人，远远超过 2010 年的 187 万人；比重由 2010 年的 7.56% 上升为 2020 年的 13.02%，人口老龄化程度大大加深，但低于中国平均水平。

从目前内蒙古自治区城市化水平来看，2019 年城市化率为 63%，高于全国平均水平。但如果具体考察内蒙古自治区各盟市的城镇综合竞争力，则有待提升，城市化质量需要得到进一步提高。内蒙古自治区有许多的边境旗县，这些地区人烟稀少，产业不发达，但为了满足戍边和行政管理需要，设立了旗县市和乡镇苏木；另外，内蒙古自治区资源丰富，有许多矿区，所以城镇化率较高。但是在一些以第一产业为主的地区如赤峰市、通辽市、兴安盟、巴彦淖尔市的城市化水平就较低。并且，内蒙古自治区是一个相对地广人稀的地区，平均每个旗县不到 30 万人口，这一数据远远低于中国 40 万人到 70 万人的平均水平，且人口布局不平衡，大多数地区以第一产业为主，城市化质量不高，集聚能力相对不高。在区内经济水平最高的呼包鄂城市群中，鄂尔多斯高度依靠本地富裕的自然资源发展，是依托资源型的经济发展方式，其大力打造的东胜区、康巴什区目前未能产生很大的地区辐射作用，难以负担高水平的科研院所与先进的医疗机构。目前，区内的高端服务基本云集在呼和浩特市和包头市。包头市是典型的重工业城市，比较容易受到市场需求的影响，并且大型的重工业企业不容易做到企业的转型升级，且在同类行业的发展当中与竞争对手差距越来越大。呼和浩特市竞争力较强的制造业较少，新经济、研发创新、教育、医疗水平仍待提高。近年来三个城市人口集聚能力均有所下降。

本节将使用计量经济学模型研究内蒙古人口老龄化对该地区城市

化的影响，并且为了加强对这一结论的认识，作者还将研究呼和浩特市、包头市、鄂尔多斯市、乌海市和呼伦贝尔市的分盟市情形。

（一）变量选取、数据来源与模型设计

1. 变量选择

第一，被解释变量。本节的被解释变量为城市化。衡量城市化水平的常用指标为城市化率，城市化率为城镇人口占总人口比重，是衡量社会经济发展水平的重要变量。

第二，核心解释变量。本节的核心解释变量为人口老龄化。用来衡量人口老龄化的指标为人口老龄化系数，通常是指本地区超过65岁以上的人口占该地区总人口的比率，因而常常使用百分比表示，它可以从经济角度反映人口老龄化的社会后果。

第三，控制变量。由于考虑到本节模型估计可能因为缺失某些解释变量，从而带来一定程度上的模型估计误差，所以在选取核心解释变量之外，本节模型估计又增加了五个影响城市化的控制变量以达到加强模型解释能力与估计准确度的作用。一是经济发展水平。本节使用人均生产总值用来衡量该地区的经济发展水平，一个国家或者地区的社会经济发展水平和宏观经济运行情况可以通过人均生产总值展现出来，是非常关键的宏观经济指标。二是消费。消费是拉动经济增长的三驾马车之一，一个地区的消费程度越高表明该地区的居民生活水平越高，这一变量通常使用人均消费支出来刻画。三是经济增长速度。历年GDP指数可以很好地衡量一个地区GDP的增长速度也就是经济增速。GDP指数是以上一年度的GDP总额为100所换算成的今年的GDP总额，如果指数大于100则说明GDP在增长，反之则为减少。GDP指数越大说明经济增长速度越快。四是房价。房价一般用商品房价格来表示，商品房价格是指将各单位的销售价格相加之后的和除以单位建筑面积的和，即得出每平方米的均价。用此指标来研究城市化与房价

变动之间的关系。五是受教育程度。受教育程度使用高等院校毕业生人数来衡量。在研究分盟市老龄化对城市化的影响过程中，由于每个地区的居民受教育程度不一致，但高校毕业生人数却是地区经济发展的关键动能，所以控制该变量的作用非常重要。

2. 数据来源

为了使研究具有较好的可比较性，研究采用 2005—2019 年内蒙古自治区、呼和浩特市、包头市、鄂尔多斯市、乌海市和呼伦贝尔市的面板数据为样本，所有变量指标数据均来自《内蒙古自治区统计年鉴》、各盟市统计年鉴。

3. 模型设计

基于以上数据设定以下回归模型，如公式（13 – 5）和公式（13 – 6）所示。

$$city = b_1 + b_2 aging + b_3 consumption + b_4 \text{GDP} + \varepsilon_1 \qquad (13-5)$$

$$city = b_1 + b_2 aging + b_3 Consumption + b_4 \text{PGDP} + b_5 hprice + b_7 stu + \varepsilon_2 \qquad (13-6)$$

其中 $aging$ 表示人口老龄化，$city$ 表示城市化率，PGDP 表示经济发展水平，$consumption$ 表示消费，$Consumption$ 表示城镇消费，$hprice$ 表示房价，GDP 表示经济增长速度，stu 表示受教育水平，ε 表示随机干扰项。公式（13 – 5）为内蒙古自治区老龄化对城市化的影响采用 OLS 回归，公式（13 – 6）为分盟市老龄化对城市化的影响采用固定效应模型。

（二）模型估计、模型检验与结果分析

本节利用 Stata16.0 软件，估计结果见表 13 – 6 与表 13 – 7。其中，公式（13 – 5）采用普通最小二乘法，公式（13 – 6）采用固定效应模型。

表 13 - 6 　　　　　　　　　人口老龄化对城市化的影响（内蒙古）

	（1）	（2）	（3）
老龄化	0.0479 *** （4.61）	- 0.0166 ** （- 2.53）	0.00888 ** （2.44）
lnGDP 系数	—	- 2.316 *** （- 11.38）	—
ln 人均消费支出	—	—	0.183 *** （14.93）
常数项	3.603 *** （37.21）	15.09 *** （14.94）	2.239 *** （23.75）
N	16	16	16
F	21.28	173.1	290.9

注: $^{*}p < 0.1$, $^{**}p < 0.05$, $^{***}p < 0.01$。

表 13 - 7 　　　　　　　　　人口老龄化对城市化的影响（分盟市）

	（1）	（2）	（3）	（4）
老龄化	0.0258 *** （8.19）	0.00572 * （1.79）	0.00921 *** （3.00）	0.00738 ** （2.37）
ln 人均消费支出	—	0.0881 *** （8.68）	—	—
ln 人均 GDP	—	—	0.0755 *** （8.08）	—
ln 平均房价	—	—	—	0.0877 *** （6.66）

续表

	（1）	（2）	（3）	（4）
ln 高校毕业生人数	—	—	—	0.00330 （0.42）
常数项	4.084*** （144.66）	3.402*** （41.96）	3.407*** （39.51）	3.498*** （49.64）
N	75	75	75	69
F	67.09	107.3	97.44	67.79

注：$^*p<0.1$，$^{**}p<0.05$，$^{***}p<0.01$。

从表 13 - 6 可以看出，在引入不同控制变量的情况下人口老龄化与城市化率呈现出不同的关系，当控制变量为经济增长速度时呈负相关，当控制变量为消费时呈正相关。这可能与人口老龄化的群体有关，当农村人口老龄化水平高时会抑制城市化进程，当城市人口老龄化水平高时会促进城市化进程。根据城乡人口老龄化对城镇化的双边效应得出以下几点。一是农村人口老龄化会抑制城市化的发展，降低城市化水平；城镇人口老龄化会促进城市化水平。但从整体来看，人口老龄化降低城市化水平。二是城镇人口老龄化和农村人口老龄化相互作用的净效应呈稳步上升趋势，并且从 2012 年开始由负变正。三是人口老龄化对城镇化的净效应随受教育年限的增加呈递增的趋势，并由负变正。从表 13 - 7 可以看出，在分盟市固定效应模型当中，核心解释变量人口老龄化在引入不同控制变量的情况下，都与城市化率呈显著正相关，但并不能说明两者存在因果关系，因为在整体的环境下，内蒙古自治区的城市化与人口老龄化是同步进行的。

从经济理论出发，人口老龄化会在以下几个方面抑制城市化的推进。第一，人口老龄化引起城镇化进程当中的劳动力短缺。社会主义国家的城市化会随着工业化的完成而实现。工业生产需要劳动力支持，但是人口老龄化的日益加剧会导致青壮年劳动力人数的下降，将会导致长期以来推动经济平稳发展的人口红利减少，甚至导致城市化进程当中的劳动力短缺。

第二，城市社会养老保障体系的构建会增加城市化的负担。由于中国人口老龄化的现状是典型的"未富先老"，随着老年人口的增多，为了保证城市化进程的发展，为了应对人口老龄化所带来的一系列问题，必然需要建立配套的城市养老保障体系。而该体系的建立需要政府、企业与个人的投入，需要支付的养老金和退休金数量增加，将会导致社会用于老年人的支出大幅度增加，这样的经济负担会抑制城市化进程。

第三，降低城市化进程的速度。推进城市化，需要有活力的年轻人在生产、建设工作当中发挥能量，但是人口老龄化的提高使该部分人群占比减少，老年人思想比较保守，不易接受新事物，因而会降低劳动生产率，制约城市化进程的内在动力。

（三）研究结论与政策建议

1. 研究结论

本节基于 2005—2019 年的面板数据研究了内蒙古人口老龄化对城市化的影响，通过面板设定 F 检验确定使用固定效应模型。结果发现，人口老龄化对城市化在不同控制变量的情况下有不同的关系，结合范建双的研究，农村人口老龄化会抑制城市化进程，城镇人口老龄化会推进城市化进程。

2. 政策建议

第一，在推进城市化进程的过程中大力发展"银发产业"，前文提到，随着人口老龄化的提升，老年人的特色产业与服务需求会逐步增大，这将有利于"银发产业"的发展。第二，城市化是地区发展的又一次机会，加强技术创新能力是抵消人口老龄化副作用的重要措施，根据内生经济增长理论，知识资本具有足够的溢出效应，对于社会经济发展有重要作用。

四　小结

本章主要内容分为三节，即分析内蒙古人口老龄化对经济增速、居民生活水平、城市化的影响。

第一节的分析发现内蒙古自治区人口老龄化与经济增长速度呈显著负相关，人口老龄化导致经济增速下降的主要原因有以下几点。人口老龄化使得具有劳动能力的人口占比减少，经济社会发展所需要的劳动力数量不足；人口老龄化使得财政和个人消费的"挤出效应"更加明显；更多的投入在赡养老人方面，无形中挤压了政府在其他方面的财政支出；社会养老功能弱化；科技创新能力不足。

第二节分析了内蒙古自治区人口老龄化对居民生活水平的影响，发现人口老龄化与居民生活水平呈显著正相关。首先，人口老龄化在一定程度上促进了社会总体人力资本的积累，老年人的工作经验与社会经验也有利于工资率的提升；其次，随着人口老龄化进程的加快，越来越多的老人超过退休年龄开始领取社会养老保险金，空缺的岗位马上会有新的劳动力补充；最后，由于工资具有刚性，老年劳动力的工资不会下降，而养老保险金则提供了更多的可支配收入，最终整个社会的可支配收入增多，居民生活水平得到了提高。

第三节分析了内蒙古自治区人口老龄化对城市化进程有正负两种关系，结合范建双的研究，农村人口老龄化会抑制城市化进程，城镇人口老龄化会推进城市化进程。但从经济理论角度分析，人口老龄化大概率会从以下三点阻碍城市化进程的发展。第一，人口老龄化引起城镇化进程当中的劳动力短缺。第二，城市社会养老保障体系的构建会增加城市化的负担。第三，降低城市化进程的速度。推进城市化，需要有活力的年轻人在生产、建设工作当中发挥能量，但是人口老龄化的提高使该部分人群占比减少，老年人思想比较保守，不易接受新事物，因而会降低劳动生产率，制约城市化进程的内在动力。

第十四章 内蒙古人口老龄化
对就业的影响

一 内蒙古人口老龄化对人力资本的影响

人力资本不同于劳动力和物质资本,有较高的回报率,对于促进经济加速发展起到至关重要的作用。同时,人力资本是促进国家或地区创新性技术进步的重要因素,人口老龄化影响人力资本的积累。部分国内学者认为,人口老龄化会对人力资本产生不利影响,由于老年人口规模的逐渐扩大,使得政府加大对养老服务的公共预算支出,挤占了对年轻一代教育资金的投入。老年人口相较于年轻后代而言,由于自身身体素质和能力有所下降,所以人口老龄化对人力资本投资的影响长期来看是负面的。昌宗泽认为,家庭结构人口老龄化对私人人力资本投资有抑制作用。[1] 汪伟认为,人口老龄化对人力资本投资产生负向影响,解决人口老龄化所带来的问题在于提升人力资本积累水平。[2] 郭熙保认为,国内人口老龄化程度加深,对人力资本积累产生负向影响,进而会抑制经济增长。[3] 然而,一些研究者认为,人口老龄化

---

[1] 昌忠泽:《人口老龄化对人力资本投资的影响及贡献研究》,《当代经济学》2021年第5期。

[2] 汪伟:《人口老龄化、生育政策与中国经济增长》,《社会科学文摘》2017年第3期。

[3] 郭熙保:《人口老龄化对中国经济的持久性影响及其对策建议》,《经济理论与经济管理》2013年第2期。

引起社会各层对人力资本的依赖性增强，促进对人力资本的投资，有利于人力资本的积累。符建华认为，人口老龄化通过提高人力资本水平、加快技术创新等路径促进经济高质量发展。[①] 张秀武认为，老年抚养比影响经济的发展水平，其中健康和教育人力资本的投资有显著的促进作用。[②] 徐升艳分析了中国人口老龄化影响人力资本的积累，结果表明，人口老龄化的加剧对教育的人力资本投资起到促进作用。[③]

（一）内蒙古人力资本水平现状

内蒙古位于中国北部地区，地域辽阔，人口稀少，自 2007 年开始步入老龄化社会以后，老年人口规模逐渐扩大。随着老龄化程度的不断加深以及生育率的降低，劳动适龄人口比重逐渐减小，数量型"人口红利"逐渐削减，质量型"人口红利"受到人力资本水平的制约。在本节研究中，本节选择了平均受教育年限和大专及以上学历的人口比重来表示人力资本水平。

自 2000 年以来，内蒙古居民人力资本水平呈现持续增长的态势，在 6 岁及以上人口中，大专及以上学历人口所占比例呈现出逐渐上升的趋势，见表 14 - 1，如图 14 - 1 所示。具体而言，在 2000 年居民的平均受教育年限为 7.75 年，到 2020 年平均受教育年限增加至 9.63 年。在 6 岁及以上人口中，大专及以上学历人口所占比值也有了较大幅度的增长，由 2000 年的 4.04% 增长到 2020 年的 19.05%。随着经济增长速度的加快与技术的创新进步，劳动力为了适应多变的外部环境逐渐提升自身的劳动技能水平，具体体现在对人力资本投资等方

---

① 符建华：《人口老龄化对中国经济高质量发展的影响研究》，《经济问题探索》2021 年第 6 期。

② 张秀武：《人口年龄结构是否通过人力资本影响经济增长——基于中介效应的检验》，《中国软科学》2018 年第 7 期。

③ 徐升艳：《人口老龄化机制研究：基于生育率持续下降视角》，《人口学刊》2011 年第 4 期。

面。人口老龄化进程的持续深化，劳动参与率的持续负增长以及低生育率，使得劳动力供给短缺的问题日渐凸显其严重性，降低了人力资本存量。

表14-1　　　内蒙古平均受教育年限和大专及以上学历人口比重

年份	平均受教育年限（年）	大专及以上学历人口比重（%）
2000	7.75	4.04
2001	7.27	4.04
2002	7.88	5.64
2003	7.77	5.46
2004	8.17	6.63
2005	8.22	7.93
2006	8.19	6.51
2007	8.36	7.46
2008	8.37	7.42
2009	8.49	7.95
2010	9.40	11.28
2011	9.23	12.65
2012	9.23	12.06
2013	9.01	10.08
2014	9.00	10.89
2015	8.88	15.81
2016	9.21	17.95
2017	9.14	17.67
2018	9.08	18.67
2019	9.33	20.11
2020	9.63	19.05

数据来源：笔者自制。

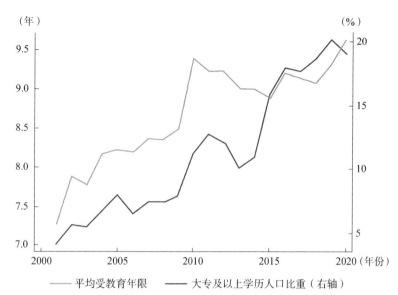

图 14-1 平均受教育年限与大专及以上学历人口比重的现实状况

数据来源：笔者绘制。

（二）模型构建

本节选取内蒙古 2005—2020 年样本数据，所建立的模型如公式
（14-1）所示。

$$pedu_t = \beta_0 + \beta_1\, old_t + \beta_2\, \ln pcdi_t + \beta_3\, ur_t + \varepsilon_t \qquad (14-1)$$

在上述回归模型中，$pedu_t$ 为被解释变量，表示第 t 年的居民平均受
教育年限。old 为核心解释变量，代表第 t 年的人口老龄化程度。$\ln pcdi_t$
以及 ur_t 为控制变量，分别表示第 t 年的人均可支配收入水平和城市化
率。其中，β_0 至 β_3 表示系数，ε_t 为随机扰动项。为了减少数据波动和消
除可能存在的异方差，本节纳入人均可支配收入水平的对数变量。

（三）数据来源与变量选取

鉴于数据的可得性，本节选择从 2005—2020 年的数据，所有数据
均来自国家统计局官网《中国统计年鉴》、内蒙古统计局官网以及全国

人口普查资料等。

在分析人口老龄化对内蒙古人力资本的影响时，被解释变量是人力资本。本部分选取居民平均受教育年限来衡量人力资本水平，将所有接受高等教育的学生的年数分为六年制普通小学、九年制普通初中、十二年制普通高中和十四年制高中大专及以上，然后得出公式（14－2）。

$$居民平均受教育年限 = \frac{小学文化人口 \times 6 + 初中文化人口 \times 9 + 高中文化人口 \times 12 + 大专及以上文化人口 \times 16}{6 岁以上总人口}$$

（14－2）

人口老龄化程度作为核心解释变量，本节使用 65 岁及以上人口占总人口的比值来衡量。居民人均可支配收入水平一定程度上影响人力资本的投资水平，所以选择人均可支配收入水平作为控制变量；随着城市化进程的不断推进，人民的物质生活和精神追求发生了极大的改变，可能影响家庭对子女教育的投资，因此选择城市化率作为控制变量。本节建立了平均受教育年限与人口老龄化程度、居民人均可支配收入以及城镇化率的 VAR 模型，见表 14－2。为了避免数据之间的幅度差异造成的巨大影响，对人均可支配收入进行对数化，以消除异方差，记为 lnpcdi。

表 14－2　　　　　　　　　　变量描述性统计

变量	样本	均值	标准差	最小值	最大值
65 岁及以上人口比重	16	9.186875	1.657431	6.96	13.05
平均受教育年限	16	8.923125	0.4540737	8.19	9.63
人均可支配收入水平	16	18033.19	8547.069	5985	31497
城市化率	16	57.25	5.732946	47	67

数据来源：笔者自制。

（四）回归模型与实证结果分析

1. 平稳性检验

对于时间序列数据可能存在的伪回归问题，需要对回归中的变量进行平稳性检验，本节选择 ADF 检验。本文的估计和检验均使用 STA-TA16 软件计算。

从表 14 - 3 的单位根检验结果可知，原始序列为非平稳时间序列，进而做二阶差分处理后，非平稳序列转化成平稳序列。

表 14 - 3   变量单位根检验

	ADF 统计量	1%临界值	5%临界值	10%临界值	结论
d2old	−3.957	−3.750	−3.000	−2.630	平稳
d2pedu	−6.121	−3.750	−3.000	−2.630	平稳
d2lnpcdi	−4.140	−3.750	−3.000	−2.630	平稳
d2ur	−4.715	−3.750	−3.000	−2.630	平稳

注：d2 表示进行二阶差分。
数据来源：笔者自制。

2. 协整检验

虽然对原始时间序列进行差分化处理后可以构建回归模型进行分析，但是，差分后的变量的意义发生改变，所以，本节继续进行 Johansen 协整检验来探讨变量之间的关系。

由表 14 - 4 可知，利用 65 岁及以上人口占总人口比重、平均受教育年限、人均可支配收入、城市化率构建 VAR 模型，最终确定最佳滞后阶数是 2。根据最佳滞后阶数进行协整检验，迹检验表明，存在两个线性无关的协整向量，最大特征值检验表明在 5% 的显著性水平下，对于原假设 H_0：$r \leqslant 1$ 检验的 P 值 > 0.05，所以在 5% 的显著性水平下拒绝原假设，接受最多有两个协整关系和最多有三个协整关系的假设，所以原序列存在长期均衡关系，见表 14 – 5。

表 14 – 4　　　　　　　　　VAR 最佳滞后阶数

Lag	LL	LR	FPE	AIC	HQIC	SBIC
1	31.0788	140.02	2.8e – 06	– 1.58268	– 1.66719	– 0.669746
2	56.1659	50.174*	1.7e – 06*	– 2.88084*	– 3.03295*	– 1.23755*

注：* 表示在 5% 显著性水平下拒绝原假设。
数据来源：笔者自制。

表 14 – 5　　　　　　　　Johasen 协整检验结果

原假设	特征值	迹统计量	5% 的临界值	最大值	5% 预测值
0	—	119.1499	54.64	80.4667	30.33
1	0.99681	38.6832	34.55	34.3748	23.78
2	0.91417	4.3083*	18.17	4.1745	16.87
3	0.25783	0.1338	3.74	0.1338	3.74
4	0.00951	—	—	—	—

数据来源：笔者自制。

3. 时间序列回归分析

由表 14 – 6 回归结果可知，除了人均可支配收入对人力资本水平的影响效果不显著，其余变量的影响均显著。具体来看，人力资本水平受到人口老龄化程度和城市化率的影响，相应的系数分别为 – 0.139 和 0.192，在控制了人均可支配收入和城市化率不变时，人口老龄化系数显著为负。这表明，老年人口占比每增加一单位，人力资本水平下降 0.139 个单位。二者之间的负相关关系说明，政府公共资源的分配已经从年轻子女转移到老年人身上，家庭对子女的教育福利存在挤出效应。从回归结果中分析可知，老年人口数量不断增加，使得社会支出更倾向于老年人口，挤占了教育的公共支出。同时，人口老龄化会加剧社会养老保险支出，对家庭的生育决策产生影响，不利于人力资本的形成。一方面，内蒙古地区人口老龄化形势较为严重，老年人口抚养比不断上升，使得劳动者的养老投入不断增加。另一方面，人类预期寿命延长使得退休后有足够的闲暇时间，理性的行为人会预留出更多的工作时期的储蓄用于老年消费，从而减少对后代的人力资本的投资。城市化率与平均受教育年限存在显著的正相关关系，具体表现为城市化率每增加 1%，人力资本水平增加 19.2%，说明城市化程度越高，居民越会增加人力资本投资。在经济快速发展和城市化进程持续推进的过程中，增加人力资本积累是一条有效途径。

表 14 - 6 回归结果

量名称	回归系数	标准差	t 值	P 值
Constant	8. 720***	2. 807	3. 11	0. 009
old	− 0. 139**	0. 050	− 2. 77	0. 017
lnpcdi	− 0. 982	0. 637	− 1. 54	0. 149
ur	0. 192***	0. 062	3. 10	0. 009
F – statistic = 23. 73		Prob(F – statistic) = 0. 0000		
R – squared = 0. 8557		Adj R – squared = 0. 8197		

注：*、** 和 *** 分别表示在 10%、5% 和 1% 的水平下显著。

4. 误差修正模型构建

在前文建立的多元线性回归模型的基础上，考察了每一个变量之间的影响程度，但是无法衡量短期的具体联系，建立 ECM 模型，最终的误差模型如公式（14 - 3）所示。

$$\Delta pedu = -0.046\Delta old + 1.331ECM\ (-1) \qquad (14-3)$$

从 ECM 模型结果分析可知,短期内,人口老龄化程度会影响到人力资本的积累,即老年人口比重对居民平均受教育年限产生正向影响。分析其可能的原因是,短期内,家庭决策受到人口老龄化问题的影响,降低了对年轻后代的教育投资,导致人力资本水平下降。

5. 模型稳定性检验

如图 14 - 2 所示,所有点均位于单位圆内,由此可知模型是稳定的。

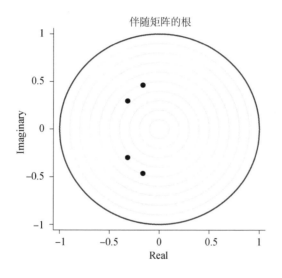

图 14 - 2 模型稳定性检验

6. 脉冲响应分析

通过脉冲响应分析可知,当某个变量受到外部冲击后,各个变量之间所受到的外界影响的动态及方向。如图 14 - 3 所示,受到外界冲击后,人口老龄化对人力资本产生负向影响,之后快速转变为正向冲击,并且在第 2 期影响程度最大。说明从短期来看,人口老龄化程度会促进人力资本水平的提升,较短时间内影响程度较大,之后正向冲击转变为负向冲击;从长期来看,由于政府会将一部分公共资金用于养老保障支出，会对人力资本的积累起到一定的挤占作用，所以导致后期对人力资本投资的冲击是负向的，最后负向影响程度减弱，逐渐趋于0，不再对人力资本水平产生较大影响。

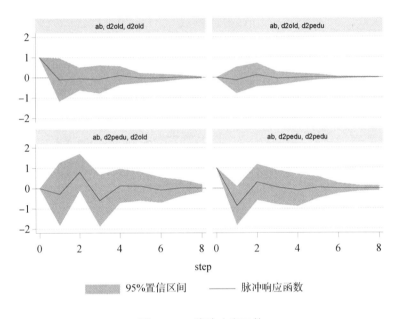

图 14 - 3 　脉冲响应函数

（五）小结

首先分析了内蒙古人力资本水平发展的现实状况，得出内蒙古居民的平均受教育年限呈现出逐渐增长的趋势的结论，并且总结了衡量人力资本水平的指标，然后，根据现有的相关数据建立线性回归模型进行分析，并且对回归模型做误差修正，考察内蒙古人口老龄化对人力资本的影响。最终结果显示，老年人口占比每增加一个百分点，平均受教育年限下降13.9%，也就是说当前阶段内蒙古人口老龄化弱化了人力资本的积累。

人力资本在积累的时候，由边际报酬递减规律可知，随着年龄的增长，对于人力资本投资的边际报酬递减。此外，人力资本积累的成本增加，所以年龄的增长会使得人力资本投资水平降低。人口老龄化现象，加重了劳动年龄人口对于养老保险税收的负担，家庭迫于对老年人口抚养的压力，挤出了家庭的储蓄与教育的投资，使得家庭人力资本积累减少，年龄结构的老化导致了资源配置的代际转移。同时，老年人口比例的逐渐上升也使得政府增加了社会福利和养老保障的支出，这使得社会支出更倾向于老年人口，可能导致代际失衡的问题。内蒙古自 2007 年进入老龄化社会以来，人口年龄结构逐渐老化。近年来，老年人口数量大幅上升，内蒙古地区老龄化的人口结构增加了对于健康、医疗等公共资源的需求，使得政府的财政支出更多地倾向于健康和养老服务领域，与之相对应的，不得不压缩对于教育的支出。老年群体对于老年照料以及健康医疗等的需求逐渐增加，致使社会负担进一步加重，这对内蒙古人力资本积累产生了负向影响。再加上现阶段内蒙古居民人均受教育水平还存在较大的上升空间，所以政府对于公共教育的支出和对人力资本的积累的促进作用愈加显著，但是随着老龄化水平的提高，用于老年人的健康保障和医疗卫生的支出对公共教育支出的挤出效应不利于人力资本的有效积累。老年人口比例过大时，整个社会对人力资本的投资需求也在减少，人力资本投资规模也因此下降。

随着年龄结构的老化，老年人的身体素质以及学习新知识的能力正在逐渐退化，所以相比于年轻人口，老年人口需要投入更多的成本，但是其人力资本投资收益并不高。对于个体而言，人力资本积累程度在劳动年龄阶段达到高峰。此外，劳动年龄人口的数量也受到人口老龄化的影响而逐渐减少，劳动力供给结构逐渐趋于老龄化，人力资本存量减少。

二 内蒙古人口老龄化对不同行业就业的影响

内蒙古人口老龄化的快速深化对不同产业的就业结构产生了十分重要的影响。随着人口老龄化的深入，老年人口的日益增多导致社会的消费需求结构也会发生相应的变化，老年产业随之兴起，一定程度上促进了以服务行业为主的第三产业的就业人数的增加。老年人口日益增多，老年劳动力的比重逐渐增大，相较于年轻劳动力而言，劳动适龄人口规模减小。基于不同产业的就业结构分析人口老龄化对产业结构的影响也具有深远意义，能够全面地了解内蒙古地区人口老龄化背景下不同产业的就业趋势。

（一）就业结构

就业结构指的是劳动者在不同行业、不同部门之间的具体数量、所占比例及其相互之间的关联程度，反映的是劳动力的分配结构或者是不同就业人口占总就业人口的比重。就业结构包括不同产业的就业结构，衡量的是不同产业的就业人员占总就业人数的比例情况。就业的城乡结构，反映了劳动年龄人口分布在城镇和乡村的区域性特征。就业的地域结构，衡量的是不同区域、不同盟市的劳动力分配情况，体现了就业水平发展的区域性差异。

（二）内蒙古分产业就业结构

整体来看，内蒙古第一产业就业人员所占比值一直较高，这与内蒙古所处地理位置以及自然条件息息相关。1990年第一产业就业比重为55.8%，第二产业和第三产业就业比重分别为21.8%和22.5%，就业人员比重由高到低整体呈现"一、三、二"的结构。

初期，内蒙古第一产业就业人员数量占有绝对的优势，第二、第三产业占比较少，第三产业就业人员数量最少，说明初期内蒙古经济发展比较落后，第一产业劳动生产率较低，第二产业、第三产业不发达使得就业人数明显低于第一产业。随着产业结构的不断优化升级，到 2018 年，第三产业就业人员比例增长到 40.4%，第一产业就业人员比例下降到 38.9%，第二产业就业人员比例没有出现明显的涨幅，三大产业就业人员比重由高到低转变为"三、一、二"的结构。

1990—2014 年，内蒙古三次产业的就业结构占比由高到低始终表现出"一、三、二"的特点。这一时期，第一产业和第二产业就业比重均呈现出逐渐下降的趋势，分别下降了约 17 个百分点和 3.48 个百分点；然而第三产业就业比重稳步上升，增加了 20.14 个百分点，涨幅较大。随着国民生产总值的增长，第一产业的劳动力逐步向工业、制造业、服务业为主的第二产业和第三产业转移。内蒙古地区有着丰富的劳动力资源，并且劳动者技能素质普遍较低，期初一直从事农业生产活动，导致第一产业就业人员比重较高。自 2014 年以后，第二产业和第三产业发展水平逐年提升，吸引大批农村劳动力就业，就业结构占比由高到低逐步转变为"三、一、二"的结构，服务行业的快速发展使得就业岗位数量增多，第三产业就业人数逐渐增加，第一产业就业人员所占比值保持持续下降的趋势，而第二产业就业人员无明显变化，第二产业就业人数明显不如第三产业，就业比重出现新局面。在 2018 年，第三产业就业人数明显减少，占比由高到低呈现出"一、三、二"的结构。现阶段，互联网、金融、教育等行业的蓬勃发展，对劳动者技能素质要求较高，使得越来越多的劳动者从事高技能的行业。见表 14 - 7，如图 14 - 4 所示。

表 14 - 7　　　　　　内蒙古三次产业就业比重　　　　（单位:%）

年份	第一产业就业比重	第二产业就业比重	第三产业就业比重
1990	55.8	21.8	22.5
1991	55.9	21.7	22.5
1992	54.5	22.2	23.3
1993	53.1	21.9	25.0
1994	51.9	21.8	26.3
1995	52.2	21.9	26.0
1996	52.6	21.5	25.9
1997	51.9	20.3	27.9
1998	51.7	19.7	28.6
1999	52.6	17.6	29.9
2000	52.2	17.2	30.7
2001	51.6	16.8	31.6
2002	50.9	16.0	33.2
2003	54.6	15.2	30.2
2004	54.5	14.9	30.6
2005	53.8	15.6	30.5
2006	53.8	16.0	30.2
2007	52.6	17.0	30.4
2008	50.5	16.9	32.7
2009	48.8	16.9	34.2

续表

年份	第一产业就业比重	第二产业就业比重	第三产业就业比重
2010	48.2	17.4	34.4
2011	45.9	17.7	36.4
2012	44.7	18.1	37.2
2013	41.3	18.8	40.0
2014	39.2	18.3	42.6
2015	39.1	17.1	43.8
2016	40.1	15.9	44.1
2017	41.4	15.8	42.8
2018	42.8	16.8	40.4
2019	41.8	15.7	42.4
2020	35.7	17.0	47.3

数据来源：《内蒙古统计年鉴》。

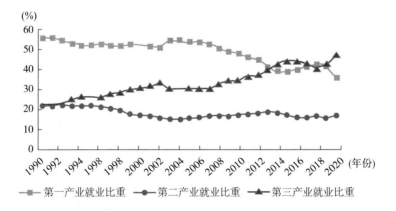

图14-4　内蒙古三次产业就业结构变化趋势

数据来源：笔者绘制。

（三）模型设定与变量选取

1. 模型设定

$$\mathrm{emp}_{i,t} = \alpha_0 + \alpha_1\, old_t + \alpha_2 X_{i,t} + \varepsilon_t \qquad (14-4)$$

其中，$\mathrm{emp}_{i,t}$ 为被解释变量，表示第 t 年第 i 产业的就业结构，用各产业就业人数占总就业人数的比值来衡量。old_t 为核心解释变量，代表第 t 年的人口老龄化程度，用 65 岁及以上人口占总人口的比值来衡量。$X_{i,t}$ 表示一系列可能影响不同产业的就业结构的控制变量。其中，常数项为 α_0，α_1，α_2 表示变量的回归系数，ε_t 为随机扰动项。本节纳入人均国民生产总值的对数变量以减少数据波动出现的异方差问题。

2. 变量选取

本节主要对内蒙古人口老龄化程度对就业结构的影响的关系进行实证分析，为了保证数据分析的完整性，选取 2000—2020 年的数据，所有数据均来自内蒙古统计年鉴。为了使得回归结果更加准确，加入以下控制变量。第一，人均国民生产总值，并作对数化处理，记为 ln-rgdp，用以表示内蒙古地区的经济发展状况。经济增长能够促进劳动力在不同行业间的流动，影响不同行业的就业人员占总就业人数的比重。第二，对外开放程度，用内蒙古地区对外贸易的进出口总额占地区国民生产总值的比值来表示，记为 trade。一个国家或地区的经济发展水平也会受到对外贸易因素的影响，国内外贸易有利于比较优势产业的发展，抑制比较劣势产业的发展。第三，政府财政支出占比，用地方财政一般公共预算支出占地区国民生产总值的比重来衡量，记为 gov。政府的公共预算支出有利于增加就业岗位，带动重点领域行业的发展，见表 14 – 8。

表 14 - 8　　　　　　　　　　变量的描述性统计

变量	样本	均值	标准差	最小值	最大值
第一产业就业人数占比	21	46.83333	6.046431	35.7	54.6
第一产业就业人数占比	21	16.71905	1.030349	14.9	18.8
第一产业就业人数占比	21	36.4619	5.689506	30.2	47.3
65 岁及以上人口占比	21	8.601905	1.848671	5.35	13.05
人均 GDP	21	35353.76	22401.79	6502	72062
对外开放程度	21	8.904286	2.925728	5.6	14.34
政府财政支出占比	21	26.89333	4.909824	18.63	32.84

数据来源：笔者自制。

（四）回归模型与实证分析

1. 平稳性检验

为了解决时间序列中可能出现的伪回归问题，需要检验数据是否平稳。考虑到序列自相关和异方差的问题，选择 PP 检验来检验数据的平稳性，见表 14 - 9。

表 14 - 9　　　　　　　　　数据平稳性检验结果

检验变量	P 值	结论
old	0.9696	非平稳
d2old	0.0000 ***	平稳
emp1	0.9587	非平稳
d2emp1	0.0036 ***	平稳
emp2	0.3244	非平稳

检验变量	P 值	结论
d2emp2	0.0000 ***	平稳
emp3	0.9714	非平稳
d2emp3	0.0001 ***	平稳
lnrgdp	0.9982	非平稳
d2lnrgdp	0.0218 **	平稳
trade	0.8279	非平稳
d2trade	0.0000 ***	平稳
gov	0.4778	非平稳
d2gov	0.0000 ***	平稳

注： *、** 和 *** 分别表示在 10%、5% 和 1% 的水平下显著。

由表 14 - 9 检验结果可知，上述序列为非平稳时间序列，对原始数据作二阶差分，变量经过二阶差分后 P 值均在 1% 显著性水平下拒绝原假设，然后继续进行协整检验。

2. 协整检验

经模型确定最优滞后阶数之后进行协整检验，结果见表 14 - 10。对于 emp1、old、lnrgdp、trade 和 gov 建立的模型，迹检验和最大特征值检验结果均表明，拒绝"协整秩为 0"和"协整秩为 1"的原假设，说明最多存在有两个协整关系、三个协整关系和四个协整关系；对于 emp2、old、lnrgdp、trade 和 gov 建立的模型，迹检验结果表明，有三个线性无关的协整向量，最大特征值检验表明对于原假设 H_0：$r \leqslant 1$ 检验的 P 值 > 0.05，拒绝原假设，说明存在一个协整关系；对于 emp3、old、lnrgdp、trade 和 gov 建立的模型，迹检验和最大特征值检验对于原

假设 H_0：$r \leqslant 2$ 检验的 P 值 > 0.05，拒绝原假设，说明存在两个协整关系。

表 14 – 10	Johasen 协整检验结果					
	P 值					
原假设	**emp1**		**emp2**		**emp3**	
	迹检验	特征值检验	迹检验	特征值检验	迹检验	特征值检验
$r \leqslant 4$	> 0.05	> 0.05	> 0.05	> 0.05	> 0.05	> 0.05
$r \leqslant 3$	> 0.05	> 0.05	> 0.05	> 0.05	> 0.05	> 0.05
$r \leqslant 2$	< 0.05**	> 0.05	< 0.05**	> 0.05	> 0.05	> 0.05
$r \leqslant 1$	< 0.05**	< 0.05**	< 0.05**	> 0.05	< 0.05**	< 0.05**
$r = 0$	< 0.05**	< 0.05**	< 0.05**	< 0.05**	< 0.05**	< 0.05**

注：*、** 和 *** 分别表示在 10%、5% 和 1% 的水平下显著。

3. 回归分析

由表 14 – 11 结果可知，第一产业就业人数占比与 65 岁及以上人口比重呈明显负相关，即老年人口所占比重每增加一个百分点，第一产业就业人员比重下降 1.737 个百分点，也就是随着老年人口的增多，第一产业就业人数减少。此外，政府财政支出占比与第一产业就业人数占比呈显著负相关，即政府一般公共预算支出增加 1%，第一产业就业人数占比减少 0.978 个百分点。在 10% 的显著性水平下，第二产业就业人数占比对 65 岁及以上人口占比有显著负向影响，表明人口老龄化程度的加深使得第二产业就业人数规模逐渐缩减，老年人口的增多导致年轻劳动力数量下降，劳动力规模骤减，第二产业的就业比重减少。第三产业就业人数占比与老年比重呈显著正相关，即老年人口所占比值每增加 1%，第三产业就业人数占比增加 2.176 个百分点。随着年龄的增长，老年人增加了对于医疗卫生等服务的需求，这种需求会随着老龄化程度的加深而增加。政府财政支出占比与第三产业就业人数占比呈显著正相关，内蒙古人口老龄化的加剧，会使得养老、医疗等公共行业占用更多的政府财政支出。以上结果表明，内蒙古人口老龄化对第一产业和第二产业就业比重有抑制效应，同时对以服务行业为主的第三产业有促进作用。

表 14－11　　　　　　　　　回归结果

变量	emp1	emp2	emp3
old	− 1.737***	− 0.445*	2.176***
lnrgdp	3.728	0.628	− 4.373*
trade	0.494	− 0.080	− 0.404
gov	− 0.978***	0.0685	0.920***
Constant	45.61	13.00	41.27
Observations	21	21	21
R － Squared	0.898	0.431	0.916

注：*、** 和 *** 分别表示在 10%、5% 和 1% 的水平下显著。

（五）小结

首先，本节分析了内蒙古就业的产业结构的演变规律，发现，内蒙古就业结构占比由高到低呈现出"三、一、二"的结构。然后，建立模型对内蒙古人口老龄化对就业的产业结构的影响进行分析，最终结果显示，老年人口比重每增加 1%，第一产业就业人数占比下降1.737 个百分点；老年人口比重每增加 1%，第二产业就业人数占比下降 44.5%；老年人口比重每增加 1%，第三产业就业人数占比上升2.176%。人口年龄结构的老化，带来的直接影响体现在对于市场劳动力的资源配置上。一方面，伴随人口老龄化的深入，劳动力资源减少，劳动力供给规模逐渐缩减。另一方面，人口老龄化也使得劳动年龄人口中老年人口的就业比例上升，而老年人生理和心理功能的变化无法满足大多数岗位的要求，劳动供给质量开始下降。不同的年龄结构群体有着不同的消费水平和投资规划，年龄结构发生变化，位于不同年龄阶段的群体所面临的消费需求存在差异，这就导致行业需要作出调整以适应消费需求的转变。

第一产业主要包括"农、林、牧、渔"等行业领域，现阶段，随着内蒙古城镇化水平的不断发展，大批乡村劳动力进入城市，致使从事农业生产活动的劳动人口数量骤减。现在服务行业的蓬勃发展，使得农村劳动力大幅下降，农业生产受到制约，人口老龄化成为降低第一产业就业人员比重的重要原因。第二产业可以吸引大批劳动力就业，丰富的劳动力资源将在第二产业的发展中占据相应的比较优势，年龄结构的转变势必会影响第二产业的发展。

随着内蒙古地区经济发展速度和科技创新的加快，内蒙古地区医疗卫生水平取得进步。预期寿命的延长使得老年群体对于健康医疗、生活照料等需求日益增加。近几年来，老年大学、老年康复服务等智能养老模式的出现，人口老龄化促使老年产业的新兴与发展。第三产业就业人员所占比例整体呈现出稳步增加的趋势，这表明随着城镇化的发展，收入水平不断提升，导致那些原来从事第一产业和第二产业的部分劳动力向着其他行业进行转移，从第一产业和第二产业挤出的部分劳动力向着第三产业转移。根据劳动经济学观点可知，劳动力需求是一种衍生需求。因此，为老年人服务的行业也是一种衍生需求，这种需求将随着老年人口比例的增加而增加。劳动力这一生产要素是自由流动的，随着现代经济的发展趋势和技术进步，劳动人口会流向资产回报率更高的行业，然而，人口老龄化和劳动力老化影响了劳动力在不同产业间的流动速度。内蒙古人口老龄化对就业的产业结构的影响差异明显，具体表述为人口老龄化对第一产业和第二产业就业比重有明显的抑制作用，对第三产业就业比重产生显著的积极影响。

人口年龄结构的变化主要影响劳动力规模和社会养老保障负担。内蒙古人口老龄化现象愈演愈烈，使得劳动力资源成为一种相对稀缺的生产要素。一方面，人口年龄结构老化和劳动力资源缺乏等因素影响着就业人员的流动，使得原来从事于第一产业和第二产业的人员把更多的时间投入到收入更高、投资回报率更高且工作时间相对灵活的第三产业；另一方面，老年群体的扩大促进了疗养服务和文化娱乐等行业的涌现和发展，老年群体多样化的消费需求逐步扩大，促使就业人员向着第三产业转移，使得第三产业的就业人员所占比值明显增加，呈现出新的就业结构特点。内蒙古地区劳动适龄人口比重下降，随着年龄的增长，大量劳动力的学习创新能力逐渐减弱，无法满足高新技术等新兴产业的劳动力需求。此外，老年人口比重的增加会给年青一代造成养老负担等问题。

三　内蒙古人口老龄化对不同区域就业的影响

内蒙古人口老龄化程度对就业的影响，体现出明显的区域特征。由于各个地区所处的地理位置以及自然条件的不同，城乡的二元结构以及区域经济发展水平的不平衡，导致人口老龄化对不同区域的就业产生不同的影响。

（一）内蒙古就业的城乡结构

就业的城乡结构反映了劳动年龄人口分布于城镇和乡村的不同情况，具体来说，用城镇和乡村的就业人数占总就业人数的比值来衡量。

如图 14 - 5 所示，整体而言，城镇就业人数占总就业人数的比重逐渐上升，城镇就业人口占比从 2000 年的 40.5% 增长到 2020 年的

63.1%，此外，年均增长率达 3.05%。乡村就业人数占总就业人数的比重呈逐渐下降的趋势，从 2000 年的 59.5% 下降至 2020 年的 36.9%，下降了 22.6 个百分点，见表 14 - 12。2012 年内蒙古城镇就业人数超过了乡村就业人数。自 2000 年起，随着工业化进程的加快，许多农村劳动人口开始向大城市流动，致使城镇就业人员逐年增加，城乡差距并没有缩小，反而逐渐增大，城乡就业结构开始发生转变。

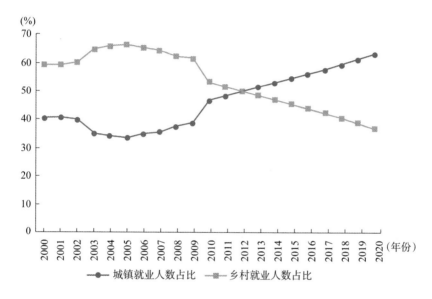

图 14 - 5　内蒙古就业的城乡结构变化趋势

数据来源：笔者绘制。

表 14 - 12　　　　　　　　　内蒙古就业城乡结构

年份	城镇就业人员（万人）	城镇就业人数占比（%）	乡村就业人员（万人）	乡村就业人数占比（%）
2000	430.1	40.5	631.5	59.5
2001	434.5	40.7	632.5	59.3
2002	435.6	40.1	650.5	59.9

续表

年份	城镇就业人员（万人）	城镇就业人数占比（％）	乡村就业人员（万人）	乡村就业人数占比（％）
2003	352.9	35.1	652.3	64.9
2004	350.3	34.1	675.8	65.9
2005	350.3	33.6	690.8	66.4
2006	365.0	34.7	686.2	65.3
2007	383.5	35.5	698.0	64.5
2008	414.9	37.6	688.4	62.4
2009	439.5	38.5	703.0	61.5
2010	656.0	46.9	742.0	53.1
2011	671.6	48.4	716.4	51.6
2012	687.7	49.9	691.3	50.1
2013	704.5	51.4	665.5	48.6
2014	720.3	53.0	639.7	47.0
2015	735.7	54.5	615.3	45.5
2016	743.8	56.1	582.2	43.9
2017	759.6	57.7	557.4	42.3
2018	773.9	59.3	530.1	40.7
2019	778.4	61.2	493.6	38.8
2020	784.0	63.1	458.0	36.9

数据来源：《内蒙古统计年鉴》。

（二）内蒙古就业的地域结构

表14-13、表14-14描述了2001—2020年内蒙古12盟市就业人数变化情况。从整体的地区分布来看，除乌兰察布市外，其余各盟市

就业人数整体呈稳步增长的态势。其中，呼和浩特市就业人数从 2001 年的 105.10 万人增长到 2020 年的 162.27 万人，增幅达到 54.4%。2001 年赤峰市就业人数最多，到 2020 年就业人数排名前三的盟市分别为赤峰市、呼和浩特市、通辽市，就业人数分别为 210.02 万人、162.27 万人、158.70 万人。乌兰察布市是 20 年间唯一一个就业人数减少的城市，减少了 58.07 万人，减幅较大，乌兰察布市就业人员减少的原因很大程度上与劳动力向着经济发达的城市迁移有关。

表 14 – 13　　　　内蒙古 12 盟市就业人数变化情况　　（单位：万人）

年份	呼和浩特市	包头市	呼伦贝尔市	兴安盟	通辽市	赤峰市
2001	105.10	109.98	80.90	64.09	133.09	194.02
2002	107.54	111.07	82.60	61.13	134.25	196.24
2003	138.20	112.53	84.31	62.70	119.43	200.04
2004	140.92	114.24	91.31	66.70	138.05	208.26
2005	145.80	118.40	92.66	68.51	135.97	221.98
2006	149.60	121.70	91.91	66.60	142.35	216.33
2007	152.80	127.76	109.10	69.40	144.00	225.48
2008	155.90	133.20	98.10	71.99	158.8	230.59
2009	159.30	137.70	103.52	73.91	154.2	232.33
2010	165.50	141.70	107.54	77.10	163.10	241.00
2011	168.30	146.75	118.36	81.95	167.53	253.17
2012	171.10	150.63	131.38	85.46	191.11	247.15
2013	173.60	153.43	138.55	90.21	192.93	255.93
2014	176.90	155.78	143.80	85.95	175.29	257.46

续表

年份	呼和浩特市	包头市	呼伦贝尔市	兴安盟	通辽市	赤峰市
2015	178.20	157.96	150.99	88.78	187.89	262.02
2016	157.44	132.57	115.74	80.18	176.94	240.82
2017	159.57	132.33	114.94	79.52	174.44	236.60
2018	161.34	132.04	113.92	78.58	171.28	231.46
2019	161.65	131.47	111.85	76.66	164.82	220.32
2020	162.27	130.80	109.99	74.87	158.70	210.02

数据来源：《内蒙古统计年鉴》。

表 14 – 14　　　　内蒙古 12 盟市就业人数变化情况　　　（单位：万人）

年份	锡林郭勒盟	乌兰察布市	鄂尔多斯市	巴彦淖尔市	乌海市	阿拉善盟
2001	43.55	140.15	75.01	84.6	15.91	8.87
2002	44.28	148.63	73.91	85.2	17.98	8.77
2003	44.54	137.20	75.07	86.6	18.15	8.96
2004	44.77	137.54	77.93	88.8	18.43	9.21
2005	45.51	136.80	83.90	86.8	21.40	9.40
2006	46.70	119.61	84.80	87.9	21.60	9.92
2007	48.13	113.50	86.81	88.8	21.70	10.59
2008	47.90	107.60	91.27	88.9	24.46	11.14
2009	48.00	105.80	93.10	89.0	25.25	11.14
2010	50.60	110.63	98.01	89.1	26.30	12.90
2011	51.30	110.90	102.20	89.2	27.14	14.10
2012	53.48	112.30	102.40	89.3	27.36	17.13

年份	锡林郭勒盟	乌兰察布市	鄂尔多斯市	巴彦淖尔市	乌海市	阿拉善盟
2013	56.95	112.80	103.08	89.4	29.57	18.39
2014	58.93	113.40	108.17	90.0	31.48	18.54
2015	60.02	113.60	107.38	90.2	32.06	19.46
2016	61.78	104.17	115.07	98.3	28.46	14.53
2017	62.53	101.17	115.45	97.24	28.65	14.56
2018	63.22	97.34	115.53	95.86	28.85	14.58
2019	63.34	89.51	115.66	93.09	28.91	14.60
2020	63.44	82.08	115.75	90.53	28.95	14.62

数据来源:《内蒙古统计年鉴》。

（三）数据来源和变量选取

本节建立 VAR 模型，然后检验数据的平稳性并做进一步的协整分析，最后对模型的稳定性进行检验。

为了保证数据的完整性，本节选取 2000—2020 年的数据，所有数据来源于内蒙古统计年鉴。首先，要分析内蒙古人口老龄化对不同区域就业的影响，选取的被解释变量为城镇化就业水平，用城镇就业人数占总就业人数的比重来衡量，记为 cheng。其次，核心解释变量为人口老龄化程度，用 65 岁及以上人口占总人口的比例来衡量，记为 old。根据前文分析，加入以下控制变量。第一，人均国民生产总值，并做对数化处理，记为 lnrgdp。第二，对外开放程度，用内蒙古地区对外贸易的进出口总额占地区国民生产总值的比值来表示，记为 trade。第三，政府财政支出占比，用地方财政一般公共预算支出占地区国民生产总值的比重来衡量，记为 gov。见表 14 - 15。

表 14 - 15　　　　　　　　变量的描述性统计

变量	样本	均值	标准差	最小值	最大值
cheng	21	62.39524	72.51485	33.6	376
old	21	8.601905	1.848671	5.35	13.05
lnrgdp	21	10.2155	0.8016364	8.779865	11.18528
trade	21	8.904286	2.925728	5.6	14.34
gov	21	26.89333	4.909824	18.63	32.84

数据来源：笔者自制。

（四）回归模型与实证分析

1. 稳性检验

由于所分析的数据为时间序列数据，为解决伪回归问题，所以需要检验每个变量是否平稳，因此本节利用 ADF 检验方法，见表 14 - 16。

表 14 - 16　　　　　　　　变量单位根检验

	ADF 统计量	1%临界值	5%临界值	10%临界值	结论
d2cheng	-9.041	-3.750	-3.000	-2.630	平稳
d2old	-4.981	-3.750	-3.000	-2.630	平稳
d2trade	-5.858	-3.750	-3.000	-2.630	平稳
d2gov	-4.715	-3.750	-3.000	-2.630	平稳

注：d2 表示进行二阶差分。
数据来源：笔者自制。

从表 14 - 16 的检验结果可知，对原序列的变量经过二阶差分处理后的 ADF 统计量均在 5% 显著性水平下，均小于 5% 和 10% 的临界值，并且二阶单整，然后进行协整检验。

2. 协整检验

通过上面的单位根检验，原数据都是经过二阶差分处理后才平稳，本节所有变量在同阶单整的基础上进行 Johansen 协整检验，根据检验结果来判断变量之间有无长期稳定的关系，见表 14 – 17。

表 14 – 17　　　　　　　　　VAR 最佳滞后阶数

Lag	LL	LR	FPE	AIC	HQIC	SBIC
1	– 164. 161	125. 43 *	3243. 93 *	19. 3853 *	19. 5536 *	20. 3795 *
2	– 151. 256	25. 808	5935. 41	19. 7112	20. 014	21. 5007

注：* 表示在 5% 显著性水平下拒绝原假设。

由表 14 – 17 可知，利用 cheng、old、trade、gov 构建 VAR 模型所确定的最佳滞后阶数为 1。经模型所得出的最佳滞后阶数进行协整检验，迹检验结果表明，存在两个线性无关的协整向量；最大特征值检验结果可知，最多存在有两个协整关系和最多存在三个协整关系，所以序列存在长期稳定的均衡关系，见表 14 – 18。

表 14 – 18　　　　　　　　　Johasen 协整检验结果

原假设	特征值	亦统计量	5% 的临界值	最大值	5% 预测值
0	—	88. 0037	54. 64	45. 8939	30. 33
1	0. 89921	42. 1098	34. 55	25. 0432	23. 78
2	0. 71411	17. 0666 *	18. 17	15. 8292	16. 87
3	0. 54682	1. 2374	3. 74	1. 2374	3. 74
4	0. 05999	—	—	—	—

3. 脉冲响应分析

通过以上检验可知，cheng、old、trade 和 gov 的二阶差分序列均经过单位根检验和协整检验，均为平稳变量，建立如下 VAR 模型，如公式（14-5）所示。

$$cheng = -52.571^* old(-1) - 0.945^* cheng(-1)$$
$$+53.166^* trade(-1) - 36.035 gov(-1) + 1.590 \quad (14-5)$$

上述模型由于涉及各个变量之间的影响，所以无法考量各个回归结果的实际意义，因此，后文将进行脉冲响应分析。为了确定所构建的 VAR 模型是否稳定，首先需要检验模型是否稳定，检验结果如图 14-6 所示，当所有点均位于单位圆内，可知模型是稳定的，反映了内蒙古人口老龄化对就业的城乡结构之间关系的稳定，接下来进行脉冲响应分析。

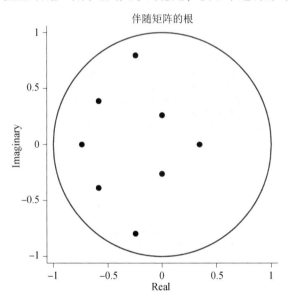

图 14-6　模型稳定性检验

脉冲响应函数描述的是当系统内部受到一个外生的冲击时，对于系统内每一个变量未来的变化情况的影响，反映了各个变量之间的动态影响及其相互作用。本节利用 Stata16 软件作出内蒙古各变量脉冲响应图。

通过脉冲响应分析可知，当某个变量受到外部冲击后，各个变量之间所受到的外界影响的动态及方向。如图 14 - 7 所示，受到外界冲击后，内蒙古人口老龄化对城镇化就业水平产生不利影响，接下来此冲击变为正向冲击并在第二期影响程度最大，之后正向冲击和负向冲击交替进行，在第六期之后逐渐趋近于 0，不再对城镇化就业水平产生较大冲击。从图 14 - 7 中还可以看出，对外开放程度对城镇化就业水平也会产生影响。在第一期，对外开放程度对城镇化就业水平产生正向冲击，接着快速转变为负向冲击，并且在第二期达到峰值，负向影响程度逐渐减弱，最后逐渐趋于 0，稳定之后不再对城镇化就业水平产生较大影响。

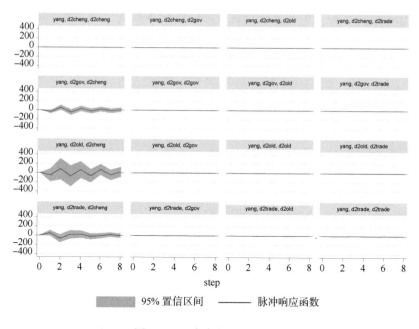

图 14 - 7　脉冲响应分析结果

（五）小结

首先，本节分析了内蒙古就业的城乡结构和地域结构的演变过程，发现内蒙古城镇就业人数占总就业人数的比重逐渐增加，乡村就业人数占比呈现出逐渐下降的趋势。城乡资源分配不平衡出现就业的发展水平明显的区域性差异特征。具体而言，内蒙古12盟市中，除乌兰察布市外，其余各盟市就业人数整体呈稳步增长的态势。然后，建立VAR模型对内蒙古人口老龄化、对就业的城乡结构的影响进行实证分析，考察人口老龄化对不同区域就业的影响。

考虑到不同区域经济社会发展水平不平衡，人口分布、年龄结构以及产业结构等不同，导致不同盟市间人口老龄化对于区域就业的影响效应明显不同。对于城镇化率高、发展快、基础设施相对完善的盟市来说，城市中可以提供更加便利、舒适的生活和工作环境，并且城市中相对完善的老年健康医疗设备能够在很大程度上满足老年人生活的需要，使得这些城市的就业人员比重上升。而对于那些发展缓慢、基础设施建设比较落后的盟市来说，无法提供完善的老年生活质量的保障。在这种情况下，会使得经济社会发展水平欠发达的盟市出现人口流失现象，进而导致就业人员占比下降。

四　小结

本章主要以内蒙古人口老龄化程度对就业的影响为研究背景，选取2000—2020年的相关数据，通过对内蒙古人力资本水平以及不同产业的就业结构、就业的城乡结构和就业的地域结构演变过程进行分析，并通过建立VAR模型、线性回归模型等分析方法，考察了内蒙古人口老龄化对就业的影响，具体结论如下。

第一，内蒙古人口老龄化现象愈演愈烈，老年人口数量的增加以及老龄化的人口结构，促使对于健康、医疗等公共资源的需求的增加，使得政府的财政资金更多地投入健康和养老服务领域，与之相对应的，势必会挤占政府财政支出中对年轻后代教育的投资。老年人的生理和心理机能的退化，老年群体在日常生活照料和健康卫生等服务方面的需求逐渐增加，导致对老年人口需要投入更多的成本和社会福利，但是其人力资本投资收益并不高。同时，三孩政策的实行占用健康支出，人口老龄化程度的加深导致人均教育支出下降。回归结果表明，老年人口占比每增加1%，居民的平均受教育年限减少13.9个百分点。当下人口老龄化形势严峻，老年抚养比不断提高，加重了年轻劳动力对于养老保险税收的负担，家庭迫于对老年人口抚养的压力，从而挤占了家庭的储蓄与教育的投资，使得家庭人力资本积累减少，社会负担进一步加重，这对内蒙古人力资本积累产生负向影响。

第二，内蒙古地区的就业结构逐渐趋于合理化，第二产业和第三产业的大力发展使得就业规模逐步扩大。老年人口占比大幅上升，再加上由于年龄的增长所涌现出的一系列健康问题，使得对健康医疗等服务行业的需求逐渐增加。一方面，人口老龄化和养老负担的加重成为影响劳动力流动的重要因素，原本从事于第一产业和第二产业的人员将更多的时间投入到收入更高、投资回报率更高且工作时间相对灵活的第三产业；另一方面，老年群体的扩大促进了老年疗养服务、文化教育等行业的新兴和崛起，随着老年群体的消费需求逐步扩大，第三产业的就业人员比重将大幅提升，劳动力资源向着第三产业转移，致使就业结构发生转变。同时，人口老龄化也使得劳动年龄人口中老年就业人口比重上升，而老年人生理、心理机能发生改变，难以适应、满足多数岗位对劳动者技能的要求，劳动供给质量开始降低。不同的年龄结构群体有着不同的消费水平和投资规划，年龄结构的变化导致消费需求发生变化，刺激不同行业领域的就业需求，加快了不同产业的就业结构的调整。总体而言，内蒙古人口老龄化对第一产业和第二产业就业比重产生显著的负向影响，对第三产业就业比重产生显著的正向影响。

第三，城镇化率的不断提高使得农村劳动人口开始向城市迁移，城镇就业人数逐渐增加。从就业的整体地区分布来看，绝大多数盟市的就业人数呈现出稳定上升的趋势。随着老龄化程度的进一步加剧，城镇就业规模逐渐扩大，城乡就业结构将发生转变，城乡之间的差距并没有缩小。城乡人口老龄化差异导致劳动力资源要素在城乡间分配不均，城市相较于农村具有更好的医疗服务设备，城市化进程的推进需要大量农村劳动力，使得年轻劳动力通过外出务工等途径离开农村。从需求上看，现阶段服务行业的发展具有规模经济效应，明显集中在大、中城市，使得大、中城市对服务行业的需求远远超过农村地区。鉴于不同盟市经济社会发展水平、资本要素、技术条件、人口分布与年龄结构等不同，导致不同盟市间人口老龄化对于区域就业的影响效应明显不同。在工业化不断推进的过程中，对于那些城镇化率高、发展快、基础设施完善的盟市来说，更加舒适的生活环境以及完善的健康医疗设备可以为老年人提供养老保障，能够满足老年人对健康医疗和养老服务等的消费需求，这就促使这些城市吸纳大量的劳动力，就业人员比重不断上升。而对于那些发展缓慢、城市化率较低、其基础设施建设并不十分完善的盟市来说，对老年生活质量的保障并不如其他盟市，最终导致经济社会发展水平欠发达的盟市出现人口流失现象，进而导致就业人员占比下降。

第十五章　结论和政策建议

一　主要结论

人口老龄化是社会长期发展的产物，老龄化问题是各国普遍面临的一大挑战。为了验证内蒙古老龄化问题，研究选取了2000—2020年的相关数据，通过对内蒙古人力资本水平以及不同产业的就业结构、就业城乡结构和就业地域结构演变过程进行分析，并通过建立VAR模型、线性回归模型等经济学分析方法，考察了内蒙古人口老龄化对就业的具体影响；同时，运用最小二乘法和固定效应模型研究了内蒙古老龄化对经济增速、居民生活水平、城市化的影响。

内蒙古人口老龄化对就业的影响，具体结论如下。第一，老年人口的不断增加，社会养老负担加重，势必会挤占政府财政支出中对年轻后代教育的投资。结果表明，老年人口占比每增加1%，居民的平均受教育年限减少13.9个百分点。

第二，内蒙古地区的就业结构趋于合理化，第三产业就业人数规模逐渐扩大，工业、服务业的发展吸纳了大量农村剩余劳动力。社会劳动力年龄中位数增加，大龄劳动力身体健康状况逐年下降，劳动者对社会保障系统和机制的需求增加，而内蒙古社会保障存在地域分布不均、对低收入者保障不足等问题。这种问题导致低收入或无稳定工作的劳动者社会保障的缺失。随着经济的发展这种现象逐渐减少，就业结构与对应的社会保障逐步区域合理化。

第三，内蒙古城市化水平逐年上升，但出现西快东慢的趋势。呼包鄂地区是内蒙古政治、文化中心，西部的城市化水平与内蒙古东部地区相比快很多。随着城镇化率的提高，内蒙古大量农牧民流动到城市里工作，增加了城市中农村进城务工人员的数量。从劳动者的分布情况来看，内蒙古多地稳步增长。但是，这背后隐含着趋于解决的问题，内蒙古不同盟市之间经济发展水平和城市化水平存在差异，劳动者的收入水平、社会保障等制度分布不均，这些问题的存在成为阻碍内蒙古地区经济发展的原因之一。

内蒙古人口老龄化对经济增速、居民生活水平、城市化的影响，结论如下。第一，老龄化对内蒙古城市化水平的发展造成影响。城乡老龄化差异影响了城乡的劳动力流动，城市相较于农村具备更好的医疗条件和资源。在城镇化和农业现代化的发展过程中，城市化进程的推进需要大量劳动力作为支撑，使得年轻劳动力通过外出务工等途径离开农村，留一些年龄较大、身体素质较低的老年人口。农村老年人口比例逐渐增加，促使更多的劳动力开始进入城市找工作。城市对农村经济发展的剥夺，对农村的劳动力供给和人力资本积累产生了冲击，增加了农村地区的养老负担。从需求角度考虑，服务行业的发展规模逐渐扩大带来较高的经济效益回报，在大中城市的效应明显，城市对于服务业的需求明显高于农村。农村老龄化速度逐渐加快，这将会降低向城镇转移的农村劳动力的质量，直接影响城市化发展水平，阻碍城市化进程。

第二，人口老龄化与居民生活水平呈显著正相关。首先，老龄化人口促进了社会总体人力资本的积累，老年人的工作经验与社会经验有利于生产效率的提高和经济的发展；其次，未富先老局面的形成使得大量老龄人口领取养老金，青年劳动者上缴的保险金额不足以弥补越来越大的养老金缺口。另外，工资具有刚性，经验丰富的老年劳动力的收入水平普遍高于年轻劳动力，其退休工资等因素的存在增加了公司和社会的压力；但老年劳动者消费观念的改变，一定程度上促进了社会消费水平的提升。

第三，人口老龄化促使内蒙古产业结构发生变化。内蒙古老年人口比重每增加1%，第一产业就业人数占比下降1.737个百分点；老年人口比重每增加1%，第二产业就业人数占比下降44.5%；老年人口比重每增加1%，第三产业就业人数占比上升2.176%。人口年龄结构的老化，带来的直接影响体现在不同产业的劳动力资源配置上。一方面，伴随人口老龄化的深入，劳动力资源减少，劳动力供给规模逐渐缩减；另一方面，人口老龄化也使得劳动年龄人口中老年人口的就业比例上升，而老年人生理和心理功能的变化无法满足大多数岗位的要求，劳动供给质量开始下降。不同的年龄结构群体有着不同的消费水平和投资规划，年龄结构发生变化，位于不同年龄阶段的群体所面临的消费需求存在差异，这就导致行业需要作出调整以适应消费需求的转变。

二 政策建议

（一）调节劳动力供给和消费水平，缓解老龄化的"减速效应"

1. 分阶段实施不同的延迟退休政策，适应人口结构的改变

针对老年人的抚养问题和社会保障问题，不同国家采取不同政策，西方采取从摇篮到坟墓的社会福利制度，这样的社会保障制度给政府增加巨大的社会养老金支付压力。这样的政策弊端也给我们带来一定启示，在刘易斯第二转折点到来之前，分阶段、分地区实施延迟退休政策。内蒙古不同的盟市经济发展水平和劳动力结构分布不同，因此

有些盟市不易立即做出调整退休年龄的改变。各地区政府等退休年龄的改变即是一个经济问题，有关机构要结合以下情况制定地区政策。第一，要考虑不同地区劳动者的年龄主体，若某地区年轻劳动者较多，不宜实施退休年龄政策，因为老龄化劳动者要及时让位给年轻人更多的锻炼机会；而年轻劳动者较少的地区要尽快实施退休年龄政策，大量的劳动力缺失，而又无足够的经验劳动者进行替补，对社会和企业产生不利影响。第二，有序推动延迟退休政策的实施，在政策实施的过程中要充分考虑到不同行业的特殊性和异质性，充分尊重男女平等，充分照顾弱势群体。第三，实施延迟退休政策，要配合社会福利保障制度同步实施，老年人延迟退休或退休后的社会保障及生活保障等方面要充分，基于足够的社会保障机制配合实施，这样的政策可以减缓老龄化对内蒙古经济发展造成的影响。

2. 丰富消费种类，完善社会机制，提升老年群体的消费水平

老龄化人口大多出生于20世纪40—50年代，受到生活环境和成长环境的影响，老龄化人口的消费、投资观念与当代青年人产生较大差距。保守与储蓄是绝大多数老龄化人口的消费观念和生活方式，因此，改变老年人口的消费观念和消费方式是促进经济增长、缓解老龄化压力的重要一环。

要构建更加丰富的养老保障体系，政府等有关机构建立养老院、老年公园、老年消费区等场馆，丰富老年群体的生活方式，提升老年群体的生活水平。要建立充足且全面的社会保险等保障机制，让老年群体对未来没有后顾之忧，银行等金融机构要针对老年群体制定低风险、交易金额较低的金融产品，促进老年群体的消费和投资观念的转变。

（二）发展科教产业和老龄化产业

1. 推进人力资本投资，扩大人口红利效果

人口老龄化对劳动密集型的企业产生了巨大的影响，但针对内蒙

古而言影响较小。内蒙古地广人稀，人口规模与中国中南部地区相比相距很大，人口规模的欠缺导致内蒙古很难发展劳动密集型产业。举例来说，富士康的创办条件就是要有足够的劳动力，像富士康这样的企业是无法在内蒙古建厂的，因为没有足够的劳动者。在这样的环境下，提升居民人力资本成为弥补人口规模缺失的主要政策方向。

一方面，随着科技的进步和人均学历水平的提升，新兴科技产业等新业态的出现促进了经济社会的发展，这样的发展机遇里需要更多的熟练工人和专业技术人才。另一方面，内蒙古与中国发达省份相比科技发展水平较弱，尖端科技人才较少，人均学历水平低于浙江、上海等地。为了进一步提升内蒙古劳动者的劳动技术水平，充分发挥老龄专业劳动者的专业技术优势，可以让老龄劳动者一对一传授青年劳动者专业技术，对已经退休的劳动者可以采取返聘措施，并不是复工，而是专门传授青年劳动者专业技术知识和操作要领。与此配套的是，提升内蒙古教育水平，全面提升内蒙古劳动者的继续教育水平，扩大接受继续教育的劳动者群体，让继续教育辐射更多的劳动者。

2. 引进高端人才，制定人才和企业引进的配套政策

加快经济增长方式的转型和升级，新技术和新业态的发展对促进经济发展产生重要影响。内蒙古地区的发展仍然以传统行业和传统产业为主，这对内蒙古经济发展产生诸多不利影响。内蒙古人口趋于老龄化，政府等有关机构可采取引进专业技术人才或其他青年劳动者来平衡内蒙古青年劳动者的缺口，通过引进先进的企业和公司促进内蒙古企业和产业的发展。因此，在研发投入方面，要加大中央政府和地方政府对于科技创新特别是基础研究的支持力度，使科研经费资源配置更合理；在科技创新奖励机制方面，应建立科技创新产权奖励制度，尤其是加强对知识产权的保护，政府应设立专项资金用于知识产权保护，使专项资金成为政府支持企业技术创新和高科技研究的有力后盾，同时以财政税收优惠手段引导企业的创新性研究，并对企业

知识产权确权予以资助；在人才队伍方面，要加快高端人才和高技能人才的培养，在重点学科领域加大科研支持力度，完善职业技能培训体系，同时优化人才培养环境，加大对各类创新人才的培养，通过对人才和企业的培养来弱化老龄化对内蒙古经济发展等因素的负向影响。

（三）提升生育水平，缓解老龄化压力

1. 内蒙古自治区应该随着国家政策逐步调整本地生育政策，慢慢树立人口是资产而不是负债的观念

目前，人口老龄化伴随着的是生育率的全面降低，提高生育率也是解决人口老龄化的方式之一。年轻人不愿意生育的原因有许多，但究其根本原因无非来源于经济压力，对于孩子的养育成本、教育成本、婚嫁成本等使得很多适龄生育妇女认为，多生孩子会提高家庭的经济压力从而产生负债。因此，应采取政策降低生育风险，让产妇无后顾之忧。完善孕产妇的生育补贴等有关福利制度，切实保障各地产妇都能享有同等待遇，在此基础之上保护工薪一族的合法权益，不能以生育或租养子女为由解雇员工，减轻育龄妇女的生育顾虑。对因生育子女而解雇或降低薪资的单位或企业采取相应的处罚措施。

2. 加强医疗建设，提升妇幼保障服务功能

政府等有关机构加大对妇女优生的培训力度，对高龄、贫困家庭的孕产妇给予帮助和关注。保障落后地区医疗服务水平和医疗器械的供应，对农牧村地区制定差异化且符合当地实际情况的生育补贴或医疗救助政策。加强对农牧村地区孕产妇产前、产后的保健、保障工作，加强对流动人口或无户口人员生育医疗保障和子女疫苗接种等医疗缓解的保障。加强并推进托幼机构的建设，减轻养育子女的压力。大量的育龄夫妇都忙于工作，没有充足的时间照顾子女，托幼机构在其中扮演的作用不言而喻，政府等有关机构鼓励引导企业或社会组织加入

托幼机构的体系。形成一套保障制度全面、流程完整、保障措施丰富的托幼服务制度，增加托幼服务形式，可以设置全日、半日等多样化托幼服务，使育龄夫妇可以放心地把子女送入托幼机构代为照料。

（四）实施差异化的人口和经济政策，推动地区经济协调发展

充分发挥内蒙古东部地区人才集聚红利，弥补劳动力供给短板。对东部地区而言，在人口出生率和死亡率的持续下降和社会经济快速发展的共同作用下，人口较早地向现代化方向转变。老龄化程度较深，使该地区劳动力成本不断上升，失去了劳动力要素的比较优势，同时社会经济发展也面临着能源和土地的日益稀缺和环境承载能力下降的问题。但与其他地区相比，东部地区凭借良好的区位优势、雄厚的经济实力以及完善的基础设施，吸引了更多、更优秀的人才，使以市场扩张型为主的资本密集型产业在东部地区有充分发展的动力。因此，东部地区应出台更加优惠的人才引进政策，建立适合人才发展的良好环境，充分发挥人力资本集聚红利，克服人口老龄化造成的劳动力短缺的问题。

（五）提高农村民生保障水平，促进城乡均衡发展

1. 采取政策促进人口流动

内蒙古老龄化问题在城乡之间存在差异，随着内蒙古城市化水平的发展，大量的农村人口流入城里作为农民工而存在。内蒙古拥有大量的草原和高原平地，拥有大量的牧民，让城镇和农（牧）村居民能够更好地进行流动是缓解地区老龄化的重要举措。要破除城乡人口流动的特殊限制，让进城的农村劳动力能永久性地留在城镇，不至于到老年时期回流到农村，能在一定程度上减缓农村人口老龄化的进程。内蒙古要针对不同地区制定适合本地区的人口户籍政策，比如对于呼包鄂地区，呼包鄂地区是内蒙古城市化水平发展最快的地区，每

年都有大量的劳动者流入，因此，会存在局部地区人口负荷过重的情况，并且人口在不同的市区分布不均。这样的城市发展现状不易有大量的人口流入，因此，针对这样的地区要制定限制流入或者有条件的流入政策。反而像乌兰察布这样的盟市存在大量人口流失，乌兰察布的常住人口逐年下降，对当地的政治经济发展极为不利，因此，乌兰察布等地要制定吸引人口流入政策，放开农村和城市的人口流动政策，促进当地经济的发展，缓解人口老龄化对经济发展的影响。

2. 加强农村社会保障体系建设，减轻农村养老负担

同城乡地区相比，内蒙古农村的老龄化严重程度高于城镇。当前大量的农村青年劳动力流入城镇导致农村的老龄化程度高于城市，因此，有关机构要加强对农村的养老设施建设和人才引进。农村地区的老年人口与城镇的老年人口相比，具有收入水平低、学历水平低和社会保障意识薄弱等特点，因此，要加强对农村地区老年人口的关注和扶持。政府等有关机构要加强对农村地区老年人口的宣传教育和指导；要拓宽老年消费市场，在农村建立大型农贸市场等机构促进农村老年人口的消费，提升老年群体的生活水平。建立农村地区健全的社会保障和保险机制，对于农村低收入人群提供就医、购物等补贴，医疗人员要加强对农村地区老年人口的护理和保障，提高农村地区老年人口的身体素质和生活质量。

参考文献

敖洁：《人口老龄化会影响企业出口产品质量吗?》，《财经理论与实践》2019 年第 4 期。

包玉香：《人口老龄化的区域经济效应评估——以山东省为例》，《山东师范大学学报》（人文社会科学版）2012 年第 6 期。

曹园：《养老保险制度、家庭生育决策与社会福利》，《南方金融》2021 年第 10 期。

曹伏明：《学龄人口变动下初等教育的发展图式》，《科教导刊》（上旬刊）2010 年第 7 期。

曹献雨：《中国人口质量的时序变化和地区异质性分析》，《统计与决策》2021 年第 3 期。

曹广忠：《中国五大城市群人口流入的空间模式及变动》，《地理学报》2021 年第 6 期。

崔凡：《人口老龄化对中国进口贸易的影响分析——基于静态与动态空间面板模型的实证研究》，《国际经贸探索》2016 年第 12 期。

崔俊富：《人口对中国经济增长的影响研究——基于 R&D 模型、RR 模型和 Leslie 模型的讨论》，《工业技术经济》2020 年第 8 期。

程远飞：《我国人口性别结构对居民储蓄率的影响路径研究》，《时代经贸》2020 年第 23 期。

陈对：《我国人口质量红利影响因素研究》，《统计与决策》2015 年第 10 期。

陈璐：《家庭老年照料对女性劳动就业的影响研究》，《经济研究》2016
年第 3 期。

陈勇：《基于地区生态足迹差异的生态适度人口研究》，《生态环境学
报》2009 年第 2 期。

陈继勇：《人口老龄化、外商直接投资与金融发展——基于中国省际面
板数据的门槛模型分析》，《商业研究》2017 年第 10 期。

陈卫民：《晚婚还是不婚：婚姻传统与个人选择》，《人口研究》2020
年第 5 期。

蔡昉：《如何解除人口老龄化对消费需求的束缚》，《财贸经济》2021
年第 5 期。

蔡兴：《人口老龄化倒逼了中国出口结构的优化升级吗》，《当代经济研
究》2016 年第 8 期。

昌忠泽：《人口老龄化对人力资本投资的影响及贡献研究》，《当代经济
学》2021 年第 5 期。

车士义：《中国经济增长中的人口红利》，《人口与经济》2011 年第 3 期。

邓智团：《中国城市人口规模分布规律研究》，《中国人口科学》2016
年第 4 期。

都阳：《人口快速老龄化对经济增长的冲击》，《经济研究》2021 年第
2 期。

代金辉：《人口老龄化对居民消费行为影响效应的实证检验》，《统计与
决策》2017 年第 21 期。

方瑜：《中国人口分布的自然成因》，《应用生态学报》2012 年第 12 期。

范红丽：《替代效应还是收入效应？——家庭老年照料对女性劳动参与
率的影响》，《人口与经济》2015 年第 1 期。

封珊：《全球气候变化及其对人类社会经济影响研究综述》，《中国人
口·资源与环境》2014 年第 14 期。

冯剑锋：《空间关联视野下人口老龄化对劳动参与率的影响分析》，《江淮论坛》2018 年第 6 期。

符建华：《人口老龄化对中国经济高质量发展的影响研究》，《经济问题探索》2021 年第 6 期。

古柳：《人口结构变化能否形成攀升价值链动力源——基于全球价值链布局的视角》，《国际贸易问题》2020 年第 10 期。

高虹：《城市人口规模与劳动力收入》，《世界经济》2014 年第 10 期。

高颖：《我国特大城市人口结构特点及变动趋势分析——以北京为例》，《人口学刊》2016 年第 2 期。

高虹：《城市人口规模与劳动力收入》，《世界经济》2014 年第 10 期。

郭瑜：《人口老龄化对中国劳动力供给的影响》，《经济理论与经济管理》2013 年第 11 期。

郭文炯：《山西省人口分布与区域经济协调发展研究》，《经济地理》2004 年第 4 期。

郭志仪：《教育、人力资本积累与外溢对西北地区经济增长影响的实证分析》，《中国人口科学》2006 年第 2 期。

郭俊缨：《中国人口发展重大转向：从数量型到质量型人口红利》，《人口与健康》2021 年第 6 期。

郭熙保：《人口老龄化对中国经济的持久性影响及其对策建议》，《经济理论与经济管理》2013 年第 2 期。

辜胜阻：《提升中小城市人口聚集功能的战略思考》，《现代城市研究》2013 年第 5 期。

韩秀兰：《经济新常态、人口红利衰减与经济增长》，《统计学报》2020 年第 3 期。

黄乾：《中国步入人口质量红利时代》，《人民论坛》2019 年第 14 期。

黄振：《学龄人口变动的原因、影响及对策研究》，《科教文汇》（中旬刊）2018 年第 5 期。

景鹏：《预期寿命、老年照料与经济增长》，《经济学动态》2021 年第 2 期。

翟振武：《跨世纪的主题——第二届全国人口、资源、环境与发展学术研讨会综述》，《人口研究》2000 年第 1 期。

黄枫：《人口老龄化视角下家庭照料与城镇女性就业关系研究》，《财经研究》2012 年第 9 期。

胡晓宇：《中国深度老龄化社会成因及应对策略》，《学术交流》2018 年第 12 期。

胡鞍钢：《人口老龄化、人口增长与经济增长——来自中国省际面板数据的实证证据》，《人口研究》2012 年第 3 期。

何凌霄：《老龄化、服务性消费与第三产业发展——来自中国省级面板数据的证据》，《财经论丛》2016 年第 10 期。

呼倩：《中国人口老龄化的劳动供给效应——基于省级面板数据的分析》，《广东财经大学学报》2019 年第 4 期。

蒋承：《中国老年照料的机会成本研究》，《管理世界》2009 年第 10 期。

江海旭：《双循环视角下人口年龄结构对消费的溢出效应研究——基于老龄化和少子化不同群体的比较》，《商业经济研究》2021 年第 13 期。

李兵：《人口规模质量与区域经济发展的对比研究——基于我国副省级城市的典型分析》，《全国流通经济》2020 年第 30 期。

李静：《高铁时代的小城市发展——基于人口空心化的研究》，《财经研究》2021 年第 9 期。

李松林：《内蒙古人口发展状况及其特征》，《内蒙古统计》2011 年第 4 期。

李仲生：《人口经济学学说史》，世界图书出版社 2013 年版。

李仲生：《人口经济学》，清华大学出版社 2013 年版。

李天宇：《硕士研究生性别结构失衡及其成因分析——基于时间序列 ARMA 模型分析》，《河北大学成人教育学院学报》2020 年第 4 期。

李进华：《公共服务供给何以影响居民生活满意度？——社会公平感的调节效应分析》，《四川行政学院学报》2021年第5期。

李红阳：《城市人口规模与企业研发创新》，《未来与发展》2021年第6期。

李国平：《京津冀协同发展战略对北京人口规模调控的影响研究》，《河北经贸大学学报》2021年第3期。

李文星：《中国人口年龄结构和居民消费：1989—2004》，《经济研究》2008年第7期。

刘晔：《中国城市人力资本水平与人口集聚对创新产出的影响》，《地理科学》2021年第6期。

刘利：《人口老龄化与居民消费结构：基于CFPS2016数据验证》，《统计与决策》2020年第14期。

刘霞：《吉林省人口结构对经济增长的影响研究》，《城市》2017年第5期。

刘志强：《人口规模视角下城市公园绿地增长的差异与潜力——以我国地级及以上城市为例》，《地域研究与开发》2021年第2期。

刘玉飞：《人口老龄化会阻碍产业结构升级吗——基于中国省级面板数据的空间计量研究》，《山西财经大学学报》2016年第3期。

刘成坤：《人口老龄化与产业结构升级的互动关系研究》，《统计与决策》2020年第12期。

刘柏惠：《我国家庭中子女照料老人的机会成本——基于家庭动态调查数据的分析》，《人口学刊》2014年第5期。

刘小强：《学龄人口变动对教育均衡发展的影响》，《教育与经济》2011年第3期。

刘渝琳：《我国可持续发展中的人口适度规模及预警分析》，《中国人口·资源与环境》2000年第2期。

梁文艳：《人口变动与义务教育发展规划——基于"单独二孩"政策实

施后义务教育适龄人口规模的预测》，《教育研究》2015 年第 3 期。

逯进：《中国人口老龄化对产业结构的影响机制——基于协同效应和中介效应的实证分析》，《中国人口科学》2018 年第 3 期。

马骏：《中国人口老龄化对经济发展的影响机制及对策研究》，《浙江工商大学学报》2021 年第 4 期。

毛锋：《论适度人口与可持续发展》，《中国人口科学》1998 年第 3 期。

毛中根：《中国人口年龄结构与居民消费关系的比较分析》，《人口研究》2013 年第 3 期。

孟兆敏：《学龄人口变动与基础教育资源配置的协调性及原因探析——以上海为例》，《南方人口》2013 年第 1 期。

屈云龙：《主成分分析法在人口素质评价中的应用——以江苏省为例》，《南京人口管理干部学院学报》2010 年第 2 期。

曲如晓：《人口规模、结构对区域碳排放的影响研究——基于中国省级面板数据的经验分析》，《人口与经济》2012 年第 2 期。

孙倩：《基于空间扩展模型和地理加权回归模型的城市住房价格空间分异比较》，《地理研究》2015 年第 7 期。

孙玉坤：《中国经济发展转型与高层次应用型人才培养》，《高等工程教育研究》2012 年第 4 期。

孙百灵：《有序推进内蒙古农牧业转移人口市民化的对策探析》，《北方经济》2019 年第 4 期。

隋澈：《中国未来人口老龄化水平变化趋势对经济增长的影响——以"全面两孩"政策为背景》，《河北经贸大学学报》2018 年第 3 期。

石人炳：《我国人口变动对教育发展的影响及对策》，《人口研究》2003 年第 1 期。

石人炳：《两男恐惧：一种值得关注的孩子性别偏好》，《人口学刊》2021 年第 1 期。

苏飞：《辽宁省人口结构与经济协调发展研究》，《农业系统科学与综合研究》2010 年第 1 期。

苏剑：《人口老龄化如何影响经济增长——基于总供给与总需求的分析视角》，《北京工商大学学报》（社会科学版）2021 年第 5 期。

宋晓莹：《人口老龄化对服务业优化升级的影响——基于结构与效率的双重视角》，《中国人口科学》2021 年第 2 期。

田巍：《人口结构与国际贸易》，《经济研究》2013 年第 11 期。

田宝宏：《学龄人口变动对基础教育的冲击与应对》，《中州学刊》2009 年第 5 期。

谭瑶：《人口流动对我国区域经济增长的影响》，《河北科技师范学院学报》2018 年第 4 期。

唐隽捷：《民族地区人口城市化质量综合评价及系统耦合分析》，《系统科学学报》2019 年第 3 期。

唐丽娜：《卫生支出对经济增长质量的影响研究——基于省际面板数据的实证检验》，《华东经济管理》2020 年第 8 期。

童玉芬：《人口老龄化过程中我国劳动力供给变化特点及面临的挑战》，《人口研究》2014 年第 2 期。

吴莹：《老龄化、对外贸易与经济增长——基于我国省域数据的实证分析》，《西北人口》2019 年第 5 期。

吴燕华：《家庭老年照料对女性就业影响的异质性》，《人口与经济》2017 年第 5 期。

魏下海：《人口老龄化及其对劳动力市场的影响——来自 G20 的经验证据》，《社会科学辑刊》2015 年第 2 期。

汪伟：《人口老龄化的产业结构升级效应研究》，《中国工业经济》2015 年第 11 期。

汪伟：《人口老龄化、生育政策调整与中国经济增长》，《经济学》（季刊）2017 年第 1 期。

汪伟：《人口老龄化、生育政策与中国经济增长》，《社会科学文摘》

2017 年第 3 期。

王霞：《人口年龄结构、经济增长与中国居民消费》，《浙江社会科学》
　　2011 年第 10 期。

王树：《"第二次人口红利"与经济增长：理论渊源、作用机制与数值
　　模拟》，《人口研究》2021 年第 1 期。

土磊：《性别结构差异对我国居民消费的影响——基于第七次人口普查
　　数据的经验分析》，《商业经济研究》2021 年第 14 期。

王莹莹：《中国人口老龄化对劳动参与率的影响》，《首都经济贸易大学
　　学报》2015 年第 1 期。

王广州：《影响全面二孩政策新增出生人口规模的几个关键因素分析》，
　　《学海》2016 年第 1 期。

王沐凝：《我国人口结构与质量因素对居民储蓄率影响的研究》，《价格
　　理论与实践》2016 年第 12 期。

王欣亮：《人口老龄化、需求结构变动与产业转型升级》，《华东经济管
　　理》2020 年第 7 期。

王宇鹏：《人口老龄化对中国城镇居民消费行为的影响研究》，《中国人
　　口科学》2011 年第 1 期。

王秋红：《我国人口年龄结构与出口商品结构变动的灰色关联分析》，
　　《西北人口》2014 年第 4 期。

王有鑫：《人口年龄结构与出口比较优势——理论框架和实证经验》，
　　《世界经济研究》2016 年第 4 期。

王志宝：《人口老龄化区域类型划分与区域演变分析——以中美日韩四
　　国为例》，《地理科学》2015 年第 7 期。

魏下海：《人口性别结构与家庭资产选择：性别失衡的视角》，《经济评
　　论》2020 年第 5 期。

薛若晗：《基于综合承载力的三明市适度人口规模研究》，《安徽农业科
　　学》2021 年第 16 期。

徐瑾：《产业结构优化视角下的人口老龄化与我国经济增长》，《经济问题》2020 年第 9 期。

徐贵雄：《家庭老龄人口结构对居民消费的差异性影响研究》，《西北人口》2021 年第 2 期。

徐升艳：《人口老龄化机制研究：基于生育率持续下降视角》，《人口学刊》2011 年第 4 期。

谢雪燕：《人口老龄化、技术创新与经济增长》，《中国软科学》2020 年第 6 期。

肖挺：《地铁发展对城市人口规模和空间分布的影响》，《中国人口科学》2021 年第 1 期。

杨成钢：《人口质量红利、产业转型和中国经济社会可持续发展》，《东岳论丛》2018 年第 1 期。

杨晓军：《中国城市流动人口规模的区域差异与收敛性》，《人口与发展》2021 年第 4 期。

杨立雄：《中国老年贫困人口规模研究》，《人口学刊》2011 年第 4 期。

杨朝勇：《队列要素法与浙江省人口预测》，硕士学位论文，浙江大学，2003 年。

袁飞：《财政集权过程中的转移支付和财政供养人口规模膨胀》，《经济研究》2008 年第 5 期。

袁笛：《老年照料对子女心理健康的影响——基于时间、收入的中介效应分析》，《南方人口》2019 年第 6 期。

袁辰：《人口老龄化对中国制造业国际竞争力的影响研究——基于贸易增加值的视角》，《上海经济研究》2021 年第 11 期。

於嘉：《中国的第二次人口转变》，《人口研究》2019 年第 5 期。

于潇：《中国人口老龄化对消费的影响研究》，《吉林大学社会科学学报》2012 年第 1 期。

于也雯：《生育政策、生育率与家庭养老》，《中国工业经济》2021 年第 5 期。

于长永：《生育公平、人口质量与中国全面鼓励二孩政策》，《人口学
　　刊》2017 年第 3 期。

严成樑：《老年照料、人口出生率与社会福利》，《经济研究》2018 年
　　第 4 期。

张栋：《养儿防老还是养女防老？——子女规模、性别结构对家庭代际
　　赡养影响的实证分析》，《人口与发展》2021 年第 3 期。

张卫：《人口老龄化、产业结构与劳动力技能结构》，《西北人口》2021
　　年第 1 期。

张先忧：《人口红利的经济增长效应研究》，《金融纵横》2021 年第
　　1 期。

张桂文：《中国人口老龄化对制造业转型升级的影响》，《中国人口科
　　学》2021 年第 4 期。

张华明：《中国城市人口规模、产业集聚与碳排放》，《中国环境科学》
　　2021 年第 5 期。

张桂文：《中国人口老龄化对制造业转型升级的影响》，《中国人口科
　　学》2021 年第 4 期。

张明志：《人口老龄化对中国制造业行业出口的影响研究》，《国际贸易
　　问题》2019 年第 8 期。

张瑞红：《人口老龄化对我国劳动参与率影响研究》，《价格理论与实
　　践》2021 年第 6 期。

张现苓：《中国人口负增长：现状、未来与特征》，《人口研究》2020
　　年第 3 期。

张秀武：《人口年龄结构是否通过人力资本影响经济增长——基于中介
　　效应的检验》，《中国软科学》2018 年第 7 期。

赵茂林：《人口结构、人口质量与产业结构转型升级——基于 PVAR 模
　　型的实证分析》，《吉林工商学院学报》2020 年第 4 期。

赵春燕：《人口老龄化对产业结构升级的双边效应》，《西北人口》2021年第3期。

赵乐祥：《人口结构对中国贸易收支的影响研究——基于空间计量模型的实证分析》，《当代经济管理》2021年第10期。

郑伟：《中国人口老龄化的特征趋势及对经济增长的潜在影响》，《数量经济技术经济研究》2014年第8期。

周浩：《中国人口老龄化对劳动力供给和劳动生产率的影响研究》，《理论学刊》2016年第3期。

周一星：《中国城市人口规模结构的重构》（一），《城市规划》2004年第6期。

朱勤：《老龄化背景下中国劳动供给变动及其经济影响：基于CGE模型的分析》，《人口研究》2017年第4期。

柴洋洋：《内蒙古自治区人口分布时空变化特征及其影响因素研究》，硕士学位论文，内蒙古大学，2020年。

乌达巴拉：《内蒙古人口老龄化对劳动力供给的影响研究》，硕士学位论文，内蒙古财经大学，2021年。

Acemoglu D. , Restrepo P. , "The Effect of Aging on Economic Growth in the Age of Automation", *National Bureau of Economic Research*, 10 (5), 2017.

Acemoglu D. , Restrepo P. , "Secular Stagnation? The Effect of Aging on Economic Growth in the Age of Automation", *American Economic Review*, 107 (5), 2017.

Alam K. , "The Population Theory of Malthus – A Study of Its Relevance", *Indian Economic Journal*, 26 (1), 1978.

Ashworth M. J. , "Preserving Knowledge Legacies：Workforce Aging, Turnover and Human Resource Issues in the US Electric Power Industry", *The International Journal of Human Resource Management*, 17 (9), 2006.

Benhabib J. , "The Role of Human Capital in Economic Development Evidence from Aggregate Cross – Country Data", *Journal of Monetary Economics*, 34 (2) , 1994.

Baillie P. W. , Welsh B. L. , "The Effect of Tidal Resuspension on the Distribution of Intertidal Epipelic Algae in an Estuary", *Estuarine and Coastal Marine Science*, 10 (2) , 1980.

Broersma L. , Oosterhaven J. , "Regional Labor Productivity in the Netherlands：Evidence of Agglomeration and Congestion Effects", *Journal of Regional Science*, 49 (3) , 2009.

Bertinelli L. , Black D. , "Urbanization and Growth", *Journal of Urban Economics*, 56 (1) , 2004.

Brülhart M. , Sbergami F. , "Agglomeration and Growth：Cross – Country Evidence", *Journal of Urban Economics*, 65 (1) , 2009.

Bloom D. E. , Canning D. , Fink G. , " Implications of Population Ageing for Economic Growth", *Oxford Review of Economic Policy*, 26 (4) 2010.

Brendan L. R. , Sek S. K. , "The Relationship Between Population Ageing and the Economic Growth in Asia", *AIP Conference Proceedings*, 1750 (1) , 2016.

Bove V. , Elia L. , "Migration, Diversity, and Economic Growth", World Development, 89 (2) , 2017.

Ciccone A. , "Agglomeration Effects in Europe", *European Economic Review*, 46 (2) , 2002.

Combes P. P. , Duranton G. , Gobillon L. , "Spatial Wage Disparities：Sorting Matters！", *Journal of Urban Economics*, 63 (2) 2008.

Cutler D. M. , Lleras – Muney A. , "Education and Health：Evaluating Theories and Evidence", National Poverty Center Working Paper Serie, National Poverty Center, University of Michigan, 2006.

Currie J. , Moretti E. , "Mother's Education and the Intergenerational Transmission of Human Capital: Evidence from College Openings", *The Quarterly Journal of Economics*, 118 (4), 2003.

Cicirelli V. G. , "Attachment and Obligation as daughters'motives for Caregiving Behavior and Subsequent Effect on Subjective Burden", *Psychology and Aging*, 8 (2), 1993.

Choi K. H. , Shin S. , "Population Aging, Economic Growth, and the Social Transmission of Human Capital: An Analysis with an Overlapping Generations Model", *Economic Modelling*, 50, 2015.

De la Croix D. , Lindh T. , Malmberg B. , "Demographic Change and Economic Growth in Sweden: 1750 – 2050", *Journal of Macroeconomics*, 31 (1), 2009.

Du Y. , Wang M. , "Population Ageing, Domestic Consumption and Future Economic Growth in China", *Rising China: Global Challenges and Opportunities*, 2011.

Dostie B. , "Wages, Productivity and Aging", *De Economist*, 159 (2), 2011.

Erlandsen S. , Nymoen R. , "Consumption and Population Age Structure", *Journal of Population Economics*, 21 (3), 2008.

Futagami K. , Ohkusa Y. , "The Quality Ladder and Product Variety: Larger Economies May not Grow Faster", *The Japanese Economic Review*, 54 (3) 2003.

Griskevicius V. , Tybur J. M. , Ackerman J. M. , et al. , "The Financial Consequences of too Many Men: Sex Ratio Effects on Saving, Borrowing, and Spending", *Journal of Personality and Social Psychology*, 102 (1), 2012.

Geppert K. , Gornig M. , Werwatz A. , "Economic Growth of Agglomerations and Geographic Concentration of Industries: Evidence for West Germany", *Regional Studies*, 42 (3), 2008.

Grant A., Benton T. G., "Density – Dependent Populations Require Density – Dependent Elasticity Analysis: an Illustration Using the LPA Model of Tribolium", *Journal of Animal Ecology*, 72 (1), 2003.

Goldstein J. R., Lee R. D., "How Large are the Effects of Population Aging on Economic Inequality?", *Vienna Yearbook of Population Research*, 20 (2), 2014.

Globerman S., "Aging and Expenditures on Health Care", *Fraser Institute*, 16 (3), 2021.

Hondroyiannis G., Papapetrou E., "Demographic Changes, Labor Effort and Economic Growth: Empirical Evidence from Greece", *Journal of Policy Modeling*, 23 (2), 2001.

Henderson J. V., "Marshall's Scale Economies", *Journal of Urban Economics*, 53 (1), 2003.

Hashimoto K., Tabata K., "Population Aging, Health Care, and Growth", *Journal of Population Economics*, 23 (2), 2010.

Jones R. S., "The Economic Implications of Japan's Aging Population", *Asian Survey*, 28 (9), 1988.

Kye B., Arenas E., Teruel G., et al., "Education, Elderly Health, and Differential Population Aging in South Korea: A Demographic Approach", *Demographic Research*, 30 (2), 2014.

Lukyanets A., Okhrimenko I., Egorova M., "Population Aging and Its Impact on the Country's Economy", *Social Science Quarterly*, 102 (2), 2021.

Mincer J., "Investment in Human Capital and Personal Income Distribution", *Journal of Political Economy*, 66 (4), 1958.

Madden J. F. , White M. J. , "Spatial Implications of Increases in the Female Labor Force: A Theoretical and Empirical Synthesis", *Land Economics*, 56 (4), 1980.

Myrdal A. , "The American Experience of Swedish Students: Retrospect and Aftermath", *American Journal of Sociology*, 33 (3), 1957.

Momota A. , "Population Aging and Sectoral Employment Shares", *Economics Letters*, 115 (3), 2012.

Muto I. , Oda T. , Sudo N. , "Macroeconomic Impact of Population Aging in Japan: A Perspective from an Overlapping Generations Model", *IMF Economic Review*, 64 (3), 2016.

Mao R. , Xu J. , "Population Aging, Consumption Budget Allocation and Sectoral Growth", *China Economic Review*, 30 (3), 2014.

Mahlberg B. , Freund I. , Cuaresma J. C. , et al. , "Ageing, Productivity and Wages in Austria", *Labour Economics*, 22 (1), 2013.

Montgomery R. J. V. , Gonyea J. G. , Hooyman N. R. , "Caregiving and the Experience of Subjective and Objective Burden", *Family Relations*, 1985.

Ottaviano G. I. P. , Pinelli D. , "Market Potential and Productivity: Evidence from Finnish Regions", *Regional Science and Urban Economics*, 36 (5), 2006.

Ottaviano G. I. P. , Pinelli D. , "Market Potential and Productivity: Evidence from Finnish Regions", *Regional Science and Urban Economics*, 36 (5), 2006.

Prettner K. , "Population Aging and Endogenous Economic Growth", *Journal of Population Economics*, 26 (2), 2013.

Pearlin L. I. , Mullan J. T. , Semple S. J. , et al. , "Caregiving and the Stress Process: An Overview of Concepts and Their Measures", *The Gerontologist*, 30 (5), 1990.

Pinquart M. , Sörensen S. , "Gender Differences in Caregiver Stressors, Social Resources, and Health: An Updated Meta – Analysis", *The Journals of Gerontology Series B: Psychological Sciences and Social Sciences*, 61 (1), 2006.

Romoren T. I. , "The Carer Careers of Son and Daughter Primary Carers of Their Very Old Parents in Norway", *Ageing & Society*, 23 (4), 2003.

Siliverstovs B. , Kholodilin K. A. , Thiessen U. , "Does Aging Influence Structural Change? Evidence from Panel Data", *Economic Systems*, 35 (2), 2011.

Williamson J. G. , "Regional Inequality and the Process of National Development: a Description of the Patterns", *Economic Development and Cultural Change*, 13 (4), 1965.

Véron J. , "'La' Théorie Générale de la Population 'Est – Elle Roujours Une Théorie Générale de la Population'?", *Population (French Edition)*, 1992.

致　　谢

　　人口与经济始终是贯穿人类社会发展的两大主题。人是经济活动最重要的参与者，是经济发展的前提和归宿。人口与经济发展相辅相成，人口因素在一定程度上决定着经济发展的状况，经济发展受制于人口数量、质量、结构和人口分布状况。人口问题一直是制约中国经济社会发展的首要问题。人口质量及人口结构对一个地区的经济发展起着重要的影响作用。越来越多的国内外学者开始关注人口与经济增长之间的关系，人口与经济发展之间的关系成为社会科学研究领域的重要课题。一方面，2002年内蒙古65岁及以上人口比例达到7.14%，标志着内蒙古进入老龄化社会，加之近年来内蒙古生育率持续走低，影响着内蒙古的人口结构，内蒙古的人口结构对经济的影响逐渐显现。另一方面，内蒙古老龄化问题日趋严重，老龄化问题影响着内蒙古经济发展，为此要采取政策缓解老龄化对内蒙古地区经济发展的影响，让内蒙古的明天更加绚丽多彩。

　　本书分为三篇，共计十五章，涵盖了内蒙古人口与经济发展研究；呼包鄂乌城市群人口研究以及内蒙古边境人口研究，具体分工如下。第一章，薛继亮、鲍欣欣；第二章，薛继亮、苏鉴；第三章，薛继亮、鲍欣欣；第四章，薛继亮、苏鉴；第五章，薛继亮、苏鉴；第六章，薛继亮、贾慧、张丰哲、杨晓霞；第七章，薛继亮、朱梦杰；第八章，薛继亮、鲍欣欣；第九章，薛继亮、苏鉴、涂坤鹏；第十章，薛继亮、苏鉴；第十一章，薛继亮、薄婧、苏鉴；第十二章，薛继亮、凃坤鹏；第十三章，薛继亮、张丰哲；第十四章，薛继亮、杨晓霞；第十五章，薛继亮、鲍欣欣。

　　需要说明的是，以上作者名单仅为每一章内容的主要贡献者，本书中大量引用国内外学者的文献，对此表示感谢，也对每一位认真参与撰写的作者予以感谢。本书受到国家自然基金地区基金项目"生育意愿到生育行为的微观传导机理和宏观政策响应研究"（71864024）、内蒙古社会科学基金项目重点项目"呼包鄂乌城市群人口规模、结构和质量研究"（202110）、内蒙古自治区自然基金面上项目"二胎生育群体瞄准及生育激励策略研究"（2020MS07017）、国家社科基金铸牢中华民族共同体意识研究专项重大课题"习近平总书记关于铸牢中华民族共同体意识的重要论述及内蒙古的实践路径研究"（21VMZ003）等项目的资助。

　　本书出版之际，我们真诚感谢为本书编辑和出版提供援助的每一位参与者。同时，不足之处，请各位读者不吝赐教指正，以供我们学习和修订。